本书为教育部人文社会科学规划基金项目"新时代乡村振兴推进中的政社协同机制研究"、国家民委中青年英才立项科研项目"乡村振兴视域下少数民族特色村镇建设路径研究"、国家民委民族研究项目"乡村振兴与少数民族特色村寨建设研究"成果

本书由湖北省人文社科重点研究基地"湖北民族地区经济社会发展研究中心"、中南民族大学科研团队"民族地区公共政策与社会保障"资助出版

乡村振兴与
少数民族特色村寨建设研究

XIANGCUN ZHENXING YU
SHAOSHU MINZU TESE
CUNZHAI JIANSHE YANJIU

—— 方堃 著 ——

人民出版社

责任编辑：吴广庆
封面设计：姚　菲
责任校对：白　玥

图书在版编目（CIP）数据

乡村振兴与少数民族特色村寨建设研究/方堃 著. —北京:人民出版社，
　2021.11
ISBN 978－7－01－023099－3

Ⅰ.①乡…　Ⅱ.①方…　Ⅲ.①少数民族-村落-城乡建设-研究-中国
Ⅳ.①K28

中国版本图书馆 CIP 数据核字（2021）第 016236 号

乡村振兴与少数民族特色村寨建设研究

XIANGCUN ZHENXING YU SHAOSHU MINZU TESE CUNZHAI JIANSHE YANJIU

方　堃　著

人民出版社 出版发行
（100706　北京市东城区隆福寺街 99 号）

中煤（北京）印务有限公司印刷　新华书店经销

2021 年 11 月第 1 版　2021 年 11 月北京第 1 次印刷
开本:710 毫米×1000 毫米 1/16　印张:16.5
字数:230 千字

ISBN 978－7－01－023099－3　定价:69.00 元

邮购地址　100706　北京市东城区隆福寺街 99 号
人民东方图书销售中心　电话（010）65250042　65289539

序

　　少数民族特色村寨建设是实施乡村振兴战略的重要平台和有效载体。建设产业兴旺、生态宜居、乡风文明、治理有效、生活富裕的特色村寨，对于加速民族地区乡村振兴、促进城乡融合发展、推进农业农村现代化都具有不可忽视的作用。从资源禀赋条件看，特色村寨聚集了民族地区得天独厚的优势资源；从培育发展动能看，特色村寨旅游是带动全域发展的强大引擎；从和谐民族关系看，特色村寨是开展民族团结进步创建工作的着力重点。新时代如何把握实施乡村振兴战略的重大历史机遇，积极推进少数民族特色村寨建设，是一项值得深入研究的课题。

　　2009年，国家民委与财政部等有关部门联合开展了少数民族特色村寨保护与发展试点工作。近十年来，试点工作取得了显著成效。2014年召开的中央民族工作会议提出，"要重视利用独特地理风貌和文化特点，规划建设一批具有民族风情的特色村镇"。截至2018年底，全国共实施少数民族特色村寨建设项目2000多个，国家民委命名挂牌的"中国少数民族特色村寨"1057个，直接受益人口近百万人，在地域分布上覆盖了大多数民族地区。可以说，少数民族特色村寨建设已经成为民族工作的一个重要抓手、一大知名品牌和一道亮丽的风景，有力推动了民族地区的经济社会发展。

　　然而，随着保护与发展工作的深入，许多问题也逐渐显现出来。一是目标定位模糊，特色村寨建设与城镇化、全域旅游、乡村振兴战略要求不相匹配。有的地方片面强调保护，对一些人口已严重萎缩、文化价值不大的村寨盲目投入，造成资源浪费；有的地方跟风打造所谓"新民居"，破坏了少数民族村寨原有的风貌；还有的地方特色村寨建设"有名无实"，仅挂了一块牌，无资金投入、无项目实施、无优势产业。二是建设机制僵化、开发模式单一。城乡之间、民族地区与非民族地区之间的资源要素流动与整合不够，特色村寨建设所需的资金、技术和人才匮乏。民宗、文旅、住建等部门分块管理，缺乏协调合作。筹资渠道狭窄，多为政府投资，其他主体参与不足。三是利益联结不紧密，容易产生矛盾纠纷。多元投资与建设主体的介入，与当地村民改善居住条件和增收致富的需求存在一定的冲突。防火、排水、改厕等项目需要改造原有民族建筑，其成本较高，回报慢、风险大。

　　在乡村振兴背景下解决这些问题，需要引入"跨界"思维，将特色村寨建设视为一个复杂的系统工程，从学科交叉融合的角度来重新审视与探究。较之以往，整体性研究范式有助于从政治、经济、社会、文化和生态等诸多方面综合扫描特色村寨建设的全过程，缕清问题的来龙去脉，提出完整且具有针对性的对策建议，为民族乡村的全面振兴提供支持。当然，这对研究者来说既是机遇又是挑战，其难度可想而知。

　　方堃博士是国内较早从乡村振兴的视角系统研究特色村寨建设问题的年轻学者，《乡村振兴与少数民族特色村寨建设研究》一书是作者经年探索的结晶。作者在书中对已有文献作了详实的考察，在此基础上综合运用多学科的方法，从特色产业培育、美丽乡村建设、文化保护与发展、治理体系创新、脱贫攻坚与民生改善等维度，理论联系实际地研究阐述了新时代少数民族特色村寨建设的目标、方向、难点与策略。我完全相信，该书的出版对于推动学术界相关研究进一步深化，对于促进民族地区乡村振兴，都将不无裨益，故乐于说几句"书外之话"。是为序。

李忠斌

2019 年 10 月 5 日于武汉

目　录

导　　论

一、研究乡村振兴与少数民族特色村寨建设的意义

马克思曾指出:"一个民族内部的分工,首先引起工商业劳动同农业劳动的分离,从而也引起城乡的分离和城乡利益的对立。"① 就根本而言,生产力发展带来的分工和专业化是城乡分离的缘由。改革开放以来,我国经济社会发展取得了举世瞩目的成就,但不平衡不充分的问题依然突出。东部与西部、城市与农村、民族地区与非民族地区的发展差距较大。由于历史和区域发展等多方面原因,少数民族地区发展所需的各种资源相对匮乏,民族乡村基础设施落后,市场不完善,社会发育迟缓,开放程度低。工业化、信息化、城镇化的快速演进,改变了少数民族原有的经济交换系统,取而代之的是以货币为纽带的市场体系。在城市拉力及乡村推力的共同作用下,少数民族群众迫于生计压力,不得不外出务工,这导致民族地区出现了大量的空心村寨。据统计,2000 年中国自然村落总数为 363 万个,到了 2010 年,总数锐减为 271 万个,10 年锐减了 90 多万个。② 在这些消失的村落中,边远少数民族村落最先消失,其所承载的乡村整合功能随之

① 《马克思恩格斯选集》第 1 卷,人民出版社 2012 年版,第 147—148 页。
② 冯骥才:《传统村落的困境与出路》,《贵州民族报》2014 年 2 月 18 日。

瓦解。

村寨聚落作为人类自发形成的社会生活共同体，其形成与发展、形态与结构无不映射着人、环境和文化相互作用的痕迹。现代化给人们物质生活带来进步的同时，也对村寨的构成要素产生了强烈的冲击与消解。民族地区的人口密度与内地及沿海地区相比差距悬殊。在人力资源不足的情况下，青壮年劳动力大量流失，不仅加剧了农村劳动力的老龄化，还导致村级组织弱化，村寨治理能力下降。民族地区多位于生态脆弱和生态敏感地带，随着我国不断推进美丽乡村建设，民族村寨的生态环境得到了明显改善，但仍存在着许多问题，比如在农业生产方面，过度使用化肥农药、不合理开垦土地造成土壤沙漠化，过度开采地下水导致水资源紧张；在农民生活方面，垃圾处理不当、污水随意排放、"厕所革命"开展不彻底等。与中国广大农村一样，在相同的发展背景下，市场跟行政权力结合起来以强势力量改造和解构乡村社会的文化价值。在民族村寨里，传统组织系统与宗族、家族网络形成对年轻人的排斥，迫使他们进入边缘经济或外出务工，他们外出务工过程中学到某种流行文化并将其带回家乡，造成本土文化传承的断裂。① 由于生产生活方式的改变，原有的节庆、风俗、饮食、手艺等失去了延续的土壤，民族传统文化持续式微。

为改善村寨生产生活条件、发展特色产业、推进特色民居保护与建设、加强民族文化保护与传承，2009 年国家民委联合财政部等有关部门启动了少数民族特色村寨保护与发展试点项目。虽然国家力量的介入和引导，对民族文化传承和村寨发展起到了一定的帮助作用，然而，目前少数民族特色村寨建设还面临诸多难题，主要表现在：受自身条件制约，产业结构转型升级困难；基础设施欠账多，村寨人居

---

① 郑文换：《民族村寨的衰落：组织排斥、经济边缘化与文化断裂》，《广西民族研究》2016 年第 1 期。

环境短板突出；有的村寨开发为景区后，过度商业化破坏了原生态文化风貌；新建筑形式和材料大量出现，致使村寨整体景观不协调，民族特色和乡土特色急速消失；一些村寨位于深度贫困地区，脱贫攻坚的难度很大；等等。[1]

党的十九大提出实施乡村振兴战略，这是以习近平同志为核心的党中央着眼全局，顺应亿万农民对美好生活新期待作出的重大决策部署，是决胜全面建成小康社会、全面建设社会主义现代化国家的重大历史任务，是新时代"三农"工作的新旗帜和总抓手。[2]乡村振兴不能在民族地区留下盲区、死角，要通过实施乡村振兴战略，让民族地区产业更兴旺、生态更宜居、乡风更文明、治理更有效、生活更富裕。少数民族特色村寨具有优美的自然生态环境、浓郁的民族文化底蕴、淳朴的风土人情，这些都是当地发展不可多得的优势资源。我国是一个多民族国家，民族团结是各民族的生命线。以少数民族特色村寨建设为平台，以点带面，辐射全域，有助于解决民族地区发展不平衡不充分问题，巩固和促进民族团结，深化中华民族共同体意识。因此可以说，少数民族特色村寨是做好民族工作的物质力量和精神力量的"交汇点"，是民族地区乡村振兴最为有效的着力点。站在新的历史方位上，如何按照乡村振兴战略要求，以现实问题为导向，探索少数民族特色村寨建设的理论与实践路径，乃是本项研究的主要动因和逻辑起点。

村落、村庄、村寨不仅是民族学、人类学、社会学研究的土壤，还是科学把握国家治理规律的切入点和不竭源泉。费孝通先生曾多次

---

[1]　参见彭晓烈、高鑫：《乡村振兴视角下少数民族特色村寨建筑文化的传承与创新》，《中南民族大学学报》（人文社会科学版）2018年第3期。

[2]　《中共中央国务院关于实施乡村振兴战略的意见》，人民出版社2018年版，第46页。

提及他一生所关注的两大问题，一是农民，一是少数民族，这两大问题都与村落密切相关。他通过考察民族地区农民的生产生活，提出少数民族要正确认识自己，发挥自己的优势，国家要采取保而不护的优惠政策，保住发展条件而不能护短。① "三农" 问题历来是党和政府工作的重点，由于乡村状况不容乐观，实施乡村振兴战略呈现出一种紧迫性。在乡村振兴的过程中，民族地区乡村建设既是重点也是难点，选取少数民族特色村寨作为样本进行系统研究，有着较强的学术价值与时代意义。

少数民族特色村寨凝聚着各少数民族智慧，传承着各少数民族文化基因，是中华文明多样性的有效载体，是少数民族和民族地区加快发展的重要资源，其建设好坏直接关系到乡村治理体系和治理能力现代化目标的实现。如果少数民族特色村寨留不住人才、涵养不了文化、保护不好生态，那么，民族地区就不可能将内在的资源优势转化为经济社会发展的动力，乡村振兴也无从谈起。民族地区实施乡村振兴战略，要紧紧扭住少数民族特色村寨建设这个 "牛鼻子" 不放，以产业兴旺和生活富裕为重点，改善生产生活条件，发展优势产业与特色经济，培育乡村发展新动能；以生态宜居为关键，基于民族地区特殊生态分布，推进美丽乡村建设，打造人与自然和谐共生新格局；以乡风文明为保障，繁荣兴盛民族文化，焕发乡风文明新气象；以治理有效为基础，增强村寨社会整合功能，转变治理理念，优化治理结构，创新治理方法，构建乡村治理新体系；以摆脱贫困为前提，打好精准脱贫攻坚战，增强贫困群众获得感。

少数民族特色村寨是散落在民族地区的一颗颗璀璨的明珠，然而长期以来，受条块分割的行政体制束缚，村寨管理尚未形成合力，不

---

① 刘豪兴：《费孝通社会学学术思想述评》，《中国社会科学》1998 年第 3 期。

少村寨建设模式单一、民族特色不鲜明、发展后劲不足。治理的碎片化和分散性问题倒逼我们审视少数民族特色村寨建设研究的整体性、系统性和协同性。乡村振兴战略是一个综合性的战略，既包括乡村经济、社会和文化的振兴，也包括生态文明的进步。因而，加强少数民族特色村寨建设，必须推动"五位一体"总体布局向民族乡村区域深度延伸，注重"积极保护"与"有效开发"相协调、"活态传承"与"固态传承"相协调、民族地区与非民族地区之间发展相协调，发挥村寨聚落"点""线""面""体"有机结合的辐射带动功能，实现民族地区乡村全面振兴。

作为新时代决胜全面建成小康社会的七大战略之一，乡村振兴战略是对当前中国农业和农村现代化相对缓慢的现状进行的回应，是针对全面现代化中的短板进行重点提升的有效措施。[①] 民族地区要抓重点、补短板、强弱项，发挥文化、生态和地缘优势，主动对接和融入科教兴国、人才强国、创新驱动发展、区域协调发展、可持续发展等战略和"一带一路"建设，释放多重战略的叠加效应，增强发展的内生动力。将少数民族特色村寨建设研究纳入国家各项战略耦合及协同治理的框架，有助于深刻理解民族地区乡村振兴的内在逻辑体系，推动农业高质量发展、美丽乡村建设、民族文化保护与传承、城乡要素均衡配置与平等交换，为民族地区与整个国家的发展同频共振提供政策支持。在中国特色社会主义新时代，乡村是一个大有可为的广阔天地，迎来了千载难逢的发展机遇。有党领导的政治优势和社会主义的制度优势，有强大的经济实力支撑，有旺盛的市场需求，有历史悠久的民族文化，有各族群众的创造精神，为民族地区乡村全面振兴和治理现代化奠定了深厚的基础。

---

① 康永征、薛珂凝：《从乡村振兴战略看农村现代化与新型城镇化的关系》，《山东农业大学学报》（社会科学版）2018 年第 1 期。

二、"少数民族特色村寨"的概念界定

（一）传统村落

村落是人类从游牧生活走向定居生活所产生的一种社会组织形态。通常认为，在母系氏族社会，随着原始农业的诞生，人们开始由逐水草而居的游牧生活转变为依赖田地的定居生活。于是出现了相对稳定的、按氏族血缘关系组织定居的"聚落"①。古往今来，各族群众都依托居住的地理环境和文化特色来建设各自的村落。目前，我国有"自然村"和"行政村"两种村落类型，前者是以血缘和地缘关系为基础形成的村落；后者是一种行政管理单位，它可以是一个自然村，也可以是多个自然村联合而成的行政区划。本书拟淡化村落在行政关系上的概念而强调其内涵的兼容性及研究的开放性。

传统村落是指形成时间较早，拥有丰富的传统文化与自然资源，现存比较完整，具有较高的历史、文化、科学、艺术、社会、经济价值，应予以保护的村落。传统村落承载着中华传统文化的精华，是农耕文明不可再生的文化遗产；传统村落凝聚着中华民族精神，是维系华夏子孙文化认同的纽带；传统村落保留着民族文化的多样性，是繁荣发展民族文化的根基。自 2003 年以来，我国先后公布了 4 批 4153 个"中国传统村落"，覆盖全国 31 个省、自治区、直辖市，还制定出台国家级和地方性法律法规，形成了政府主导、社会各界积极参与的保护发展模式。但由于传统村落数量众多，且分布不均、地域差异

---

① 在中国古代一般把村落称为聚落，如《史记·五帝本纪》中的"一年而所居成聚，二年成邑，三年成都"中的"聚"；《汉书·沟洫志》中的"或久无害，稍筑室宅，遂成聚落"中的"聚落"；等等。从现代地理学的角度看，乡村聚落不等于村落，它的内涵更大，村落只是乡村聚落的一个类型和重要组成部分。参见谭见安：《地理辞典》，化学工业出版社 2007 年版，第 623 页。

明显，影响了保护工作的有效开展。尤其是受各类自然、历史等因素影响，不少村落的损坏程度日益加深，消亡速度不断加快，保护发展工作面临的困难巨大，形势严峻。①

（二）民族村寨

民族村寨，亦即少数民族村寨，是指在长期的生产和生活过程中形成的以少数民族聚居为主的村落社会共同体。从社会学意义上讲，民族村寨又可称之为民族村社。政治学者周平认为，所谓民族村社，是由一定民族的成员组成的、富有民族特色的村落社会。它由一定民族的成员聚族而居所形成，具有一定的民族性、传统性、封闭性和农业性。②

任何一个民族村寨至少包括以下三个基本要素：一是由地缘关系、族缘关系及血缘关系组织起来、进行共同生活的村民。他们都是某个民族成员或以某个民族成员为主，其生活方式和活动方式直接就是某个民族的生活方式和活动方式。二是具有一定的空间范围和生存条件的村寨地域。这里的地域既是一个自然地理的空间，也是在长期的社会生活中形成的具有某种民族特征的社会文化空间。三是基于经济发展水平和社会历史传统的村寨文化。村寨中流行的文化直接就是某个民族的文化，它形成了将村寨内的成员凝聚在一起的精神力量，从而使这一村寨与其他村寨相区别。

（三）少数民族特色村寨

少数民族特色村寨，一般简称为特色村寨，是少数民族人口相对聚居且比例较高，生产生活功能较为完备，少数民族文化特征及其聚落特征明显的自然村或行政村。在概念内涵上，少数民族特色

---

① 参见胡彬彬、李向军等：《中国传统村落保护调查报告（2017）》，社会科学文献出版社 2017 年版，第 9—16 页。

② 参见周平：《民族政治学》，高等教育出版社 2007 年版，第 114—116 页。

村寨属于民族村寨的范畴，是少数民族人口更集中、民族文化特点更鲜明、传统生产生活方式存续更完整、保护发展意义更大的民族村寨；在概念外延上，少数民族特色村寨又与传统村落存在"交集"，即在文明价值及传承的必要性方面具有共性。但二者的区别在于，前者是以特定的民族成分和民族文化特征来界定的，而后者的判断标准则是历史记忆与文明演进的状况。权衡好文化保护与经济发展间的关系是民族地区可持续发展的关键，也是少数民族特色村寨建设相对于其他乡村建设更需要考量的问题。当然，保护特色村寨与保护出土文物不同，其建设应坚持"在发展中保护、在保护中发展"的理念。

少数民族特色村寨在产业结构、民居样式、村寨风貌以及风俗习惯等方面都集中体现了少数民族经济社会发展和文化特点，集中反映了少数民族聚落在不同时期、不同地域、不同文化类型中形成和演变的过程，相对完整地保留了各少数民族的文化基因，凝聚了各少数民族文化的历史结晶。支持少数民族特色村寨保护与发展，是乡村振兴战略和民族工作的重要组成部分，也是保护中华文化多样性的重要举措。这对于促进民族地区经济社会发展，传承和弘扬少数民族传统文化，增强民族自豪感和文化自信，提高各民族的凝聚力、向心力，巩固和发展平等、团结、互助、和谐的社会主义民族关系具有重要意义。

2009 年，国家民委、财政部等有关部门联合出台《关于做好少数民族特色村寨保护与发展试点工作的指导意见》，并在全国 28 个省区市开展了试点工作。自试点以来，国家民委先后于 2014 年和 2017 年共命名了两批 1057 个"中国少数民族特色村寨"。这些村寨的民居特色突出、产业支撑有力、民族文化氛围浓郁、人居环境优美、民族关系和谐，对推动少数民族特色村寨保护与发展起到了示范带动作用。然而，受自然和历史等因素影响，特色村寨的保护与发展工作仍面临许多困难和问题，新时代加强少数民族特色村寨建设，必须按照实施乡村振兴战略的要求，在促进特色村寨经济发展的同时，抢救和保护少数民族传统文化。

第一章 乡村振兴与少数民族特色村寨建设的现状及瓶颈

本书所用数据来自 2018 年 4 月至 8 月湖北省"一州两县"共 10 个少数民族特色村寨抽样调查。本章介绍了调查的缘起、问卷调查的设计与实施、样本的基本情况,从产业兴旺、生态宜居、乡风文明、治理有效、生活富裕五个维度对特色村寨建设的状况进行统计和分析,并以定量与定性相结合的方式呈现出来。

乡村振兴与少数民族特色村寨建设的调查分为问卷调查和访谈两种形式。其中,问卷调查包括对村民和乡村干部的抽样调查;访谈包括对民族乡村基层公务员、驻村扶贫干部、少数民族代表人士以及普通群众的个人访谈和小组访谈。少数民族特色村寨抽样调查主要是获取特色村寨产业发展、生态保护、文化传承、基层治理、民生保障等方面的建设状况。问卷所得到的数据主要用于定量描述和研究乡村振兴与少数民族特色村寨建设的现状及瓶颈,以及对实证研究结果进行补充性解释与说明。

个人访谈和小组访谈是通过选取具有代表意义的个体或群体,通过设计好的访谈提纲,就乡村振兴与少数民族特色村寨建设的相关问题进行访问,获取质性的研究材料,对问卷调查中不能涵盖的问题进行必要的补充。

第一节　数据采集及样本的基本情况

一、调查背景

2018 年 2 月 4 日，中共中央、国务院发布了改革开放以来第 20 个、新世纪以来第 15 个指导"三农"工作的中央一号文件——《中共中央国务院关于实施乡村振兴战略的意见》。2018 年中央一号文件对实施乡村振兴战略进行了全面部署，是谋划新时代乡村振兴的顶层设计。少数民族特色村寨建设作为推动民族地区经济社会发展的重要载体，在实施乡村振兴战略的大背景下，被赋予了新的内容，要求也随之提高。可以说，自从 2009 年开展少数民族特色村寨保护与发展试点工作以来，各地民族工作部门也吸收借鉴了先行地区的成功经验，逐步形成了具有自身特色的工作方法、创新模式与发展路径。那么，现阶段特色村寨建设究竟取得了哪些进展？面临哪些困难和问题？应该如何对接乡村振兴战略，更好地构建各民族共有家园？这些重大的现实问题，亟待深入调查和研究。

作为一项民族事务，少数民族特色村寨建设已经成为各地民族工作部门的重要职责之一。但是，到底什么才是真正的特色村寨？为什么要进一步加强特色村寨建设？在特色村寨建设中如何做到在高水平的保护中实现高质量的发展？对于这些基本的理论问题，学术界、政界至今还没有说清楚、弄明白。因而，迫切需要进行深入的实证调查和研究。

鉴于此种情况，乡村振兴与少数民族特色村寨建设课题组于2018 年 4 月至 8 月，进行了为期 5 个月的调查研究，主要方式之一是问卷调查。

二、问卷调查的设计与实施

（一）问卷调查的总体设计

1. 问卷调查对象及地域分布

湖北省位于我国的中部地区，现有 55 个少数民族，少数民族常住人口 247 万人，占全省总人口的 4.5%。湖北是全国 8 个既有自治州又有自治县，还有民族乡的省份之一，其民族工作具有较强的代表性。因此，课题组在湖北少数民族地区即"一州两县"（湖北省恩施土家族苗族自治州和长阳土家族自治县、五峰土家族自治县）的 10 个特色村寨中，开展了乡村振兴与少数民族特色村寨建设的问卷调查。

2. 问卷调查的样本量与抽样方法

根据课题研究需要，课题组分别在湖北省恩施州和长阳、五峰两县的 10 个特色村寨各发放问卷 30 份，共计发放调查问卷 300 份。为使调查问卷的结果更具有客观性、普遍性和可比性，课题组采用多级抽样的抽样方法确定问卷调查的范围，覆盖了省级、地级、县级和乡级四级行政区。

3. 调查问卷的结构

根据社会问题研究方法的基本要求，课题组所设计的问卷由卷首语、填答说明、问题及答案、编码和其他资料等五个部分组成。其中"问题及答案"是整个调查问卷最重要的内容。对照乡村振兴战略的目标，调查问卷中的主要问题可以大致分为"村寨特色产业建设状况、村寨生态宜居建设状况、村寨乡风文明建设状况、村寨基层治理建设状况、村寨民生保障建设状况"五种。课题组按照一定的逻辑结构设计问卷的核心内容（见图 1-1）。

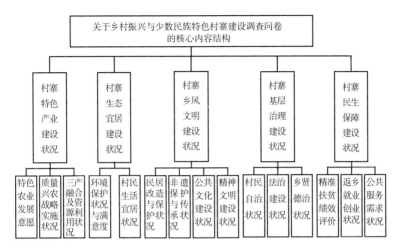

图 1-1 关于乡村振兴与少数民族特色村寨建设调查问卷的核心内容结构

（二）问卷调查的组织与实施

1. 研究、编制调查问卷手册

为使调查工作有序、有效地进行，我们根据课题组前期的调研经验和结果，研究、编制了《乡村振兴与少数民族特色村寨建设调查问卷的工作手册》。该工作手册对调查对象、范围和问卷的基本形式、抽样方案、问卷发放、回收、审查及整理，以及入户调查要求与注意事项等进行了具体规定。

2. 组建、培训调查队伍及人员

课题组以村寨为单位组织调查员，每个村寨由 3—4 名调查员负责，其中 1 人进行访问，2—3 人进行问卷的发放和回收。调研团队利用平时课余时间和暑假，奔赴不同的村寨开展问卷调查。为使团队成员严格按照工作手册的规定和要求进行调查，课题组还举行调查技能专题培训会，向全体调查员介绍了此次调查的目的、计划、内容、分工等，就问卷调查的方法与技巧、注意事项进行详细讲解，使调查员明白自身的角色及分工。

3. 联系相关部门

课题组主要成员积极联系调研地民族工作部门，以争取得到地方政府部门的大力支持，便于调查的顺利开展。以课题组名义为调查员开具调研工作证明，通过正式渠道在各村寨发放问卷。

4. 协调、督促实地调查工作的进度及质量

在问卷调查的实施阶段，各地调研小组长和指导老师除督促调查员严格按照调查计划的要求开展调研外，还注重抓好以下几个方面的工作，确保调查进度和质量：（1）定期召开调查会议，听取调查员每天的调查工作汇报；（2）抽样和审核每天完成的调查问卷，发现疑点，及时化解；（3）根据实际情况进行调查员的重新组织和调查任务的重新分配；（4）建立网上通讯联系工作群，负责人和调研员双方进行实时沟通和疑难解答。

三、问卷调查样本的基本情况

（一）调查范围

课题组在湖北省恩施州恩施市芭蕉侗族乡戽口村、建始县高坪镇大店子村、巴东县野三关镇石桥坪村、宣恩县万寨乡伍家台村、咸丰县黄金洞乡麻柳溪村、来凤县三胡乡石桥村、鹤峰县燕子乡董家村、利川市团堡镇野猫水村，以及宜昌市长阳县武落钟离山庄溪村、五峰县采花乡栗子坪村，共发放 300 份调查问卷，回收问卷 280 份，回收率达到93.3%，其中有效问卷 266 份，有效率是 95%。问卷调查的范围详见图 1-2。

（二）性别、年龄和学历分布

从被调查者的性别分布来看，总体 266 人中有男性 155 人、女性111 人，分别占总人数的 58.3% 和 41.7%，男女性别比例基本均衡（见图 1-3）。

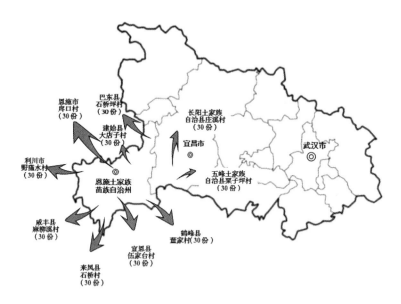

图 1-2 湖北省"一州两县"调查问卷的样本分布图

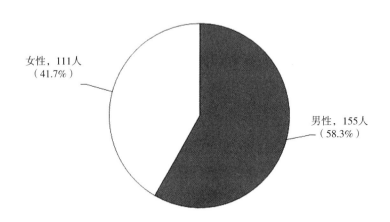

图 1-3 样本的性别分布图

如图 1-4 所示，样本的年龄分布情况是：被调查者中有 8 人年龄在 18—22 周岁之间，95 人年龄在 23—35 周岁之间，75 人年龄在 36—45 周岁之间，76 人年龄在 46—60 周岁之间，12 人在 60 周岁以上。其中 23—60 周岁的中青年被调查人数总计 246 人，占总人数的

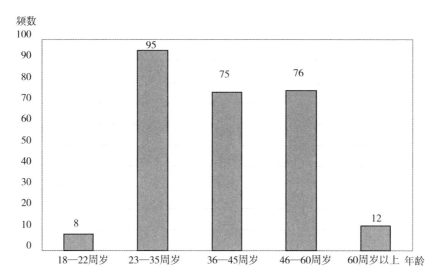

图 1-4　样本的年龄结构图

92.5%，总体年龄结构合理。

在学历层次上，被调查者小学及以下学历 19 人，占总体 7.1%；初中学历 86 人，占总体 32.3%；高中或中专学历 93 人，占总体 35%；大专及以上 68 人，占总体 25.6%。初中及以上学历总计 247 人，占总体 92.9%，调查对象具有一定的文化程度，能够清楚地表达自己的意思（见表 1-1）。

表 1-1　样本的学历层次

学历	频数（#）	百分比（%）
小学及以下	19	7.1
初中	86	32.3
高中或中专	93	35
大专及以上	68	25.6
总计	266	100

（三）民族成分、政治面貌和职业分布

如图 1-5 所示，样本的民族分布情况是：被调查者中有 193 人是土家族，占总体 72.6%。土家族主要分布在湘、鄂、渝、黔交界地带的武陵山区，此次问卷调查地域正是鄂西土家族聚居地区，这是被调查者中土家族所占比例略大的原因。在被调查者中，有 45 人是汉族，占总体 16.9%；苗族有 11 人，占总体 4.1%；侗族 4 人，占总体 1.5%。除此之外，回族、维吾尔族、壮族等其他少数民族有 13 人，占 4.9%。

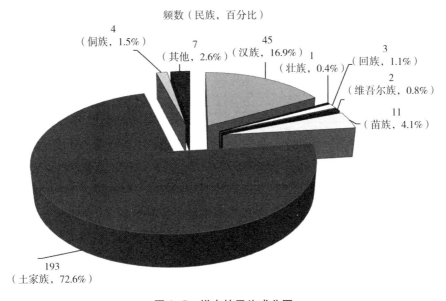

图 1-5　样本的民族成分图

样本的政治面貌分布情况如下：被调查者中，群众有 145 人，占总体 54.5%；中共党员（含预备党员）有 76 人，占总体 28.6%；共青团员有 41 人，占总体 15.4%；民主党派及无党派人士有 4 人，占总体 1.5%。由于调查对象主要是当地村民和乡村干部，因此被调查者中群众和中共党员（含预备党员）所占比重较大（见图 1-6）。

如表 1-2 所示，调查样本的职业分布比较均衡，各个阶层的人群都在本次问卷调查的范围内。其中具有典型代表性的职业如下：农

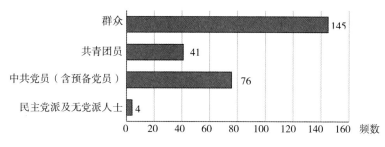

图 1-6 样本的政治面貌情况

民（种地）有 103 人，占总体的 38.7%；村干部有 34 人，占总体的 12.8%；企业工人（打工）有 26 人，占总体的 9.8%；个体工商户有 23 人，占总体的 8.6%；乡镇干部有 22 人，占总体的 8.3%。

表 1-2 样本的职业分布情况

职业类型	频数（#）	百分比（%）
市、县（区）公务员	10	3.8
乡镇干部	22	8.3
教师	3	1.1
乡镇站所/服务中心职工	9	3.4
村干部	34	12.8
农民（种地）	103	38.7
企业工人（打工）	26	9.8
个体工商户	23	8.6
学生	5	1.9
其他	31	11.6
总计	266	100

（四）家庭收入情况

如图 1-7 所示，调查样本的年收入达到 100000 元以上的有 21 人，90001 — 100000 元的有 11 人，70001 — 90000 元的有 15 人，

50001—70000 元的有 26 人，30001—50000 元的有 68 人，20001—30000 元的有 29 人，10001—20000 元的有 35 人，5001—10000 元的有 42 人，5000 元以下的有 19 人。由此可见，样本的年收入呈正常分布，具有较强的代表性。

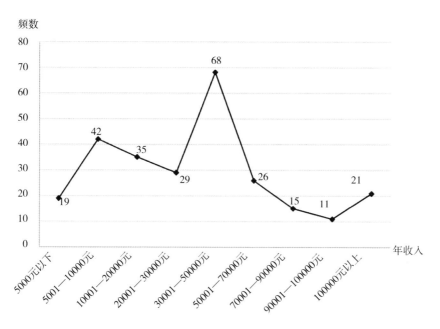

图 1-7 样本的年收入情况图

第二节 乡村振兴与少数民族特色村寨建设的现状

一、特色产业建设现状

近年来，随着产业结构不断调整，民族乡村产业发展呈现多元化趋势。如图 1-8 所示，当被问及"您认为您所在村寨最适合发展何种产业?"时，选择"民族文化旅游"的人数最多，占总体81.2%；其次是"民族特色餐饮"，有59.4%的人关注。之后，按照产业发展方向选择人数由多到少的顺序，依次分别为："生态养殖业"（43.2%）、"传统农牧业"（35.3%）、"民族服饰及手工艺品制作"（14.3%）、"民族中草药"（13.9%）、"电商物流业"（7.5%）、"民族特需品制造"（5.3%）、"矿产开发和冶炼"（4.9%）、"其他"（4.1%）。

文化旅游日益成为少数民族特色村寨经济发展的增长极，越来越多的村寨依托自然资源和民族文化优势推动产业振兴。旅游业的蓬勃发展带动了民族餐饮、特色民宿、手工艺品等产业的发展，游客在体验农家乐、渔家乐、观光采摘等餐饮、休闲项目的同时，为村民增收创造了机会。不少被调查者还倾向于发展生态养殖业，说明绿色发展理念深入人心，产业结构得到一定的优化，村寨经济发展方式发生变化。但选择"传统农牧业"的人数仍然较多，甚至有少数人认为应发展矿产开发和冶炼产业，这表明民族乡村发展观念亟待转变，产业结构调整需进一步加强。当然，对于特色村寨而言，民族中草药、电商物流等产业也被认为具有较大的发展潜力。

积极打造知名产品品牌，有助于推动特色村寨的资源优势由潜在性向现实性转变，实现特色优势产业更好更快发展。由于民族地区品牌建设滞后，普遍缺乏知名产品品牌，以特色农产品品牌为核心的农业品牌格局尚未建立，乡村产业振兴受到严重制约。如表1-3所示，当被问及"您所在村寨是否有知名的产品品牌?"时，有147位村民表示，所在村寨没有知名的产品品牌，其比重占总体55.3%，仅119位村民表示，所在村寨有知名的产品品牌，其比重占总体44.7%。

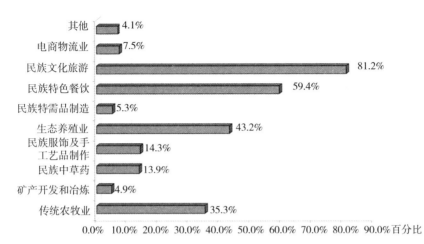

图 1-8 所在村寨最适合发展的产业

表 1-3 所在村寨是否有知名的产品品牌

序号	选项	频数（#）	百分比（%）
（1）	是	119	44.7
（2）	否	147	55.3
总计		266	100

随着城镇化的快速推进，我国民族地区农村土地撂荒、农房闲置现象日益凸显。如表 1-4 所示，当被问及"您所在村寨是否存在土地或农房闲置现象？"时，有 170 位村民表示，所在村寨存在这种现象，其比重占总体 63.9%，仅 96 位村民认为，所在村寨不存这种现象，其比重占总体 36.1%。这表明，被调查者所在的特色村寨在集约利用闲置建设用地资源和闲置农房等方面效率整体不高，村寨用地空间布局亟待优化。

表 1-4　所在村寨是否存在土地或农房闲置现象

序号	选项	频数（#）	百分比（%）
（1）	是	170	63.9
（2）	否	96	36.1
总计		266	100

　　互联网经济时代，产品竞争越来越激烈。信息技术成为经济发展的重要支撑，民族地区农村发展电商物流产业是大势所趋。从统计结果来看，选择对在线销售农特产品流程熟悉度为"一般"的占总体33%，选择"熟悉"的占总体29%，认为"不熟悉"的占总体26%，认为"非常熟悉"和"非常不熟悉"的分别占总体6%（见图1-9）。其中，选择"一般""熟悉""非常熟悉"的共占68%，这说明绝大部分被调查者对电商产业比较了解，熟悉相关的操作流程，能够将所在特色村寨中的农特产品通过网络销售出去。近年来，国家加大了农民应用互联网电子商务销售农产品的支持，村寨网络光纤、服务站点、道路交通等基础设施得到一定改善。然而，仍有32%的村民对在线销售农特产品表示不熟悉或非常不熟悉，这说明要加强偏远落后地区特色村寨的信息网络建设，开展电商技能培训，帮助村民通过电商拓宽增收渠道。

二、生态宜居建设现状

　　建设生态宜居的现代农村，是实施乡村振兴战略的一项重要任务。我国民族地区地域广阔，村情千差万别，地理位置、经济基础、资源禀赋、民风民俗各不相同。特色村寨中的民居建筑与其所处的自然和人文环境有着密切的联系，是民族特色文化的立体展现。如表

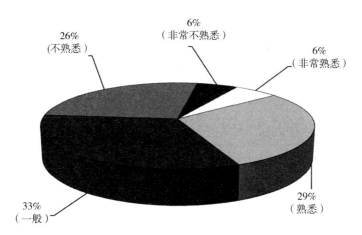

图 1-9　对网上在线销售农特产品流程的熟悉度

1-5 所示，有 77.8% 的村民认为，所在村寨的民居建筑与自然环境相协调，这说明少数民族特色村寨民居建筑与自然环境的和谐度较高。但仍有 22.2% 的村民持不同观点，他们认为村寨的民居建筑与自然环境不协调。调查过程中也发现，部分村寨存在过度使用现代建筑材料，破坏村寨整体风貌的现象。

表 1-5　所在村寨民居建筑与自然环境是否协调

序号	选项	频数（#）	百分比（%）
（1）	是	207	77.8
（2）	否	59	22.2
总计		266	100

　　农村生活垃圾治理，是改善少数民族特色村寨人居环境水平、建设生态文明和美丽乡村的有效途径。如表 1-6 所示，当被问及"您所在村寨垃圾是否经过科学的分类处理?"时，超过半数（55.6%）的村民表示，所在村寨未对垃圾进行科学的分类处理，有 44.4% 的村民则表示，所在村寨对垃圾进行了科学的分类处理。这表明，虽然近年来

加大了农村环境整治，特色村寨的卫生条件和人居环境有较大改善。但不容忽视的是，大多数特色村寨没有建立分类投放、分类收集、分类运输、分类处理的垃圾处理系统，其生态宜居建设是一项长期的工作，具有紧迫性和艰巨性。

表 1-6　所在村寨垃圾是否经过科学的分类处理

序号	选项	频数（#）	百分比（%）
（1）	是	118	44.4
（2）	否	148	55.6
总计		266	100

坚决打赢污染防治攻坚战，不断提高各族群众对生态环境的满意度和获得感，是乡村生态振兴的重要举措。如图 1-10 所示，大部分村民对所在特色村寨的生态环境状况表示比较满意，超过一半的被调查者表示非常满意和满意。其中，选择"非常满意"的占总体 18%，选择"满意"的占总体 51%。此外，有 27%的村民选择"一般"，有3%的村民表示不满意，还有 1%的村民表示非常不满意。由以上数据可知，目前，少数民族特色村寨生态保护工作取得了显著成效，乡村绿色发展、人与自然和谐共生的格局正在形成。

厕所问题不是小事情，小厕所连着大民生，关系大文明。如表 1-7 所示，有 60.9%的被调查者表示，所在村寨建有环保型公共厕所。这说明半数以上特色村寨都很重视改善村寨卫生条件，积极落实"厕所革命"，通过改造或修建环保型厕所，搞好旅游卫生公共服务，提升了村寨人居环境水平和旅游服务质量。但仍有39.1%的被调查者表示，所在村寨没有环保型公共厕所。这说明，有相当数量的村寨卫生条件并不理想，应深入开展人居环境整治，加快推进改厨改厕改圈工程建设。

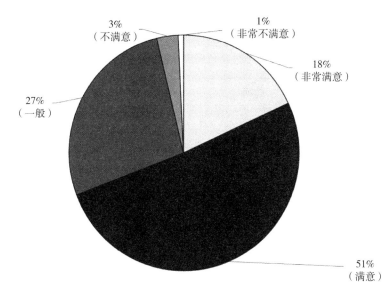

图 1-10　对特色村寨生态环境的满意度

表 1-7　所在村寨是否建有环保型公共厕所

序号	选项	频数（#）	百分比（%）
（1）	是	162	60.9
（2）	否	104	39.1
总计		266	100

少数民族特色村寨中的民居建筑既是少数民族文化的固化形态和各族村民的精神寄托，又是具有重要保护价值的历史文化遗产。我国现有 55 个少数民族，丰富的民族建筑文化遗产千姿百态、风格各异，但数量庞大、结构复杂，其保护工作任务繁重。当被问及"您认为您所在村寨的特色民居建筑是否存在安全隐患？"时，有 62.8% 的被调查者表示，不存在安全隐患。这说明大多数特色村寨的建筑安全保护工作落实得好，但也应看到，还有 37.2% 的被调查者认为，存在着安全隐患。这也说明，部分特色民居因年久失修，保护现状堪忧，安

全性不高（见表1-8）。

表1-8 所在村寨的特色民居建筑是否存在安全隐患

序号	选项	频数（#）	百分比（%）
（1）	是	99	37.2
（2）	否	167	62.8
总计		266	100

三、乡风文明建设现状

如表1-9所示，当被问及"您认为旅游开发是否会造成少数民族文化遗失？"时，有65%的被调查者表示，旅游开发不会导致特色村寨文化遗失，但仍有35%的被调查者表示，旅游开发对特色村寨文化造成了冲击。正如调查所得知，近年来，特色村寨依托民族文化资源，大力发展乡村旅游，经济得到快速发展。但一些村寨在建设过程中存在急功近利的倾向，大量复制、移植其他地方的文化，使得当地的民族文化遭到不同程度的破坏，保护与发展二者关系亟须正确处理。

表1-9 旅游开发是否会造成少数民族文化遗失

序号	选项	频数（#）	百分比（%）
（1）	是	93	35
（2）	否	173	65
总计		266	100

如表1-10所示，当被问及"您认为政府在村寨民居建筑保护方面应采取哪些措施？"时，按照选择人数由多到少的顺序依次为："提供资金支持"（75.9%）、"加强宣传教育"（68.4%）、"组建专业

的修缮队伍"（62.8%）、"完善政策法规"（60.2%）、"产权认定和保护登记"（42.5%）、"加大处罚力度"（35%）、"其他"（1.5%）。

不难看出，当前特色村寨的民居建筑保护工作资金缺口较大、宣传教育力度不够，专业修缮队伍缺乏，特别是现有的技术手段无法满足古民居原貌恢复、修缮维护的需要。此外，民居建筑的产权认定和保护登记工作有待加强，对各种破坏民居建筑及保护不当的行为也应大力惩处。

表1-10 政府在村寨民居建筑保护方面采取的措施

序号	选项	频数（#）	百分比（%）
（1）	完善政策法规	160	60.2
（2）	提供资金支持	202	75.9
（3）	加强宣传教育	182	68.4
（4）	加大处罚力度	93	35
（5）	产权认定和保护登记	113	42.5
（6）	组建专业的修缮队伍	167	62.8
（7）	其他	4	1.5

如图1-11所示，在关于特色村寨文化建设重点方向的选择上，选择"挖掘本土的文化人才""加强公共文化设施建设""打造民族文化品牌""加大文化经费投入""鼓励民族题材的文艺创作"的人数较多，其比重依次为52.3%、50.4%、49.2%、49.2%、39.1%。而选择"促进各民族文化交融""加强文化监督，杜绝黄赌毒现象""提供文化下乡服务""其他"的人数相对较少，其比重分别是25.9%、21.4%、19.5%、3.8%。结合实地调研发现，特色村寨中文艺工作者和民间艺人流失严重。同时，文化传承人的老龄化，不利于民族文化的传承。村寨文化设施建设较为滞后，很难满足大型民族歌舞等群众性文化活动开展的需要。此外，经费的不足和文化知名品牌的缺乏，

也是特色村寨公共文化建设的阻碍因素。

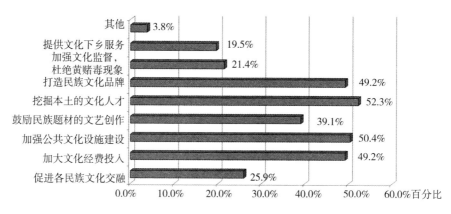

图 1-11　特色村寨公共文化建设的重点

如表 1-11 所示，当被问及"您所在村寨是否存在大操大办、铺张浪费？"时，有 66.2% 的村民表示，所在特色村寨没有此类现象。这表明，民族地区在落实中央八项规定精神、破除"四风"方面取得了明显成效，村寨民风为之一新，过去大操大办、铺张浪费等现象得到有效遏制。

表 1-11　所在村寨是否存在大操大办、铺张浪费现象

序号	选项	频数（#）	百分比（%）
（1）	是	90	33.8
（2）	否	176	66.2
总计		266	100

但也需看到，还有近 34% 的被调查者认为，所在特色村寨存在大操大办、铺张浪费的现象。这说明，转变乡村不良风气非一朝一夕之事，仍需长期坚持。当又被问及"您认为可以通过哪些方式改变村寨不良风气？"，选择"正风肃纪，加大整治力度"和"村干部、

新乡贤发挥模范带头作用"的人最多，各有 20 人；其次是"加强宣传教育，丰富村民精神文化生活"，有 18 人关注；选择"修订乡规民约"和"开展星级文明户、文明家庭等创建活动"的人数接近，前者为 16 人，后者为 14 人；选择"其他"的仅有 2 人（见图 1-12）。这从某种程度上可以表明，村民对正风肃纪、加大整治力度的期盼度很高，他们希望村干部、新乡贤等在乡风文明建设中发挥更好的引领作用。加强对村民的思想教育，丰富村民精神文化生活，破除民族乡村长期以来形成的陈规陋习，树立新风正气，也是村民较为关注的方面。另外，有的村民还主张通过完善乡规民约，积极开展文明评比创建活动等，不断培育文明新风。

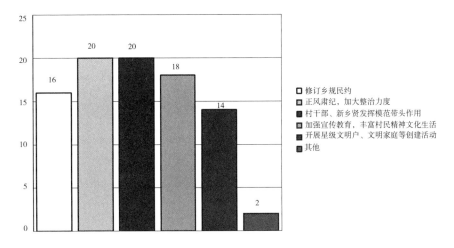

图 1-12　可以通过哪些方式改变村寨不良风气

四、基层治理建设现状

新时代全面实施乡村振兴战略要求乡村治理有效。乡村是国家最基本的治理单元，也是国家治理体系的"神经末梢"。当被问及"您所在村寨乡村公共事务民主协商机制是否健全?"时，有 65.4% 的被调查者表示，所在特色村寨的乡村公共事务民主协商机制健全。这说明大多数特色村寨村民自治状况良好，普遍建立了民主协商制度，营造起了基层民主的氛围（见表1-12）。

表1-12　所在村寨乡村公共事务民主协商机制是否健全

序号	选项	频数（#）	百分比（%）
（1）	是	174	65.4
（2）	否	92	34.6
总计		266	100

当被问及"您认为族长、寨老在特色村寨管理中的影响力如何？"时，有13.9%的被调查者认为，族长、寨老对村寨的管理工作非常有影响力，凡事都听从他们的安排；认为族长、寨老有影响力，能够听从他们安排的占总体40.6%；还有25.9%的人认为族长、寨老的影响力一般，偶尔会听从他们的安排。另外，认为族长、寨老的影响力不大，几乎不听从他们的安排的有13.9%；仅有5.7%的人表示族长、寨老完全没有影响力，根本不听他们的安排（见图1-13）。不难看出，族长、寨老在维护特色村寨社会稳定与和谐发展方面发挥了重要作用，相当一部分村民遇到困惑时，通常会寻求他们的帮助。依托和围绕族长寨老而产生的熟人关系、乡规民约、乡土信任以及由此而衍生的社会声誉、族群权威，构成了少数民族特色村寨治理的丰富资源。

被问及"老党员、村官、退休教师在特色村寨治理中是否发挥重要作用？"时，认为发挥了重要作用的占总体的72.2%，认为没有发挥重要作用的占总体的27.8%（见图1-14）。这表明，新乡贤日益成为少数民族特色村寨治理中的重要力量。

目前，我国正处于社会转型时期，因社会变革加剧、利益格局的

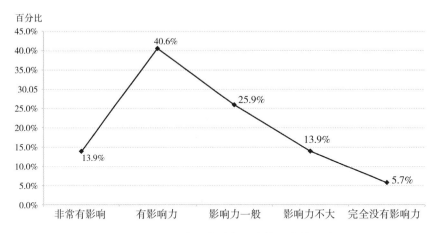

图 1-13　族长、寨老在特色村寨管理中的影响力

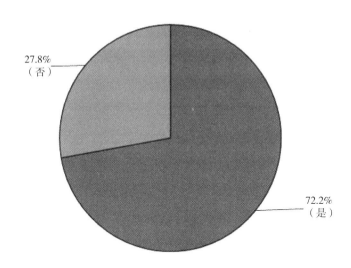

图 1-14　新乡贤在特色村寨治理中是否发挥重要作用

深刻调整而导致的基层社会矛盾纠纷明显增多。近年来，因劳动用工、婚姻家庭、农村土地、山林权属纠纷、征地补偿、村级村务、财务及干部作风、城市化建设、环境污染等问题引发的矛盾纠纷，呈现出多元化、复杂化、群体化的特点。当被问及"您所在村寨村民之间矛盾纠纷化解的主要途径"时，有 64.3% 的被调查者表示，所在

特色村寨村民之间矛盾纠纷主要通过乡村干部来化解。另外，认为矛盾纠纷主要通过村规民约、教义教规或家法族规约束，乡情感化，族长、寨老出面协调的分别有 13.1%、10.5% 和 2.3%，这三项之和占总体的 25.9%，而仅有 9.8% 的被调查者表示，应寻求法律途径来依法处理（见图 1-15）。不难看出，特色村寨治理中法治建设最为薄弱，村民遇到矛盾纠纷时，往往依托人际关系、教义教规等传统方式化解。

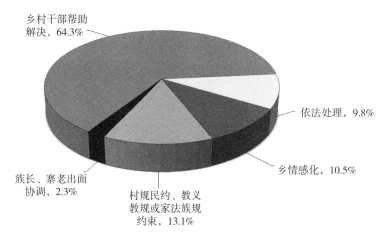

图 1-15　村民之间矛盾纠纷化解的主要途径

如表 1-13 所示，当被问及"当前特色村寨平安建设的重点领域有哪些？"时，按照选择人数由多到少的顺序依次分别是："健全村寨公共安全与应急管理体系，排查安全隐患"（79.3%）、"加强网格化管理和现代信息化服务"　（72.9%）、"加大打黑除恶力度"（56.8%）、"制止利用宗教势力干预村寨公共事务的行为"（45.9%）、"整治村寨乱建庙宇、滥塑宗教造像等现象"（28.9%）、"其他"（3%）。这说明，随着乡村旅游的发展，大量游客进入村寨，给村寨社区公共安全带来了隐患，因而村民最关心的是如何建立健全应急管理体系。村民对加强社区网格化管理，提高公共服务信息化程度抱有较大期望。面对严峻的社会治安综合治理形势，深入开展扫黑除恶专项斗争也得到了村民的广泛拥护。此外，制止宗教势力干预村寨公共事务行为，整治乱建庙宇、滥塑宗教造像等也是近年来村寨平安建设的主要方向。

表 1-13　特色村寨平安建设的重点领域

序号	选项	频数（#）	百分比（%）
（1）	加大打黑除恶力度	151	56.8
（2）	制止利用宗教势力干预村寨公共事务的行为	122	45.9
（3）	整治村寨乱建庙宇、滥塑宗教造像等现象	77	28.9
（4）	健全村寨公共安全与应急管理体系，排查安全隐患	211	79.3
（5）	加强网格化管理和现代信息化服务	194	72.9
（6）	其他	8	3

如表 1-14 所示，当被问及"您认为加强特色村寨德治建设的重点领域有哪些？"时，按照选择人数由多到少的顺序依次分别是："宣传道德楷模以及邻里和睦、干群和谐、民族团结典型"（85%）、"建立道德激励和约束机制，引导村民自我教育、自我管理、自我服务"（79.3%）、"发挥乡村党员干部在家风乡风营造中的榜样作用"（68.4%）、"开展道德模范评选表彰"（65.8%）、"挖掘少数民族乡村熟人社会蕴含的道德规范"（52.6%）、"其他"（3.4%）。这表明宣传道德楷模以及邻里和睦、干群和谐、民族团结典型，发挥乡村党员干部示范作用，开展道德模范评选等在特色村寨德治中具有重要作用。此外，挖掘乡村熟人社会中的道德规范，建立道德激励和约束机制，引导村民自我教育、自我管理、自我服务也是特色村寨实现自治、德治相结合的切入点。

表1-14　加强特色村寨德治建设的重点领域

序号	选项	频数（#）	百分比（%）
（1）	挖掘少数民族乡村熟人社会蕴含的道德规范	140	52.6
（2）	建立道德激励和约束机制，引导村民自我教育、自我管理、自我服务	211	79.3
（3）	宣传道德楷模以及邻里和睦、干群和谐、民族团结典型	226	85
（4）	开展道德模范评选表彰	175	65.8
（5）	发挥乡村党员干部在家风乡风营造中的榜样作用	182	68.4
（6）	其他	9	3.4

五、民生保障建设现状

精准扶贫、精准脱贫是民生保障的重要内容，也是乡村振兴的前提和基础。当被问及"您所在特色村寨精准脱贫政策是否得以落实?"时，有74.4%的村民表示政策落实到位。这表明民族地区精准脱贫政策落实情况较好，村民对扶贫工作基本满意。这为打赢脱贫收官战、决胜全面小康社会奠定了坚实基础（见表1-15）。

表1-15　在特色村寨精准脱贫政策是否得以落实

序号	选项	频数（#）	百分比（%）
（1）	是	198	74.4
（2）	否	68	25.6
总计		266	100

我国正处于传统农业向现代农业转型的关键时期，大量先进农业科学技术、高效农业设施装备、现代化经营管理理念越来越多地被运用到农业生产的各个领域，这就迫切需要培育高素质的新型职业农

民。当被问及"最近一年，您是否参加过现代农业技能培训活动？"时，有62.4%的人表示，他们参加过农业技能培训活动（见表1-16）。这表明，特色村寨现代农业技能培训活动开展状况良好，村民的农业技能得到了一定的提升。然而，也应注意到，尚有37.6%的人近一年内未参加过任何农业技能培训，这与乡村振兴对培育新型职业农民的要求相差甚远。

表1-16　是否参加过现代农业技能培训活动

序号	选项	频数（#）	百分比（%）
（1）	是	166	62.4
（2）	否	100	37.6
总计		266	100

随着经济社会不断发展，村民对公共服务的需求也日益多样化，服务种类随之增多。如图1-16所示，当被问及"目前您认为最需要哪些方面的公共服务？"时，选择"医疗服务与保障"的人数最多，占总体的60.5%；其次是"养老"，有53%的人关注；而后，根据需求程度由强及弱的顺序，依次分别是："子女教育"（48.9%）、"环境保护"（48.5%）、"乡村道路建设"（46.6%）、"就业和劳务输出信息、技能培训"（45.9%）、"文化体育活动"（43.6%）、"提高收入"（41%）、"饮用水设施建设"（39.8%）、"法律帮助"（35.3%）、"农业实用技术推广"（34.6%）、"电力、通讯设施建设"（34.6%）、"社会治安"（32%）、"农产品供需信息"（31.6%）、"最低生活保障"（28.2%）、"农田水利设施建设"（27.4%）、"农业生产指导"（27.4%）、"农村合作信贷"（25.2%）、"社会优抚"（13.5%）、"其他"（1.9%）。

不难看出，相对于其他服务，目前村民在医疗、养老、子女教育等方面的关注度很高，需求也特别迫切。由于民族地区大多地处偏远，短时期难以实现优质医疗保障全覆盖，乡村基层医疗条件较差，达不到"大病不出镇、小病不出村"的要求。其次，村寨人口空心化、老龄化、家庭结构失衡的问题也较为突出，面临着严峻的养老压力和养老服务需求。除此以外，教育、环境保护、道路建设、电力和通讯设施建设、农业技能培训、农村合作信贷等也是村民普遍关注的公共服务类型。

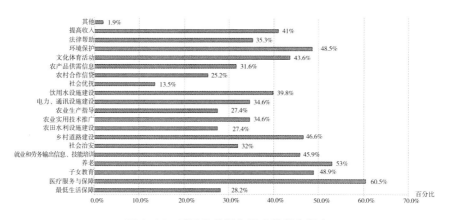

图 1-16　村民公共服务需求的优先顺序

第三节　乡村振兴与少数民族特色
村寨建设的瓶颈

一、特色产业建设瓶颈

如表 1-17 所示，当被问及"您所在村寨没有知名产品品牌的原因？"时，按照所选人数多少由高到低的顺序依次是：缺乏懂产品营销战略方面的人才（37.6%）、产量没有达到一定的规模（36.1%）、政府支持和宣传推广不够（21.8%）、产品包装档次不够（16.5%）、同类产品过多（15%）、民族文化习俗差异（12%）、其他（3.8%）。

由调查数据可知，特色村寨没有知名品牌的首要原因，是缺乏懂产品营销战略方面的人才，因而亟须引进和培养营销管理人才，加强品牌市场营销。其次，民族地区农村生产力水平低，且多为一家一户分散经营的小农经济，加之自然地理条件的制约，农业产量规模跟不上，大的、有影响力的农产品品牌难以形成。同时，品牌的知名度也不高，这与当地政府支持和宣传推广的力度不够有关。再次，特色村寨在发展乡村旅游的过程中，积极推销当地农特产品，但由于包装简陋，甚至有的无生产日期、质量合格证等，产品质量和食品安全得不到保障，其市场竞争力不强，品牌效应很难发挥。乡村旅游的兴起，为特色村寨知名品牌的形成提供了机遇，而茶叶、腊肉、刺绣等同类产品过多，文化特色彰显不足，对游客和消费者的吸引力不够。不同民族的文化习俗存在差异，有的少数民族习惯于简单、粗略的产品加工方式，这在一定程度上也阻碍了产品品牌做大做强做精。

表1-17 所在村寨没有知名产品品牌的原因

序号	选项	频数（#）	百分比（%）
（1）	政府支持和宣传推广不够	58	21.8
（2）	产量没有达到一定的规模	96	36.1
（3）	民族文化习俗差异	32	12
（4）	缺乏懂产品营销战略方面的人才	100	37.6
（5）	产品包装档次不够	44	16.5
（6）	同类产品过多	40	15
（7）	其他	10	3.8

加强民族地区农业产品质量监管对深入实施质量兴农战略至关重

要。当被问及"您认为目前一些少数民族农特产品缺乏质量监管的原因？"时，71.4%的人选择"农特产品缺乏规模化生产"；其次是选择"村民食品安全和产品质量意识不强"和"农特产品缺乏相应质量标准"分别有 59.4% 和 48.1%；而后，按照选择人数由多到少的顺序，依次分别为："缺乏检疫检测方面的专业设备和人员"（44.7%）、"申请检疫检测门槛较高"（23.7%）、"政府未出台专门的法律规定"（23.7%）、"其他"（5.3%）（见图 1-17）。

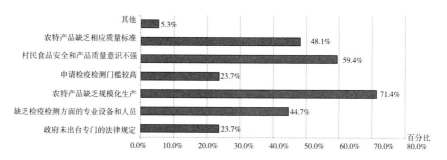

图 1-17　特色村寨农特产品缺乏质量监管的原因

由于农特产品规模化生产和组织化经营体系不完善，目前各地政府部门对大量分散于特色村寨的农特产品难以实施有效监管。同时，受文化水平、传统生活方式以及道路交通等主客观因素的影响，质量兴农战略在特色村寨落地见效比较困难。

表 1-18　特色村寨土地或农房闲置的主要原因

序号	选项	频数（#）	百分比（%）
（1）	地方政府规划和指导不够	27	15.9
（2）	村民外出务工	127	74.7
（3）	利用成本较高	9	5.3
（4）	家庭特殊困难（如残障户、五保户、极贫户等）	5	2.9
（5）	其他	2	1.2

续表

序号	选项	频数（#）	百分比（%）
	总计	170	100

据调查发现，少数民族特色村寨在集约利用闲置建设用地资源方面效率较低。导致这种现象的原因依次是："村民外出务工"（74.7%）、"地方政府规划和指导不够"（15.9%）、"利用成本较高"（5.3%）、"家庭特殊困难（如残障户、五保户、极贫户等）"（2.9%）、"其他"（1.2%）（见表1-18）。

在快速城镇化背景下，我国民族地区农村空心化问题凸显。外出务工人员增多，劳动力不断外流，这是导致特色村寨土地、农房等资源大量闲置的直接原因。当然，地方政府缺乏科学合理的规划，土地动态监测与监管技术落后，以及利用的绩效评价体系不健全，也影响了资源最大化利用。偏远民族地区地广人稀、土地分散、流转不便，土地规模化利用难度大，村寨土地权属变化等信息更新迟滞，宅基地、集体建设用地确权登记工作仍需加快推进。值得注意的是，因劳动能力缺乏、生活贫困等特殊困难，残障户、五保户、极贫户土地撂荒、农房空置现象更加普遍。

如表1-19所示，当被问及"您认为目前农村专业合作社在带动产业振兴方面还存在哪些困难？"时，有77.8%的人选择"缺少专业技术人才"；其次是"融资渠道较窄"有51.1%的人关注；而后，认为"缺少与之合作的企业"的有48.5%。接着，根据选择人数的由多到少顺序，依次分别为"缺乏市场营销平台"（48.1%）、"政府扶持和引导不够"（36.1%）、"社会化服务体系不健全"（36.1%）、"内部管理制度落后"（33.8%）、"利益联结不紧密"（22.2%）、"其他"（2.3%）。

表 1-19　农村专业合作社在带动产业振兴方面存在的困难

序号	选项	频数（#）	百分比（%）
（1）	政府扶持和引导不够	96	36.1
（2）	融资渠道较窄	136	51.1
（3）	缺少专业技术人才	207	77.8
（4）	内部管理制度落后	90	33.8
（5）	社会化服务体系不健全	96	36.1
（6）	缺少与之合作的企业	129	48.5
（7）	利益联结不紧密	59	22.2
（8）	缺乏市场营销平台	128	48.1
（9）	其他	6	2.3

由此可见，人才、经费、平台的不足，是特色村寨小农生产与现代农业发展有效接轨的主要障碍。由于缺少专业技术人才，农业专业合作社在带动产业振兴中专业化水平不高、针对性不强，会员增收空间有限，带富效果不明显。尽管民族地区有着丰富的社会资本，但农户分散，资金整合度不高，亟待拓宽融资渠道。农村专业合作社经济基础薄弱，抵御风险能力较差，且无稳定收入，因而难以吸引投资者，合作平台搭建十分困难。

二、生态宜居建设难题

如图 1-18 所示，当被问及"您认为村寨民居建筑与自然环境不协调不和谐的原因？"时，有 33.9% 的村民认为是"政府缺乏科学规划和布局"。这说明部分村寨在发展经济的过程中，没有进行合理的规划设计，特别是在拆旧建新、旧村改造时破坏了原有的村寨风貌。有 25.4% 的村民选择了"村民缺乏整体保护意识"。这说明部分村民对特色民居建筑保护意识不强，在改善自身居住环境时，一些村寨特色民居建筑遭受破坏。有 13.6% 的村民认为是"相关政策法规不完善""村干部宣传教育不够"。这说明特色村寨的民居保护立法、宣传教育不够。还有 11.8% 的村民认为"相关部门监管不力"，这也说明，相关部门对私搭乱建和破坏村寨历史遗迹、古民居建筑的行为缺乏有效监管，难以形成执法合力。

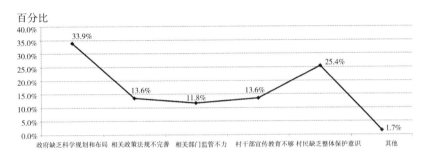

图 1-18 村寨民居建筑与自然环境不协调不和谐的原因

总体来看，特色村寨在生活垃圾处理上仍面临诸多难题，其原因依次为：村民环保意识薄弱（38%）、缺少相关设施（36.8%）、缺乏科学普及和指导（30.1%）、垃圾分类成本高（26.7%）、尚未建立责任制（24.1%）、其他（1.1%）（见表 1-20）。

表 1-20 特色村寨垃圾没有科学分类的原因

序号	选项	频数（#）	百分比（%）
（1）	村民环保意识薄弱	101	38
（2）	缺少相关设施（如分类垃圾桶、垃圾池等）	98	36.8
（3）	垃圾分类成本高	71	26.7
（4）	缺乏科学普及和指导	80	30.1
（5）	尚未建立责任制	64	24.1

续表

序号	选项	频数（#）	百分比（%）
（6）	其他	3	1.1

如图 1-19 所示，当被问及"您所在村寨没有建设环保型公共厕所的原因？"时，28.2%的村民认为是当地村民对乡村公共卫生重视程度不高；27.4%的村民认为是公共卫生经费投入有限；24.8%的村民认为是受长期生活习惯和传统民居格局影响；20.7%的村民认为是缺乏相应建设标准；14.3%的村民认为是粪便处置技术不达标；2.6%的村民选择了"其他"。这组数据表明，特色村寨深入开展"厕所革命"的重点应放在转变观念，加大经费投入，引入先进的污粪处置技术，实施公共厕所标准化改造等方面。

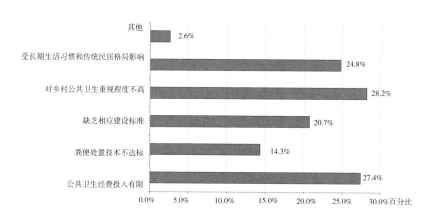

图 1-19　特色村寨没有建设环保型公共厕所的原因

当被问及"您所在村寨存在安全隐患的原因有哪些？"时，21.1%的村民选择了"修缮保护资金不足"；18%的村民选择了"安全防范意识不高"；17.7%的村民选择了"年久失修"；15.8%的村民选择了"古民居修缮难度大"；12.8%的村民选择了"避险措施不到位"；还有11.7%的村民选择了"自然灾害频发"（见图

1-20）。可见，当前特色民居建筑存在安全隐患的主要原因是修缮资金不足。其次，由于村民的安全防范意识不够，要加强宣传教育，引导他们主动积极参与民居保护。从客观因素来看，民居建筑年久失修、避险措施不到位、自然灾害频发等也是存在安全隐患的重要原因。

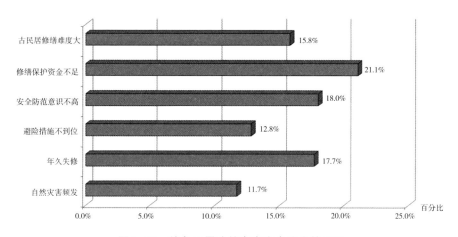

图 1-20　特色民居建筑存在安全隐患的原因

三、乡风文明建设难题

当被问及"导致少数民族文化遗失的原因有哪些?"时，有21.8%的村民选择"活态化保护不够"；19.2%的村民选择"保护理念偏差"；18.4%的村民选择"市场化、商业化泛滥"；16.2%的村民选择"外来文化冲击很大"；15.4%的村民选择"盲目景区化"；6%的村民选择"移植其他文化"；还有 1.1%的人选择"其他"。这表明，少数民族特色村寨非物质文化遗产活态传承不够，其形式单一，不少村寨因过度开发旅游导致商业泛化的问题较为突出。由于外来文化的冲击，原本相对封闭的村寨文化被打破，存在文化遗失和异化的可能（见表1-21）。

表1-21　特色村寨少数民族文化遗失的原因

序号	选项	频数（#）	百分比（%）
（1）	市场化、商业化泛滥	49	18.4
（2）	保护理念偏差	51	19.2
（3）	活态化保护不够	58	21.8
（4）	外来文化冲击很大	43	16.2
（5）	移植其他文化	16	6
（6）	盲目景区化	41	15.4
（7）	其他	3	1.1

如表1-22所示，当被问及"您所在村寨的非物质文化遗产保护与传承面临哪些困难?"时，按照选择人数由多到少的顺序依次为："传承人数量不足且老龄化程度高"（69.5%）、"政府资金投入不足"（65.8%）、"保护机构不健全"（49.2%）、"传承方式急需革新"（43.6%）、"非遗名录体系不够完善"（40.6%）、"相关法律政策不够完备"（37.2%）、"非遗项目生产性保护过度"（13.2%）、"其他"（1.9%）。

通过调查了解到，现阶段特色村寨非遗保护与传承问题主要表现在以下几个方面：从人的角度来看，村寨文化能人大量外流，传承人老龄化现象严重，民族技艺后继乏人；从资金的角度来看，政府对民族特色文化保护的资金投入不足；从组织机构的角度来看，非遗保护工作归口文旅部门，特色村寨建设由民族工作部门主抓，难以整合资源形成保护合力，部门间的协作有待加强；从制度的角度来看，一是非遗名录体系不完善，部分少数民族类非遗数量较少，名录归属较为单一，项目多样性与丰富性不足。二是相关法律政策体系不健全，特别是在非遗项目管理机构设置、社会力量参与非遗保护等方面缺乏符合特色村寨实际的规范性文件；从传承方式的角度来看，受固有观念及文化习俗的影响，少数民族非遗传承方式缺乏创新，活态化传承能力较弱；从生产性保护的角度来看，特色村寨在文化资源挖掘和利用过程中存在重开发、轻保护、弱传承的现象。

表 1-22 所在村寨非遗产保护与传承面临的困难

序号	选项	频数（#）	百分比（%）
（1）	相关法律政策不够完备	99	37.2
（2）	政府资金投入不足	175	65.8
（3）	保护机构不健全	131	49.2
（4）	非遗名录体系不够完善	108	40.6
（5）	传承人数量不足且老龄化程度高	185	69.5
（6）	传承方式急需革新	116	43.6
（7）	非遗项目生产性保护过度	35	13.2
（8）	其他	5	1.9

四、基层治理建设难题

基层治理是村民自我管理、自我服务的过程，其状况关系到乡村振兴战略的实施成效。在对被调查者进行深度访问后发现，认为特色村寨公共事务民主协商机制不健全的主要原因分别为：村民议事能力不足（25.9%）、没有协商制度和规范（23.7%）、村务监督较弱（19.9%）、乡村干部说了算（16.2%）、村寨缺乏民主氛围（15.8%）、其他（2.3%）（见图 1-21）。

访谈调查了解到，村民文化程度较低、政策理解力不强，以及对

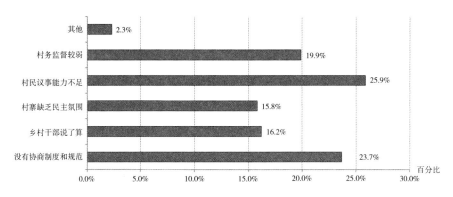

图1-21　特色村寨民主协商机制不健全的原因

政府和村干部依赖过大都是导致村民议事能力不足的主要原因。当然，进一步健全村寨民主协商机制，还需完善村民议事的制度和规范，加强村务公开和民主监督。

五、民生保障建设难题

当被问及"精准脱贫政策落实不到位的原因有哪些？"时，按照所选人数多少由高到低的顺序依次是："贫困户识别不精确"（22.6%）、"没有考虑到贫困个体的差异"（19.9%）、"脱贫考核机制不健全"（15%）、"驻村干部帮扶能力不强"（12.8%）、"与地方特色产业结合不紧密"（6.8%）、"经费存在截留、挪用现象"（5.3%）、"其他"（0.4%）（见表1-23）。这组数据表明，目前特色村寨扶贫工作存在扶贫的精准性不够问题，可能导致扶贫资源的浪费，尤其是因地制宜考虑不周，扶贫模式单一，扶贫工作中"一刀切"的现象依然存在。基层干部为了所谓的"痕迹管理"，疲于整数据、填表格，科学的脱贫考核机制尚不健全。

表1-23 特色村寨精准脱贫政策落实不到位的原因

序号	选项	频数（#）	百分比（%）
（1）	贫困户识别不精确	60	22.6
（2）	与地方特色产业结合不紧密	18	6.8
（3）	没有考虑到贫困个体的差异	53	19.9
（4）	经费存在截留、挪用现象	14	5.3
（5）	驻村干部帮扶能力不强	34	12.8
（6）	脱贫考核机制不健全	40	15
（7）	其他	1	0.4

就业是民生之本，也是社会和谐之基；创业是经济活力之源，也是扩大就业的倍增器。调查数据显示，当前阻碍返乡人员创业就业的因素主要有："创业者缺乏相关知识与技能"（59.4%）、"融资贷款较难"（59%）、创业团队难以组建"（45.1%）。之后，按照选择人数由多到少的顺序，依次是："政府帮助不够"（43.6%）、"解决用地问题难度大"（38.3%）、"对相关政策不了解"（33.5%）、"税费负担较重"（9.4%）、"与当地民族风俗习惯不适应"（7.9%）、"其他"（1.5%）（见表1-24）。

少数民族特色村寨走乡村振兴之路，必须不断提升村民素质，拓展其就业创业空间，实现更高质量和更充分的就业。目前来看，村民在外务工大多从事技术含量较低、劳动密集型行业，技术积累不够。他们在外也少有创业机会与条件，不仅经验欠缺，而且在激烈的市场竞争中通常处于劣势。尽管村民返乡时积累了一定的资本，但由于融资渠道单一，资金整合困难，有限的资金难以满足创业需要。囿于民族地区农村发展整体条件较差，公共服务不完备，人才吸引力不强，组建创业团队并不容易。发展用地受限、政府扶持力度不够等也是阻碍返乡人员就业创业的影响因素。

表1-24　阻碍返乡人员就业创业的主要因素

序号	选项	频数（#）	百分比（%）
（1）	创业者缺乏相关知识与技能	158	59.4
（2）	融资贷款较难	158	59
（3）	政府帮助不够	116	43.6
（4）	解决用地问题难度大	102	38.3
（5）	创业团队难以组建	120	45.1
（6）	对相关政策不了解	89	33.5
（7）	税费负担较重	25	9.4
（8）	与当地民族风俗习惯不适应	21	7.9
（9）	其他	4	1.5

　　问卷调查发现，特色村寨中有村民表示近一年内没有参加过任何农业技能培训，究其原因有主客观两类。主观原因有："有能力自学，不需要培训"（9.4%）、"等待上门指导帮扶"（3.8%）、"语言沟通障碍"（8.6%）；客观原因有："时间冲突"（23.3%）、"不知道有培训"（22.2%）、"授课内容枯燥，联系实际较少"（7.9%）、"交通不方便"（6.4%）、"其他（1.5%）（见图1-22）。从主观原因来分析，部分村民参加农业技能培训的意愿不强，存在"等、靠、要"的依赖思想。同时由于语言不通等原因，导致其参加培训的积极性不高；从客观原因来分析，农业技能培训活动的时间安排不合理，与农忙时间相冲突；培训活动的宣传力度不够，村民的知晓度不高；相关课程设计没有与乡村产业振兴、农业发展紧密结合，培训活动的针对性和实效性亟待提高。

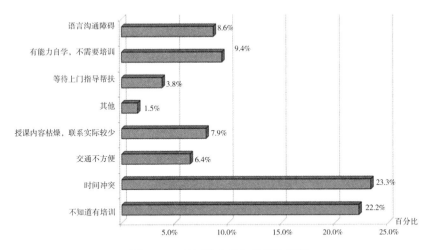

图 1-22 村民没有参加培训的原因

六、关于乡村振兴与少数民族特色村寨建设的意见和建议

在问卷调查中，一些村民对乡村振兴与少数民族特色村寨建设的相关工作提出了自己的真实看法。课题组通过对回收的问卷进行整理，现将集中反映的意见和建议汇总如下（见表1-25）。从特色村寨村民反映的意见和建议来看，他们对完善村寨公共服务体系充满了期待，希望能享受到更加优质的公共服务。民族地区乡村振兴离不开政府的引导和支持，他们希望政府通过科学指导和帮扶，不断挖掘特色村寨的文化和生态资源，打造特色产业品牌。在推进特色村寨产业振兴的同时，希望加大对特色民居建筑、传统技艺等文化遗产的开发性保护，留住文脉、留住乡愁。特色村寨的环境治理问题也不容忽视，村民普遍呼吁政府相关部门通过大力实施农村人居环境整治，建设生态宜居的美丽乡村。有的村民还建议完善村级民主自治机制和民主管

理制度，规范村务管理，让村民更有效地参与特色村寨建设。

表 1-25　关于乡村振兴与少数民族特色村寨建设的意见和建议

序号	代表性意见和建议
1	在医疗、养老、子女教育等民生保障方面，希望政府和社会都要给予更多的关注和支持。
2	立足于本地实际，挖掘优势资源，打造特色产业，建立具有民族特色的知名品牌。同时，加大产业发展的指导和帮扶，增强民族乡村经济活力。
3	在乡村旅游发展中，应当重视对特色村寨文化的活态化保护与传承，确保民族文化的原真性和独特性。
4	加大特色村寨突出环境问题的综合治理，如加强对农业面源污染的防治、畜禽粪污和废弃物的无害化处理及资源化利用等。
5	完善村级民主自治机制和民主管理制度，规范村务管理，让村民更有效地参与特色村寨建设。

第二章　少数民族特色村寨特色优势产业培育与壮大

乡村振兴，产业兴旺是重点。在城乡二元结构仍较为明显的状况下，民族地区相对于其他地区，其农村空心化、农业边缘化和农民老龄化的问题更加突出。推进民族地区产业振兴，必须坚持质量兴农、绿色兴农，以农业供给侧结构性改革为主线，加快构建现代农业产业体系、生产体系、经营体系，提高农业创新力、竞争力和全要素生产率。当前，加强少数民族特色村寨建设，要按照产业振兴的要求，大力实施质量兴农战略，促进传统特色优势产业提质升级，加快乡村旅游与现代农业深度融合，培育民族乡村发展新动能。

第一节　少数民族特色村寨传统特色优势产业提质升级

一、特色村寨实施质量兴农战略的现状与目标

（一）传统特色优势产业发展现状及态势分析

改革开放以来，我国民族地区经济总体保持高速增长，少数民族

传统特色产业得到较快发展。但由于处于起步探索阶段，不同地区资源禀赋存在差异，各省区特色产业发展不均衡，尚未形成规模，未能成为带动整个民族地区经济社会发展的主导产业。在乡村振兴战略背景下，利用好大环境、新政策，进一步把握特色产业优势，寻求独特发展路径，是民族地区乘势发展的重要举措。

　　SWOT 分析，是指基于内外部竞争环境和条件下的态势分析，即通过列举研究对象密切相关的各种内部优势、劣势和外部机会和威胁等，并依照矩阵形式排列，运用系统思维，将各种因素相互匹配起来加以分析，从而得出一系列带有一定决策性的结论。利用这种方法，可对少数民族特色村寨传统特色优势产业进行全面剖析，根据所得结果提出相应的发展策略（见表 2-1）。

表 2-1　特色村寨传统特色优势产业的 SWOT 分析

S（优势）	W（劣势）
1. 地理环境特殊，孕育丰富的自然资源。 2. 人文环境独特，民俗、宗教、艺术形态多样。 3. 享受政策扶持，各地出台了一系列支持特色产业发展的有力政策。	1. 特色农产业基础薄弱，抗风险能力低。 2. 特色农产品缺乏深加工，产业化水平低。 3. 特色农产品安全质量标准体系不健全，品牌效应不明显。 4. 特色农产品融资渠道有限。
O（机会）	T（威胁）
1. 实施乡村振兴战略为特色产业发展带来新动力、新机遇。 2. 国家对少数民族地区的财政支持不断扩大，为特色产业的升级发展奠定了基础。 3. 国际合作的深入推进，倒逼民族地区特色产业升级转型。 4. 互联网时代的农业信息共享。	1. 资源开发不充分，附属产业种类单一，自然资源处于初级开发阶段，没有形成完整的产业链。 2. 农民专业技能欠缺，在一定程度上难以适应新兴产业发展需要，阻碍了特色产业结构提质升级。 3. 自主创新能力不足，产品科技含量不高。

1. 特色村寨传统优势产业发展优势（strengths）

民族地区以其独特的自然和人文资源，在地理区位、风俗民情及多元民族文化等方面具有特色产业发展的显著优势。在我国，许多特色村寨位于西部高原或山地，这一地区在横向及纵向上呈现阶梯状的地理分布特点，因而孕育出了丰富的自然资源，为特色产业发展奠定了物质基础。多民族文化相融合的特殊历史与现实环境增添了特色村寨的文化内涵，自然景观、人文景观、特色美食、民族歌舞等都是吸引中外游客的旅游产业项目。近些年来，国家不断加大对民族地区发展的支持力度，陆续出台支持少数民族和民族地区发展的政策，在财政、产业、商贸及对外开放方面都给予了政策倾斜。

2. 特色村寨传统优势产业发展劣势（weaknesses）

产业基础薄弱、抗风险能力低，是当前特色村寨产业发展面临的主要困境。从整体而言，由于农业科技推广应用滞后，其尚未适应现代农业发展需要，特色村寨传统产业的科技含量低，品牌建设缺乏足够的技术支撑。目前，民族地区生产技术与手段相对落后，通常以产量取胜，农产品精深加工不足，特色农产品附加值较低，产业转型升级困难。例如，特色村寨产业化水平不高，尤其是生产链较短，专业合作组织、龙头企业等带动产业发展的能力较弱，农产品销售渠道狭窄，难以形成促进村集体经济壮大发展的合力。

现阶段，特色村寨在发展传统特色产业过程中普遍存在农产品质量不稳定、加工转化率低、生产卫生状况不理想等问题。其中，特色农产品安全质量标准体系不健全，严重制约民族特色品牌竞争力的提升。由于民族地区经济基础薄弱，政府对特色农业的投入有限，加之农户多以分散经营为主，利益联结机制不完善，从而影响产业发展资金的整合。同时，经营主体规模小，有效抵押物不足，银行信用等级不高，农户获取银行贷款难度大，产业发展面临融资难题。资金的匮乏在很大程度上阻碍了科技创新、技术推广以及基础设施、现代设备的配套完善。这些都不利于现代特色农业产业的振兴发展，成为影响民族地区现代农业发展的负面因素。①

3. 特色村寨传统优势产业发展机会（opportunities）

党的十九大报告指出，农业农村农民问题是关系国计民生的根本性问题，必须始终把解决好"三农"问题作为全党工作重中之重。其中，产业兴旺是实施乡村振兴战略的首要任务与重点所在。随着国家对民族地区财政支持力度的不断加大，特色村寨农业基础设施大幅改善，这就为产业转型升级提供了新动力和新机遇。在全面开放的新格局下，我国边疆民族地区特殊的区位优势决定其在对外贸易中扮演日益重要的角色。这些地区的特色村寨正积极把握机遇，加强农特产品对外贸易，如开展"一带一路"产业合作等，以外贸发展促进传统特色产业提质升级。"互联网＋"战略的实施，也为民族地区农业信息共享创造了有利条件。特色村寨利用互联网及时获取市场最新信息，通过发展电子商务缩减了品牌营销成本，可以说，目前在线营销已成为民族地区农特产品品牌化发展的突破点与增长点。

4. 特色村寨传统优势产业发展威胁（threats）

特色村寨传统优势产业发展面临的威胁主要包括以下几个方面：村寨资源开发不充分，附属产业种类单一，自然资源处于初级开发阶段，没有形成完整的产业链。农民专业技能欠缺，特别是受文化水平较低、视野狭窄等影响，对产业发展的理解存在偏差，在生产经营过程中盲目性较强。一些生产者观念滞后，仍将农特产品视作产品而非商品，难以有效开展品牌建设。村民及地方农业、工商等部门品牌意识淡薄，很少为农特产品注册商标，已有品牌被侵权的情况普遍。特色村寨农产品生产者缺乏自主创新能力，对现代农业科技应用不够，

---

① 参见甘海燕：《少数民族地区现代特色农业创意发展探讨——以广西为例》，《改革与战略》2017 年第 12 期。

导致农特产品科技含量不高，在市场竞争中处于劣势。

（二）特色村寨实施质量兴农战略的目标定位

农产品质量、农业供给体系质量、农业结构布局质量、农业产业发展质量等共同构成了农业质量体系。它涵盖农业生产全过程，既要求推进标准化生产与质量监管，又要求强化现代要素集成运用，提高创新力、竞争力和全要素生产率。实施质量兴农战略，要大力推进农业生产标准化，加快标准制定，做到有标可循、按标生产。切实加强执法监管，加快农产品质量安全追溯体系建设，推动国家追溯平台推广应用。走农业高质量发展之路，不仅要重视农产品质量，也要重视供给质量；不仅要重产重管，也要重调重减，完善政策配套，规范绩效评价。要以提高农业供给体系的质量效益为主攻方向，着力调整优化农业结构和产业布局，减少低端无效供给，增加销路好、品质高、市场缺的优质农产品供给。从根本上来说，特色村寨实施质量兴农战略，必须走农业绿色化、优质化、特色化、品牌化道路。

农业绿色化是农业由注重经济增长的传统农业形态向经济增长与生态效益并重的现代农业发展形态转变的过程。从宏观角度来看，这一过程既涉及农业发展目标、模式和内容的转变，也涉及农业发展机制、政策的转变；从微观角度来看，它涉及农业生产主体的生产意识、生产行为、知识水平和操作技能等方面的转变。近年来，民族地区农业经济快速发展，但同时出现了农业生态系统退化、生态服务功能弱化等问题。为解决这些问题，要以特色村寨产业振兴为抓手，推进"全域绿色化"，大力发展现代生态农业。遵循生态系统整体性、生物多样性规律，对山水林田湖草资源进行综合治理。调整资源利用方式，根据资源承载力确定产业开发强度。调整生产管理方式，通过建立循环低碳的生产制度实现减量增效。

农业优质化是在发挥生态优势基础上，以加强农产品生产、加工、销售全过程标准化建设为重点，提升农产品质量和品质，促进农业产业提质升级的过程。就目前而言，特色村寨开发时间短，环境保护相对较好，拥有得天独厚的自然资源与气候条件，有助于因地制宜发展生态农业，种植有机、健康、绿色的农产品，养殖优质水产品。民族地区要加快推进特色农产品标准化建设，推动与国际农产品标准接轨，构建优质农产品产地环境、生产过程、收储运销等全方位的质量控制体系。

农业特色化是将地理环境、历史文化等因素贯穿于农业生产经营的全过程，其主要以产出某地特有的或特别著名的产品作为市场竞争优势。实现民族地区农业特色化，必须坚持走差异化产业发展之路，打造"一村一品、一村一业"的农业新格局。众所周知，特色村寨的民族文化与自然资源尤为丰富，因而可以通过独特的工艺流程加工转化成特色农产品，并在乡村旅游产业和电商物流业的带动下使其走出村寨、走向市场。

农产品品牌化发展要求生产者从农产品产出开始进行品牌建设。生产者品牌大多与原产地有密切关系，多以地理标志命名；经销商品牌则是农民将产品供给经销商，如大型商超、连锁店统一为从全国各地采购来的同类产品贴牌。从农产品销售对当地经济增长的作用来看，生产者品牌的作用更大。将原产地名称作为农产品品牌，有助于提升地区的知名度，增加该地区的农产品利润。地理标志农产品将农产品与地缘经济有机结合起来，对于形成整片区的产业集群发展具有促进作用。从这个意义上说，一个特色农产品可以盘活一片村落。特色村寨应当协同推进特色产业与地理标志农产品品牌建设，从而提高农产品的附加值和竞争优势。

二、特色村寨产业发展的"一村一品"经验：诺邓特色村镇"产业组团"模式的思考①

首批"中国少数民族特色村寨"诺邓古村位于云南省大理白族自治州云龙县诺邓镇。该村历史悠久，因盛产食盐而闻名，明清鼎盛时期全村有 400 余户 3000 多人口。自 1996 年盐井被封后，村民的经济来源主要依赖传统种植业和畜牧业。但近年来，诺邓镇成功打造了一条以诺邓古村为中心，包含"世界奇观——云龙太极"和天池国家级自然保护区在内的特色旅游线路，被统称为诺邓景区。经过多年的建设，目前该景区覆盖了诺邓千年白族古村、天池、天然太极图、虎头山、沘江古桥梁等多个国家级景观，成为"众星拱月""大景区带动小景区"的少数民族特色村镇带。

诺邓镇以诺邓火腿产业基地为平台，以特色餐饮、主题展馆、商务酒店等相关业态为支撑，延展火腿加工、配套物流、生态农业商贸服务等多产业链。利用火腿产业形成的文化氛围，大力发展特色加工定制、商务展销洽谈、火腿主题体验等产业，使牛舌坪火腿品牌效应大幅提升，形成了基于一村一品的"产业组团"模式（见图 2-1）。一方面，从产业链的"后向"来看，该镇重点发展生态农业，建立现代农业种植基地和农庄，从源头保证了农产品绿色安全，靠品质优势扩大了市场竞争力；另一方面，从产业链"前向"来看，通过建立火腿博物馆、成立绿色食品交易会和火腿产业协会，以及组建火腿品牌推介中心，实现了诺邓火腿产业基地功能的向外拓展，靠品牌优势提升了行业影响力。

---

① 本案例整理自课题组赴云南省大理白族自治州云龙县农业局获得的调研资料。

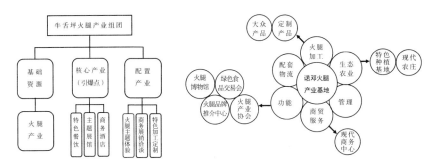

图 2-1 诺邓古镇火腿产业组团模式一览图

在镇政府的支持和推动下，"产业组团"模式逐步向其他特色产业延伸覆盖。麦地湾梨作为诺邓镇天池村的特色农产品，种植面积已超过万亩。该村成立了天池林果场，并以市场为导向、以效益为中心，打造"云龙麦地湾梨"品牌，推广无公害、绿色、有机水果生产技术，走上了"高产、优质、高效、生态、安全"的产业振兴之路。天池村现已建成核心示范区机耕道路和滴灌系统，以及气调冷库储藏、塑料柜加工、机械叉车搬运等一体化流水作业系统，可年贮存1000 吨麦地湾梨鲜果，有效调节了淡旺季市场供销矛盾，提高了产品的产值与效益。同时，该村还与科研院所合作研发泡梨、梨醋、干梨片、梨膏、梨汁饮料等新产品，提高了产品的附加值。全村从事种植麦地湾梨的农户数已发展到 360 户，占总农户数的 67%，村民人均年纯收入达 10584 元。归纳起来，天池村"一村一品"特色产业建设的成功经验有如下几点：

一是实施人才培训计划，加大农村实用人才的培训力度。该村通过各种方式与载体，多种渠道培养农村实用人才和产业带头人，引进了一批专业技术服务能力较强的科技人才，农业发展动能得到进一步提升。二是在各级各部门的帮助下，实行规模化种植、科学化管理、市场化销售，探索出一条"支部+企业+协会+基地+中心户"产业发展的新路子，带动全村从种植到管理再到仓储、包装、加工、销售等各个环节上的增产增效。三是重点培育农业特色主导产业，调整农业产业结构。政府大力扶持龙头企业，着力打造区域化、规模化、标准化的生产基地，农业产业链得到延伸。依托具有比较优势的产业和产品，重新布局特色产业，充分挖掘和发挥区域比较优势。促进龙头企业向特色资源、主导产业靠拢，解决市场、信息、技术、人才、资金等发展难题，不断创新服务体系和经营模式。四是优化农产品区域布局，农业增收潜力得到深挖。通过产业布局的调整和优化，加速形成区域化布局、专业化分工、产业化经营的新格局。加快培育新型农业经营主体，规范农产品销售市场，扩大农产品销售渠道，增加农民群众收入，当地农业竞争力得到切实提升。

三、特色村寨传统特色优势产业提质升级策略

（一）加快优势农产业特色化发展

各级政府要对民族地区特色农业产业全链条式政策帮扶与资金支持，特别是持续深化农村土地制度改革，加大对规模化生产主体的支持力度。选取农业产业基础较好的特色村寨，设立优势特色农业产业示范村，以县为单位打造示范园区，并依托新型农业经营主体，培育和发展区域特色鲜明的农业产业化集群。创新多业态复合型融合发展模式，探索一条以特色优势农业示范区带动民族地区乡村振兴的道路。① 要改造传统优势产业，依托土地、草原林地等特色村寨优势资源，利用现代技术再造传统种植业生产经营流程，鼓励村民优化种养结构，发展特色种养殖，全面提升经济效益。要保护民族地区特有品种资源，发展绿色无污染的原产地"名、优、特"农牧产品，推动

---

① 参见郭金福、王晓庆等：《民族地区特色产业发展对策研究》，《生态经济》2009年第12期。

特色农副产品、畜产品精深加工与转化。重点保护具有民族特色的传统生产技艺，挖掘少数民族生产、生活、习俗等特色资源，扶持和发展家户小作坊，引导其生产具有民族特色、地域特色的传统手工艺品、食品、旅游纪念品等，为旅游产业的发展提供支撑。

（二）加快优势农产业优质化发展

要在现有国家标准、行业标准及地方标准的基础上，建立健全农产品质量标准体系。尽快修订农兽药残留、畜禽屠宰、饲料卫生安全标准，出台农产品品质营养标准，及时清理和废止与农业绿色发展不适应的行业规范。要全面推进标准化生产，强化农产品使用管控，推行综合防控与减量化生产，确保产品质量安全。要加强标准的宣传推广和使用指导，督促各村寨规模经营主体按标生产，建立生产台账，落实农兽药使用间隔期、休药期等相关规定。要逐步完善高标准市场准入制度，不断提高农产品质量，将不合格产品"拒之市外"。向前向后延伸产业链，改变传统产业发展模式，建立能够将资源优势转化为市场竞争优势的产业体系，推动特色产业向纵深发展。要构建权威统一、职责明晰、协调联动、运转高效的民族地区农产品质量安全追溯体系，实现特色村寨农特产品源头可追溯、流向可追踪、信息可查询、责任可追究。

（三）加快优势农产业绿色化发展

民族地区农业部门应鼓励对多样性自然资源的研究与深加工，提升绿色优质农产品供给，发展民族特色产业，提高资源使用价值及市场效益。要推进无公害农产品认证制度改革，推行良好行业规范，以创建特色村寨绿色产业原料基地为抓手，扩大绿色农产业发展规模，培育一批知名度和美誉度高、市场竞争力强的民族特色产业品牌。要协同各部门推进特色农产品管理方式的调整与改革，发挥无公害特色农产品标志在产地准出与市场准入过程中的合格评定功能。规范绿色农产品认证行为，严把市场准入关，强化动态监管，提高监管的权威性及社会公信力。要以加强生产技术规范为基础，扩大绿色新技术的应用范围，不断缩小民族特色产业发展与国际同行业之间的差距。

（四）加快优势农产业品牌化发展

一是要树立品牌意识，选准品牌定位。民族地区农业企业及生产者应通过对市场消费趋势与竞争态势的分析，选择有利于自身优势发挥的策略，为农产品选择一个符合消费需求，且有别于竞争对手的战略定位。二是要依托优势资源，发展特色农业，注入地域文化元素，丰富品牌内涵。特色村寨要本着培育主导产业上规模、上档次的原则，在创建农产品品牌方面，挖掘利用好地方历史、文化及旅游资源，将其融入产业发展之中。重视农产品的文化底蕴，提升产品的文化品位。三是要建立品牌农产品质量标准体系。以质量为中心、以市场为导向、以科技为动力、以生产为基础、以农产品的等级制度为重点，构建包括农产品生产、加工、储藏、销售全过程及操作环境与安全控制等内容的品牌农产品质量标准体系。将民族地区特色农产业产前、产中、产后各个环节纳入标准化管理系统，逐步与行业、国家、国际标准衔接。四是要突破空间距离远、产品小而散的局限，以规模化生产和组织化经营为驱动，推动特色农产品质量安全控制体系向偏远特色村寨延伸覆盖。

第二节　少数民族特色村寨乡村旅游与现代农业融合发展

一、农旅融合发展对特色村寨产业振兴的作用

（一）有利于优化产业结构

特色村寨利用自然生态和民族文化资源，将乡村旅游与现代农业

有机结合，引入现代种养技术、营销手段及物流方式，研制和开发具有民族特色、地域文化特色的乡村旅游商品，能有效推动传统农业产品向现代旅游商品转化。民族特色农产品品牌的树立，既提升了农业价值链，又催生智慧农业、生物农业、休闲农业、创意农业、工厂农业等新业态，形成农村电子商务、产地直销、会员配送、个性化定制等新的产业链。尤其是农旅融合模式能克服农业产业结构单一、发展空间狭小的局限，推动产业结构优化升级。

（二）有利于促进村民增收

相较于普通村寨，少数民族特色村寨具有自然及人文资源优势，能够吸引城市客人到乡村旅游消费，带动农业现代化生产与经营。农业和旅游业的双轮驱动，可以助力村民增收。例如，通过开发特色民宿、精品农家乐等，延伸了生态文化旅游的产业链，使更多的农户在全域旅游中受益；利用"公司+农户+基地"的合作形式，将分散的农户整合起来，形成了共同致富的利益联结机制。乡村旅游的蓬勃发展，还吸引外出务工村民返乡创业，从事农旅融合的各种新业态，使他们在产业振兴中脱贫增收。

（三）有利于辐射带动区域发展

我国特色村寨大多位于县、镇、乡边缘，经济发展相对滞后，商品流通难度大，很难形成小范围的区域交易中心。农旅融合所形成的产业集聚效应促进了县城、乡镇和村寨之间的商贸往来，这有助于构建基于生产、交换、消费相互协调的村寨经济体系。农旅融合发展不仅可以为特色村寨创造更多的就业岗位，还可以吸引周边人才参与产业振兴，就近就地转移过剩的农村劳动力。依托产业的融合发展，特色村寨能够与周边村寨形成资源交换、人才交流、结构多元的区域经济互补格局。

（四）有利于基础设施共建共享

特色村寨基础设施底子薄、规模小，建设标准滞后，不能适应现代产业发展需要。大力发展观光农业、休闲农业等农旅融合新业态，要求特色村寨农业基础设施、旅游服务设施及公共服务设施提档升级。围绕乡村旅游产业发展，同步推进农田水利基础设施的整治与改造，以及村寨环境卫生、道路交通、网络通信等公共服务设施配套建设，无疑有助于民族地区基础设施共建共享，形成外观美、质量高、功能全的现代乡村公共服务体系。

二、特色村寨推动农旅融合发展的理论基础

（一）六次产业化理论

六次产业化，又称"第六次产业或六级产业"。它是指以农业生产为核心、以地域单位为主体，由第一产业逐步向第二、三产业延伸。通过发展农业生产后续综合加工、开发、销售及农业观光等复合型产业，形成一二三产业融合互动格局，进而构建完整的产业链，实现农业效益增值，农村发展模式和业态创新的理论范式。该理论可以用公式表示："1+2+3＝6"或"1×2×3＝6"。如图 2-2 所示，一二三产业相互融合、相互链接，使农业多功能性的价值增值，并在生产者与消费者之间达至均衡。[1]

六次产业化理论对于我国解决农村一二三产业融合发展问题具有较强的借鉴价值。2015 年的中央一号文件中首次提出，要推进农村一二三产业融合发展，鼓励农户多种经营，延长产业链，让农户种植农作物（第一产业），并且从事农产品加工（第二产业）与流通、销

---

[1]　参见刘松涛、王毅鹏等：《日本农业六次产业化对破解我国农业三产融合困境的启示》，《农业经济》2018 年第 4 期。

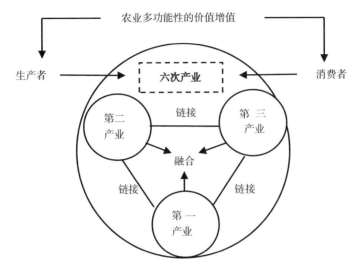

图 2-2　六次产业化的理论原理

售及再加工产品（第三产业），以获得更多收益，为农业农村可持续
发展和农民增收提供产业支撑。借鉴六次产业化理论，特色村寨应开
拓新业态，延展特色产业链，融入新兴产业集群，以农旅融合发展促
进农户在农业多功能性价值增值中获益。

（二）全域旅游理论

所谓全域旅游，是指在一定区域内，以旅游业为优势产业，通过
对区域内经济社会资源尤其是旅游资源、相关产业、生态环境、公共
服务、体制机制、政策法规、文明素质等进行全方位、系统化地优化
提升从而实现区域资源有机整合、产业融合发展、社会共建共享，并
以旅游业带动和促进经济社会协调发展的一种新的区域协调发展模式
与理念。其核心内涵是在旅游资源富集地区，以旅游产业为主线，合
理高效优化配置空间及产业层面生产要素，通过旅游产业统筹引领区
域整体发展，持续增强区域竞争力。① 如图 2-3 所示，从产业融合的

---

① 参见刘棣子：《乡村振兴战略的全域旅游：一个分析框架》，《改革》2017 年第
12 期。

角度看，全域旅游有助于形成全域化空间布局、全体验产品体系、全域畅通交通网络、全覆盖公共服务和全媒体营销网络，从而带动全时、全景、全民和全业联动发展。

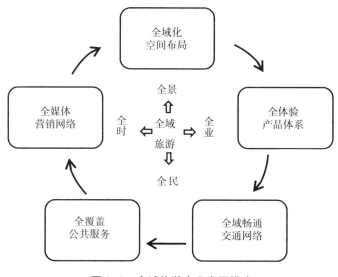

图2-3　全域旅游产业发展模式

全域旅游是旅游业发展的一个新理念，其对旅游业发展的相关要素进行了重新整合，对传统旅游资源、产品、产业、市场及区域发展资源进行了重新配置。可以说，全域旅游突破了传统旅游与"小旅游"的束缚，将一个区域整体作为功能完整的旅游目的地来建设，是带动和促进经济社会协调发展的新理念新模式。全域乡村旅游是从全域旅游的概念中拓展而来的，它以全域旅游发展理念为指导，把旅游资源富集的乡村区域作为综合性的旅游共同体来打造。事实上，连续多年的中央一号文件都指出，要支持推动乡村旅游产业发展。民族地区近年来也根据实际情况谋划构建全域旅游发展新格局。例如，湖北省恩施州的许多特色村寨拥有天蓝、山绿、水清的旅游资源。该州注重统筹规划和协同联动，将州、县市、乡镇纳入乡村全域旅游范围，有重点地布局特色产业，充分利用山水、生态、文化、食宿、产品等吸引游客，推动了全州文化与旅游产业深度融合。

（三）田园综合体理论

田园综合体是优化农业产业结构、促进三产融合和现代农业发展的三大抓手之一。田园综合体理论的提出，是在经济新常态、传统农业园区转型、工商资本下乡、农村资源要素制约等社会经济背景下，探寻特色农业产业升级和资源统筹开发的理论创新与实践选择。田园综合体又称"农业+文创+新农村"模式，是指以农业为主导、以农民充分参与和受益为前提、以农业合作社为建设主体、以农村用地为载体，融合工业、旅游、创意、地产、会展、博览、文化等产业而形成的多功能、复合型、创新性区域经济综合体。田园综合体将农村分为农业产业区、生活居住区、文化景观区、休闲旅游区和综合服务区，集现代农业、休闲旅游、田园社区为一体。在城乡一体的格局下，它顺应了农业供给侧结构性改革、产业转型升级的要求，对统筹推进新型城镇化与乡村振兴协调发展具有积极作用。

民族地区田园综合体更加强调以农为本，主张多元主体参与共建，在开发中注重民族文化交融及社区功能的复合化（见图2-4）。以广西南宁市"美丽南方"田园综合体为例，该项目规划面积69.57平方公里，截至2017年，规划区内建成自治区级现代特色农业示范区3个，入驻企业60多家，各级财政资金累计投入近8亿元，吸引社会资本投入18亿元，建成了优质蔬菜基地以及龟鳖养殖加工生产、葡萄种植及葡萄酒生产、青瓦房民俗风情古村落体验等生态农业、休闲农业、创意农业项目48个。以高端、高质、高效为特点的精品农业体验带、以南方秀美田园风光和乡村风貌为特点的生态乡村体验带、以自然山水为特点的自然风光体验带初具雏形，形成了创意农事体验区、智慧农业展示区、高效农业集中区、特色养殖集聚区、加工物流集散区、循环农业示范区、传统村落保护区、生态农业康养区8个特色区域。

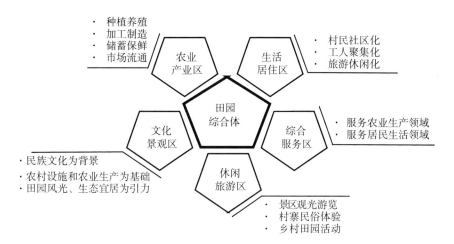

图 2-4 民族地区田园综合体的概念框架

（四）特色村寨农旅融合发展的理论模式

如图2-5所示，特色村寨农旅融合发展立足于将村寨农业景观、生态环境、自然资源、民风民俗、农特产品等特色农业资源，与住宿、餐饮、文化娱乐、手工艺品销售、民族导游等特色旅游资源对接，以资源整合促进一二三产业融合，通过创新农业生态旅游、农事体验游、度假观光游等，实现农民就业增收、农业增产增效、农村美丽和谐的整体发展目标。具体来说，特色村寨农旅融合发展的理论模式有以下三种：

（1）景区依托型。对于地处景区边缘的特色村寨，可以依托其与景区相近的生态风光和文化渊源，共享景区基础设施和密集的客流资源，大力发展村寨特色旅游。该模式的组成部分包括辅助服务区与深度旅游区，它们与景区观光游览、游憩形成互补，实现以景区带动村寨开发、以村寨建设完善景区业态的联动发展。

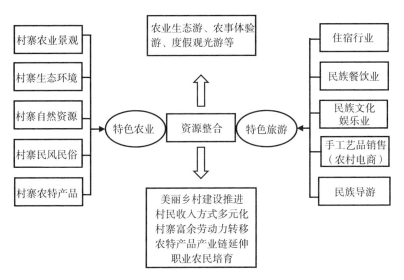

图 2-5 特色村寨农旅融合发展的理论模型

（2）立体农庄型。对于地处城区近郊的特色村寨，可以探索发展农场庄园，将其打造成为民族文化的体验馆、地方生态产业的展览馆。立体农庄能有效整合并呈现农业生产、农民生活、农村生态，以观光、休闲、采摘、购物、体验等活动及丰富多彩的少数民族文化为载体，提供自在、幽静、新奇、富有野趣的新型游乐空间，吸引城区周边的游客流，实现旅游产业的市场化与价值增值。

（3）产业对接型。对地处偏远、旅游发展薄弱的特色村寨，可以通过保护原生态民族文化，将农业生产与特色资源对接，融入产业上下游，生产和销售特色农产品、手工艺品和小商品。该模式的优势在于，以民俗民间文化活动为基础，以城区、景区为产品展示窗口，借助电商平台拓展销售渠道，延伸旅游生活链、服务链和产业链，使更多村民在农产品增值过程中获益。

三、特色村寨农旅融合发展的三种实践模式①

(一) 伍家台村: "茶旅融合" 模式

伍家台村位于湖北省恩施州宣恩县万寨乡集镇之南，距县城和集镇各 15 公里。该村空气和水土条件良好，现有茶园 4510 亩，其中有机认证 3600 亩，大小茶叶加工企业 11 家，规模以上企业 1 家。伍家台村是伍家台贡茶的发源地，因清乾隆亲赐，便具有 "中国贡茶第一村" 的美誉。近年来，该村依托产业基础、文化优势和品牌效应，推进有机茶叶创建和生态旅游业发展，走出了一条茶旅融合、富民强村的乡村振兴之路。2017 年，该村被国家民委命名为 "中国少数民族特色村寨"。

伍家台村以万亩生态有机茶园为中心，深挖伍家台贡茶的历史文化底蕴，全力发展贡茶产业，确立了茶旅融合的新路子。一是着力打造伍家台贡茶文化旅游区，以贡茶产业发展带动当地经济发展。作为一个集基地、科创、生产和旅游为一体的茶叶经济综合体，伍家台村按照 "产业围绕旅游转、产品围绕旅游造、结构围绕旅游调、民生围绕旅游兴" 的思路，依托富硒生态优势，坚持走 "绿、特、精" 的特色农业发展之路。二是依托产业发展休闲农业和乡村旅游，探索 "旅游+茶叶产业+休闲农业" 的路径，引导农户发展特色农家乐、茶家乐、休闲观光园，促进茶叶种植、加工、销售与生态旅游深度融合。三是以 "农旅+" 为创新手段，运用现代网络、营销、品牌、金融等方式，对传统农业加以改造升级，满足游客体验式游、温馨式住、特色式吃、文化式购、品牌式娱、舒适式行等多样化需求，达到

---

① 本部分三个案例内容整理自课题组赴湖北省恩施州宣恩县万寨乡伍家台村、内蒙古自治区乌兰浩特市义勒力特镇、湖北省恩施州建始县青花田园综合体获得的调研资料。

一片茶叶带动产业、带活市场、带旺人气、带富一方的效果。

茶旅融合现已成为伍家台村实施乡村振兴战略的重要抓手，形成了茶叶黄金生长期"茶旅双丰收"、茶树休眠期"旅游稳增收"的良性发展态势。2016年，该村贡茶文化旅游区通过国家4A级旅游景区验收，全年接待游客56万余人次，实现旅游收入1.3亿元，直接带动景区及周边村寨900余户贫困户脱贫。伍家台村在基础设施建设上做足工夫，发挥产业路和观光路双重推进的作用，加快实现了县乡村道路交通一体化。新建12000平方米景观型加工厂，并设置专业通道，使其具有观摩、体验等多种功能。通过加强茶旅景区网络通信设施建设，满足了茶园网格化管护、茶产品交易和旅游宣传的需要。伍家台村还注重文化建设，深挖贡茶文化，积极参与音乐电视和微电影制作，全面提升村寨品位，促进了物质文明与精神文明同步发展。

（二）义勒力特镇："村镇联动"模式

义勒力特镇隶属于内蒙古自治区兴安盟乌兰浩特市，位于乌兰浩特市区以北9公里处，东与乌兰哈达镇隔河相望，南与城郊办事处毗邻，西、北与科尔沁右翼前旗接壤。全镇面积171.6平方公里，辖17个行政村和2个社区居委会，总人口1.7万人，其中蒙古族人口占70%以上，还有满族、回族、朝鲜族等7个其他少数民族，民族文化氛围浓郁。义勒力特镇具有"花乡小镇"的美誉，特别是近年来以旅游为先导、以产业为核心、以文化为灵魂，着力打造特色"嘎查团"，形成了"村镇联动"的产业融合发展模式。

（1）以旅游为先导。该镇按照"一山一水一农田""一街一景一公园"的思路，突出民族特色，倾力打造乡村旅游品牌。"一山一水一农田"分别是指，具有170多年历史的满都拉敖包山、镇区的不冻河巴公河百福泉、敖包山稻田公园；"一街一景一公园"分别是指，2017年新建的民俗风情街、帽子广场及水景公园。义勒力特镇以民族风情节为载体，通过景村共建，形成以中心街区为圆点辐射周边特色嘎查的全域旅游格局。与此同时，着力打造旅游"四季"产品，促进旅游产业提档升级。该镇盛产的波斯菊分布在各个嘎查，每年春季到小镇赏花摄影的游客络绎不绝；夏季覆盖率较广的森林郁郁葱葱，该镇以山水游、采摘游等吸引游客；秋季依托万亩稻田休闲公园推出观稻海、闻稻香、购稻米的旅游产品；冬季将冰雪与民俗文化活动结合起来，开展形式多样的雪乡旅游活动。仅 2017 年，义勒力特镇就接待游客 5 万余人，带动消费 300 万元以上。

（2）以产业为核心。一是打造绿色水稻种植基地，培育水稻品牌。义勒力特水田区位于察尔森水库下游"第一灌域"，水源丰富，水质优良，土地肥沃。该镇成立了 2 个大型水稻种植专业合作社，从事土地流转和生态种植，目前已初步建成绿色水稻基地 2 万亩，义勒力特、香泉等有机大米品牌在市场上占有了一定份额。二是打造农业综合示范区，带动旅游发展。义勒力特、查干等设施农业园区建设初见成效，草莓、油桃、小柿子、樱桃等采摘项目深受市民喜爱。以开心农场为代表的绿色农产品也在乌兰浩特市站稳市场，设施农业成为村民增收致富的主导产业。三是打造林果产业基地，调整产业结构。该镇借助"百万果树进红城"工程，支持义勒力特嘎查等林果产业专业村，依托机场路千亩果园形成集果干、果脯、果汁加工及观光采摘于一体的林果产业基地。四是发展特色养殖，促进群众创收。孔雀等特色禽类养殖在该镇逐步形成规模，孵化室、养殖舍、产品加工车间等配套设施一应俱全，蒙雀、雀之灵商标已注册，孔雀蛋、孔雀雏、孔雀标本产品远销北京、上海等地，带动农户 20 余户增收致富。五是发展庭院经济，拓宽增收渠道。义勒力特镇引导村民合理利用院落空间、闲散劳动力和富余时间，发展庭院水稻、稻田养鱼养蟹、庭院冷棚蔬菜等项目，取得了良好的效果，仅 2017 年通过发展庭院经济户均增收 2000 元以上。

（3）以文化为灵魂。该镇注重发展文化旅游，将蒙古族祭敖包、赛马、民族歌舞纳入每年文化节庆活动计划。定期举办乡村旅游文化节、满都拉敖包祭祀、蒙古族射箭比赛、"义勒力特杯"围棋邀请赛等各类文体活动，形成了促进民族团结的合力。建设集民俗收藏、文化演艺、综合展示于一体的民俗文化馆，展览具有蒙古族特色的传统农耕器具及民族服饰等藏品。发扬乌兰牧骑精神，组建四胡、好来宝、民族舞等 20 多支民族文艺队伍。每逢重大节庆活动，他们都会深入嘎查开展文艺演出，这不仅丰富了群众的业余文化生活，更让民族文化得到传承与弘扬。

（三）青花田园综合体："三生一体"模式

青花田园综合体项目位于湖北省恩施州建始县，规划范围以高坪镇、龙坪乡为控制规划区，以青里坝村为核心项目建设区，辐射高坪镇柏杨坪村、花鹿台村、九龙潭村、赶场坝村、把住荒村、望坪村、塘坝子村、石门村及龙坪乡店子坪村、楂树坪村共 11 个村。该项目在乡村振兴背景下，以"世界硒都""华中药库"资源和产业发展优势、特色村寨、民族文化为依托，以农业综合开发项目为抓手，打破原有单一农业种植局面，完善生产、产业、经营、生态、服务和运行六大功能体系，打造农业文化旅游整体推进的特色鲜明、宜居宜业、惠及各方的国家级田园综合体。项目围绕富硒大健康核心产业，将农业生产与脱贫攻坚、民俗文化、乡村旅游等深度融合，实现了生产生活生态"三生一体"、一二三产业"三产融合"、经济社会生态"三大效益"俱佳的建设目标。其成功经验包括以下三点：

（1）以民俗文化为根基。青花田园综合体致力于将民族文化质朴、原生面貌以寓文于教、寓文于乐的形式嵌入现代文化之中，丰富传统民风民俗的表现方式与体验形式，促进民族文化创造性转化。该项目包含"土家风情园"和"苗族风情园"两大文化园区，园区整合民俗休闲、餐饮住宿、旅游购物等多种功能，主打"文化牌"。土家族风情园以土家族特色村寨为主体，在建筑方面融入"民族"风格，融合人文景观与自然景观，以联排街区的形式进行布局，上层居家、下层开发旅游经营。通过定期举办土家族农耕文化节、民俗文化旅游节、手工艺术品展销会、建筑文化展览等活动，凸显该区块农旅融合的特点。苗族风情园以"苗味、苗俗、苗居、苗养"为主题，保护与传承苗族优秀传统文化，开发以"四苗"为主题的特色参与型、体验型活动，打造神秘苗族风情展现、文化体验、休闲度假旅游目的地。通过种植花卉苗木，营造独特生态环境，实施景观培育与生态保护，彰显以"一产"为主导的园区特点，促使传统农业与"产""学""研""娱"等业态的多元复合。

（2）以生态田园为形象。青花田园综合体大力发展火棘种植产业，充分利用山体与谷底资源，建立优质火棘产业基地，开展规模化种植。栽种耐生存、遮阴的花木品种，打造山中树荫、道中绿廊、园中花草木相映成趣的精品生态示范园区。生态园区引入多级循环共生模式，主打"生态牌"。以养殖高山小黑猪、豪猪、走地鸡、果子狸、蓝孔雀为主，依托山势种植无公害果蔬，满足特色餐饮业需求。将畜禽产生的粪便用作植物生长的肥料，运用沼气厌氧发酵等技术实现养殖零排放、零污染。通过雨污分流、干湿分离，种植水生和湿生植物，改造和提升水系景观和驳岸绿化效果，并配以廊亭、水车群、汀步等设施，使农业、生态、景观、游憩、文化等有机搭配与功能互补，向游客展示出鱼鸟栖息、清荷渺渺的乡村湿地意境。

（3）以个体体验为主线。当前乡村旅游已从追求"慢生活""慢旅游"渐趋于"深体验"，多层次的体验可以促进游客对乡情乡愁及民族文化的深刻感知与体悟。青花田园综合体融农事参与、民俗观赏、乡居生活于一体的体验模式，契合了乡村旅游发展的新趋势。青花田园综合体主打"亲子牌"，重点发展户外露营、稻田抓鱼、陶艺制作、农场喂养等，吸引游客停留消费。采用群落式建筑布局，建造温泉疗养园，主打"健康牌"，陆续推出温泉冲浪、温泉漂流、冷热温泉等趣味性强的产品，让更多游客前来体验泉水疗养、药浴疗养和富硒疗养。通过生态环境治理、意境打造及基础设施完善，青花田园综合体已建成为湖北乃至全国知名的康养旅游目的地。

四、特色村寨农旅融合发展面临的难题及对策

（一）特色村寨农旅融合发展难题

一是缺乏完善的规划方案。特色村寨农旅融合停留在自发性基础上，各产业部门、企事业单位、村寨社区之间的协同度不高，存在布局不合理、特色不鲜明、投入与产出不成比例等问题。二是项目类型单一。特色村寨的民族性和文化差异性都很强，但可供选择的农旅融合模式较少，大多数都为简单复制休闲观光之类的浅层次、低水平、同质化项目，且短期效益明显，长期发展后劲不足。三是产业发展理念、方式及产品的耦合性不强。特色村寨农旅产品的相似度非常高，无序的竞争会削弱旅游品牌的吸引力，从而减少经济收益，这反过来又导致农旅融合的成本增加。四是资金投入严重不足。特色村寨产业发展规模有限，投入的资金基本上都消耗在基础设施改造和建设上，真正用于农旅融合的资金少之又少。五是复合型人才匮乏。特色村寨农旅融合发展主要依靠的是当地村民，但他们专业技能不强、服务水平不高，尤其是对现代农旅产业如何发展不甚了解，亟须培养一批既懂经济贸易，又懂工业农业；既懂经营管理，又懂生产技术的复合型人才。

（二）特色村寨农旅融合发展对策

县乡政府要因地制宜、因村施策，在把握民族地区农村产业发展规律的基础上，从特色村寨实际出发，科学编制农旅融合发展规划。坚持差异化和特色化发展战略，探索村寨内部及村寨之间错位发展与互补发展的路径，将农旅产业链拉长，使村民在全产业链中找准定位、获得收益。要依托特色村寨的古民居建筑、田园风光和民族文化等资源进行产业对接与整合，宜农则农、宜工则工、宜游则游。积极推进"农业+旅游+"模式创新，在实践中力求灵活多样，不简单拼凑各个产业要素。要着力提高基础设施等级，加强旅游村寨公路养护及安全管理，优先向主要景区、周边村寨倾斜，硬化休闲农业聚集区进村道路。根据客流变化，完善城乡公共交通设施，如高速公路等应向农旅融合的大型景区延伸。进一步加强水、电、网设施建设，增强用水管网、变电站、网络枢纽的负荷能力，满足新兴产业发展需求。深入实施农村"厕所革命"，设立无污染公厕、分类垃圾回收站和填埋站，打造绿色环保景区。要对从事村寨旅游开发和经营的企业员工、村民进行培训，提高其服务管理能力，确保农旅融合项目顺利落地，营造健康有序的市场环境。

第三节　少数民族特色村寨现代农业经营体系建设

一、特色村寨现代农业经营体系建设的理论逻辑

所谓小农户，是因人多地少等自然条件产生的以家庭为单位、集生产和消费于一体的农业微观主体。[①] 我国少数民族特色村寨主要分

---

① 参见王力、叶海韵：《小农户和现代农业发展有机衔接探讨》，《金陵科技学院学报》（社会科学版）2018 年第 1 期。

布于东北、西北、西南、东南等边境地区、西部地区及省际交界区，其自然条件相对恶劣、可用耕地少且分散。从生产领域来看，个体分散经营阻碍了生产要素的合理配置和规模效益的产生；从流通领域来看，面对复杂多变的市场环境，小农实力弱小，交易成本过高，农副产品成交困难；从销售领域来看，大部分农业生产都由各家各户单独完成，农户很难组成稳定的信用系统，农产品缺乏多元化销售渠道。农户居住的分散性、生产方式的封闭性、社会交往的局限性、思想观念上的保守性，导致特色村寨难以自发形成紧密的利益共同体。由于有的村寨户均耕地面积非常小，无法维持农户生计，大部分青壮年劳动力外出务工，留守妇女和老人从事农业生产的积极性不高，并且对新技术的掌握较慢，这些也造成了小农户的贫困化。

现代农业经营体系是指，以家庭承包经营为基础、以新型农业经营主体为核心、以农业社会化服务和农村金融服务为支撑的立体式、复合型农业经营体系。相对于传统分散经营而言，它的特点在于用现代技术改造农业，以现代管理理念与方法经营农业，提高农业专业化、社会化和组织化程度。构建现代农业经营体系，要求将现代要素融入农业产业发展的全过程，通过集成现代技术，延伸农业产业链，实施科学化精细化管理，提高农业劳动生产率、农产品商品率、单位投入产出率和资源利用率。特色村寨现代农业经营体系建设的重要意义如下：

其一，有助于解决农业后继无人的问题。由于独特的地理位置和特殊的气候条件，特色村寨季节性和地域性劳动力短缺问题突出，家庭生产主力流失，传统小农户生产经营难以为继。通过培育专业大户、家庭农场、发展合作社经营和龙头企业，构建经营主体多元化、方式多样化的现代农业经营体系，能够整合村寨人力、物力资源，破解农业边缘化的难题。

其二，有助于提升农业抗风险能力和市场竞争力。特色村寨传统农业经营方式以分散农户为主，对组织化经营的需求不高，但直面千变万化的大市场，其抵御风险的能力脆弱。那么，构建现代农业经营体系可以使村民以组织而不是个体的形式应对风险与挑战。民族地区产业振兴要求加快培育农业企业、农民合作社等新型农业经营主体，提高产加销、贸工农一体化程度，推动产业深度融合，提高农产品附加值。

其三，有助于推进农业集约化。特色村寨的资源环境约束力强，资源对农业生产的限制大，因而在资源环境约束与粮食需求增强的双重压力下，必须加快转变农业生产方式，采用先进科技手段，增加技术、资本等要素投入，提高土地产出率、资源利用率及农业劳动生产率，增强农业综合生产能力和可持续发展能力。

其四，有助于推动农业专业化、组织化、社会化。构建现代农业经营体系可以帮助特色村寨走专业化、组织化经营道路，使经营主体发挥比较优势，形成规模化的竞争力。社会化服务组织具有专业性更强、效率更高、成本更低的特点。新型农业经营主体在发达的社会化服务支持下，不仅有利于村寨扩大农业生产，而且能促进农户在社会化生产中获取规模经济效益。

从学理上分析，实现特色村寨产业振兴，要克服传统小农户分散经营的弊端，采取"以点带面"的农业组织化运作方式，对"人、地、钱"等要素进行整合，以现代农业经营体系构建为引擎，带动村寨与村寨、村寨与乡镇及县市大市场的形成。如图2-6所示，基于多要素整合的特色村寨农业经营模式变革包括以下三个维度：

第一，人的整合。劳动力是产业发展最重要的资源要素，其自由流动和组织化联合对特色村寨产业振兴起到促进作用。在农业生产投工的各个环节，农户之间需要相互协作，以降低生产成本，提高生产

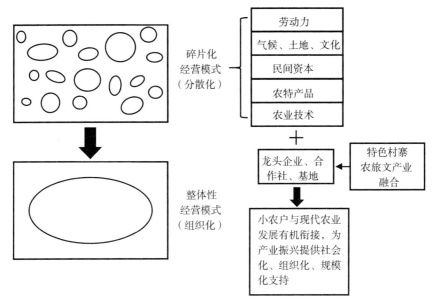

碎片化经营模式（分散化）

劳动力
气候、土地、文化
民间资本
农特产品
农业技术

＋

龙头企业、合作社、基地 ← 特色村寨农旅文产业融合

整体性经营模式（组织化）

小农户与现代农业发展有机衔接，为产业振兴提供社会化、组织化、规模化支持

图 2-6　基于多要素整合的特色村寨农业经营模式变革

效率，如规模化生产中的承包租赁等。劳动力有组织地外出就业或就近就地就业，客观上扭转了他们在市场中的不利地位。通过各种形式的联合，如合作开展农特产品加工、经营乡村旅游项目、拓展农村电商物流业务等，在降低分散经营风险、提高非农收入的同时，还内化形成产业融合发展的动力。

第二，地的整合。农地的细碎化不利于充分利用空间资源和产业集聚。特色村寨可以通过发展农旅文特色产业，将人地关系紧张的劣势转化为生态、文化、旅游资源整合的优势。与其说人的整合只限于各个要素各自的范围内，那么，地的整合突破了原有要素内部的合作，把劳动力、土地、资金、农产品、农业技术等各项要素组合起来，实现全要素协同创新。例如，特色村寨围绕产业融合，以龙头企业、合作社、基地为平台发展特色产业，使产业结构不断优化。在合作关系渐趋成熟的条件下，农户不再以单家独户的方式从事农业，而是以联合体的形式参与和分享产业链运作与增值。

第三，钱的整合。当资金供需不匹配时，政府在组织开展金融互助方面发挥着主导作用。如根据资金存量状况，在风险可控的前提下，引导族缘、家庭等社会资本进入产业融合领域，开展信用合作，帮助解决融资难题；推进农业技术服务市场化改革，鼓励农户统一购买智能化农机作业服务、病虫害防治服务等，降低农业生产成本；优化专业合作社、供销社和农村信用社等组织体系，以融资服务为纽带，吸纳小农户成为社员，使其在社会化和规模化生产经营中获益，实现小农户与现代农业发展有机衔接。

二、北山村：“公司+基地+合作社+农户”的产业一体化经营模式①

北山村位于福建省宁德市蕉城区七都镇，距城区约 14 公里，与“中国少数民族特色村寨”上金贝村仅一山之隔。该村辖 5 个自然村，共 256 户 1028 人，其中畲族人口占总人口的 85%，是典型的半山区畲族聚居村，同时也是福建省特色村寨发展与保护示范村。近年来，北山村以发展“两草”（草莓、草药）产业为龙头，深挖特色资源、力抓特色经济，探索形成了“公司+基地+合作社+农户”的产业一体化经营模式。

北山村素来有“山中无闲草，遍地皆灵药”的美称，其独特的土壤、气候条件让这里成为天然药库。长期以来，畲村群众在山中居住，摸清了野草的药性，靠拔野草换钱，用草药治病，丰富的药材资源也不断吸引外地客商上门收购。村“两委”班子经过一番考察后，

---

① 本案例内容整理自课题组赴福建省宁德市蕉城区七都镇北山村获得的调研资料。

看准了北山畲族传统中草药的巨大市场潜力，决定依托村里知名的老畲医，发起组建中草药协会，培育畲医传承人和传统中草药种植经营大户，并与福州的台资药厂签订供销合同，鼓励村民发展畲药特色产业。

该村以"草药兴村、草莓富农、茶叶稳民、内外并举"为思路，对"采、购、种、销、医、食"全产业链进行再造升级。由于苗木成本较低，对生长环境的要求不高，每亩种植只需2000元左右成本，农户纷纷加入种植铁皮石斛、鱼腥草、夏枯草、艾叶等中草药的行列。北山村"两委"因势利导，鼓励农户用闲置土地、帮扶资金入股畲药种植企业或合作社，以租赁、置换等方式，获得土地租金收入；以资金入股、劳务输出等方式，享受股东分红和劳务收入。安排种植大户与自主生产的农户一对一结对指导，组织有机标准化种植，签订中草药保底价包销协议，解决销路问题。邀请畲药种植专家，为贫困户提供免费培训，普及中草药种植培育、病虫害防治等技术，实现畲药种植体系科学化、产品质量标准化、村民收入渠道多元化。为引导村民"走出去"种植草莓，村干部帮助群众向信用社担保贷款50多万元，在南安市乐峰镇炉中村建立草莓种植基地450亩，走出了一条借"地"生财、发展"飞地经济"的产业振兴新路子。

北山村在中医中药上做文章，收集整理228种畲药品种，建立畲药展陈馆，向社会广泛宣传推介畲医畲药，目前全村有老畲医6名、青年学徒13人。在省工商局的帮助下，成功注册"畲地人家"中华畲药商标和地理标志。北山畲药种植已辐射周边九都、霍童、虎贝等乡镇，总面积达1000多亩，年产值500多万元。2017年3月，该村富强农业专业合作社与台湾中草药饮片制药厂签订了5年合同，每年供应50多吨白牛奶树、大（小）蓟、鹅草等中草药，年产值达300余万元。

三、特色村寨现代农业经营体系建设的操作路径

一是要依托特色资源，发展特色产业。深挖特色村寨在气候、水土、地理区位及民风民俗等方面的特殊资源，创建具有民族文化与地域特征的农产品品牌。引导农户将农产品适当加工成半成品或成品，提高农业附加值，促进一二三产业无缝对接。利用农村人工成本低的优势，调动各方面积极性，种植适合山地生长的农作物，凸显其独特自然生态环境、特定生产方式、产品品质及质量安全保障，从而破解民族地区山地丘陵不适宜规模化生产的问题。结合村民业余空闲时间多、创业热情高的特点，加强农业经济、旅游管理、市场营销、电商网络等知识和技能培训，提高村民从事现代观光农业、创意农业、体验农业等新业态的能力。协同整合区域人才、资金、空间和信息等要素，打造少数民族特色村镇产业一体化发展格局。

二是要建立健全农业社会化服务体系。政府作为公益性、基础性的农业社会化服务主体，必须发挥其主导作用。[1] 应以乡村振兴为导向，进一步深化农村"七站八所"改革，增强县乡农技部门普惠性服务职能。通过定编定岗，落实服务项目和责任，引导乡镇公共服务机构深入偏远特色村寨开展农田水利设施维护、农技推广培训、农机作业服务。采取政府购买服务的方式，吸引各类社会力量参与提供农业社会化服务。鼓励和支持农业专业合作社、龙头企业、产业基地和农民协会向农户直接提供优质高效的服务。此外，要将村寨社区纳入农业社会化服务的主体范围，提高其整合民间资源、推动村民自组织生产和经营管理的积极性。

---

① 参见孔祥智、穆娜娜：《实现小农户与现代农业发展的有机衔接》，《农村经济》2018 年第 2 期。

三是要激发农户自我发展动能。以政策创新为牵引、以能力提升为核心、以基础设施改善为支撑，推动小农户与现代农业发展有机衔接。加快推进特色村寨融入区域及国内外市场，优化县域产业布局，实施"一乡（镇）一业""一村一品"战略，构建分工明确、功能互补、梯度对接、错位发展的产业布局。对于发展条件较好的特色村寨，政府要变"输血"为"造血"，以培育新型职业农民为目标，以户为单位赋能，帮助其扩大生产经营规模。强化村民的合作意识、效率意识、科技意识，改变传统一家一户的小农经济模式，促进农户提升经营管理水平，实现规范化、高水平、抱团式发展。以增强产业融合度与市场灵敏性为靶向，补齐基础设施短板，扶持农户发展电子商务，整合线上线下资源，辐射带动更多产业联动发展。

四是要培育新型农业经营主体。近些年，我国民族地区优势农业产区的新型农业经营主体初具规模，但仍存在不少问题，尤其是农户"单打独斗"的现象相当普遍。为此，要在现代农业产业园区和基地中遴选产业化龙头企业进村寨，培育专业大户、家庭农场、专业合作社等新型农业经营主体。相关部门应尽快制定新型农业经营主体的认定标准和行为规范，鼓励特色村寨的产业基地按照"生产有规模、产品有品牌、设施有配套、管理有制度"的要求，提高农产品档次和产业附加值。以基地建设为载体、以主导产业为抓手，加大农业专业技术人才培育力度，壮大有带富能力的能人大户。根据不同村寨的产业结构和经营模式，对新型农业经营主体开展有针对性的培训，提高其新技术应用能力、经营管理能力和抗风险能力，塑造一批服务民族地区"三农"发展的新型职业农民。

第三章　少数民族特色村寨生态宜居与美丽乡村建设

乡村振兴，生态宜居是关键。良好的生态环境是少数民族特色村寨的最大优势和宝贵财富，必须尊重自然、顺应自然、保护自然，推动特色村寨自然资本加快增值，实现"百姓富"与"生态美"的有机统一。本章以"绿水青山就是金山银山"的理念为指导，将"生态"和"宜居"两个维度结合起来，系统构建生态宜居综合评价指标体系，并对湖北省 10 个特色村寨的生态宜居状况进行实证检测，从而精准把握生态宜居建设的差异性，为因地制宜、分类实施乡村生态振兴战略提供政策支持。最后，以打造人与自然和谐共生发展新格局为目标，借鉴浙江桐庐农村人居环境整治的成功经验，探索少数民族特色村寨推进美丽乡村建设的有效路径。

第一节　少数民族特色村寨生态宜居建设的思想理论基础

一、中国古代生态文明思想精髓

（一）儒家生态伦理观

"天人合一"是中国古代生态文明思想的精神内核。儒家学说中的"天"主要是自然界或自然的总称，即宇宙的最高实体；而"人"是指人及人类。儒家"天人合一"的观念，主张将人类社会置于整个大生态系统中加以考量，并且强调人与自然的共生并存与协调发展。这种观念集中体现了中国古代人与自然和谐统一的生态文明思想。

儒家经典著作《中庸》提到，"中也者，天下之大本也；和也者，天下之达道者也。致中和，天地位焉，万物育焉"。其中，"中"是天下的本源；"和"则是最高的"道"，也是天下事物运行最普遍的规律。只有做到"中和"，才能顺天应地，万物才能生生不息。"中和"是儒家最高的"道"，只有追求这个最高的"道"，才能实现"天人合一"的价值目标。人与自然和谐共生的思想经孔子、孟子、荀子等儒家先贤的整理、承袭和发扬，形成了古代系统的生态伦理思想。① 孔子在《论语·尧曰》中论及："不知命，无以为君子也"，把"知命畏天"视作君子应具备的美德。孔子敬畏天命的思想观念提倡人们要遵循自然规律，将"畏天命"与君子的"人格"结合起来，彰显了一种"天人合一"的生态伦理精神。孟子云："诚身有道，不明乎善，不诚其身矣。诚者，天之道也；思诚者，人之道也。"他以"诚"作为"天人合一"的理论指向，认为"天"不仅仅是自然存在的实体，还是道德义理等价值观念的主宰。荀子指出："故明于天人之分，则可谓至人矣。"这里的"天人之分"，是指天与人、自然及社会相区别。他认为宇宙有天、地、人"三势"，其各有自己的特殊职责，"列星随旋，日月递炤，四时代御，阴阳大化，风雨博施，万物各得其和以生"。而人的职责是利用天地提供的"势力"来创造自己的文化，即人与自然并不因为"天人相分"而处于

---

① 霍功：《先秦儒家生态伦理思想与现代生态文明》，《道德与文明》2009 年第 3 期。

绝对的对立状态，相反，人类与天地万物共生于和谐的整体之中。①

儒家生态伦理观强调，人是自然的一部分，人与自然是共生共存的。人们可以根据客观规律能动地认识、利用和改造自然，实现人与自然的和谐共处。这些深刻的思想对推进少数民族特色村寨生态宜居建设具有启示意义。

（二）道家生态哲学智慧

道家思想中蕴含着丰富的生态伦理智慧，其内涵可概括为"道生万物、物我为一"的朴素自然观。道家认为，"道"是天地万物创生的始源，它生养万物，运化众生，并推动万事万物参与自然的演化发展。"天得一以清，地得一以宁，神得一以灵，谷得一以盈，万物得一以生，侯王得一以为天下正。"万物的生成与改变都由"道"来支配，即"道生一，一生二，二生三，三生万物"。从一到万物，这是自然界演化与推演的过程，也是古代宇宙生成论思想的集成。

虽然，"道"无为无形，日不可见，"泰初有无，无有无名；一之所起，有一而未形"，但"道"先于天地而存在，是万物的起源，也是万物运动发展的内在动力和法则，即"万物所出，造于太一，化于阴阳"。这些论述有一个共同的思想，即包括人在内的天地万物都应遵循"道"、效法"道"，尊道贵德。这种道家自然主义的生态观是典型的东方有机论的哲学底色。②

道家思想中有关人是自然的一部分，以及人应遵循自然的观点，其实质也是中国古代"天人合一"思想的组成部分。道家认为人虽有一定的主观能动性，但不可以随意支配自然，更不可以任意破坏自然，善待自然万物就是善待我们自己。人类必须主动爱护自然，与自

---

① 赵媛、方浩范：《儒家生态伦理思想及其现代启示》，《前沿》2008 年第 3 期。
② 参见王学军：《先秦道家生态哲学的内生逻辑与理论维度》，《理论月刊》2017 年第 8 期。

然万物和谐共处，实现人、社会、自然"三位一体"的健康、良性和可持续发展。人类站在自然的对立面上，随意从环境中攫取过多的资源，势必导致和谐关系的破裂，甚至可能造成无法挽救的生态灾难。①

老子提倡的"无为"，并不是无所作为，而是作为自然组成部分的人类最终要归于自然，因而不能以人为的方式妄加干涉自然，正所谓"知常曰明，不知常，妄作凶"。道家的"自然无为"思想对少数民族特色村寨生态宜居建设的启发在于：在发展经济的同时，要保护好生态，返璞归真，特别是审慎运用现代科技改造村寨，要以原生态的景观和文化吸引游客。

（三）墨家生态共同体思想

生态的可持续发展是经济社会可持续发展的前提。在全球化背景下，中国古代墨家的生态思想为有效解决生态利益冲突问题提供了一剂良方，也为化解跨区域生态危机给出了建议。"兼爱"不仅是墨家学说的核心思想，也是墨子本人提倡构建理想社会的目标与原则。"兼"有总、全、兼顾之意。所谓"兼爱"，就是不分你我、不分亲疏，无差别地爱。墨子云："兼者，圣王之道也，王公大人之所以安也，万民衣食之所以足也。"②

以墨家的"兼相爱，交相利"为基本准则而确立的全球生态可持续发展的共同体思想，要求人类恪守生态伦理底线。该思想具有两大特征：一是世界性的共同体。世界上的生态环境问题不是单凭某个国家的力量可以解决的，只有全世界通力合作采取有效措施，才能克服这种生态危机。二是伦理性的共同体。世界性的生态危机不能只通

---

① 韩晶磊：《道家生态哲学智慧与现代生态文明的契合》，《求索》2013 年第 12 期。
② 黄寅：《全球生态可持续发展的墨家智慧——对墨家"兼相爱，交相利"思想的当代解读》，《自然辩证法研究》2007 年第 3 期。

过革命来解决，也不能只依靠经济手段或科技手段来解决，而是可以考虑结合生态伦理的方式加以协调解决。生态共同体思想强调跨区域生态保护的一体化，昭示全球生态可持续发展是世界各个国家必须正视的共同问题。

就我国来看，少数民族特色村寨不是孤立的，虽然其在地理分布上具有分散性，但各民族文化血脉相连，各族群众共生于同一空间环境之内，相互依存、不可分割。少数民族特色村寨生态宜居建设，应借鉴墨家生态共同体思想，树立整体观、系统观和协同观，推动生态宜居与美丽乡村共建共治共享。

二、马克思主义生态文明经典论述

马克思、恩格斯通过深入研究人、自然、社会之间的关系，在揭示人类社会发展基本规律的同时，提出以"人类与自然的和解以及人类本身的和解"[①] 为目标的现代生态文明思想。作为指导生态文明建设的思想武器，马克思主义生态文明观着力于研究和阐释人与自然的关系及其对经济和社会发展的影响作用。它是一个建立在理论与实践相结合、辩证唯物主义与历史唯物主义相统一基础上的生态文明理论体系。马克思主义认为，人是自然界的产物，是自然界的组成部分。"人直接地是自然存在物"[②]，"我们连同我们的肉、血和头脑都是属于自然界和存在于自然界之中的"[③]。自然是人生存发展的前提条件，人必须以自然为其生存和发展的源泉。没有自然界就没有人类，毁坏了自然就等于毁灭了人类自身。

---

① 《马克思恩格斯选集》第1卷，人民出版社2012年版，第24页。
② 《马克思恩格斯文集》，人民出版社2008年版，第209页。
③ 《马克思恩格斯选集》第3卷，人民出版社2012年版，第998页。

人对自然以及个人之间历史地形成了生产关系。但"迄今为止的一切历史观不是完全忽视了历史的这一现实基础，就是把它仅仅看成与历史进程没有任何联系的附带因素。这样，就把人对自然界的关系从历史中排除出去了，因而造成了自然界和历史之间的对立"①。对于这一问题，马克思、恩格斯的观点是把自然界同社会发展的历史过程连接起来，认为人与自然的关系影响乃至决定社会历史进程。历史唯物主义是社会历史观与自然历史观的统一。人与自然的历史是社会历史不可缺少的重要构成，也是社会历史进步的条件。社会历史的前进与发展有赖于、甚至取决于正确的人与自然关系的形成，这种关系的形成愈自觉，维持就愈持久。

社会实践是人与自然联系的中介，是人与自然关系的实现形式。在社会实践活动中，人与自然的关系并不是征服与被征服的关系，人不能一味地向自然索取。正如马克思所说："劳动首先是人和自然之间的过程，是人以自身的活动来中介、调整和控制人和自然之间的物质变换的过程。"② 在这个过程中，人不能让自然无条件地服从，而只能根据人和自然都必须遵循的规律来作用于这个过程。基于这种思想，马克思、恩格斯认为："社会化的人，联合起来的生产者，将合理地调节他们和自然之间的物质变换，把它置于他们的共同控制之下，而不让它作为一种盲目的力量来统治自己；靠消耗最小的力量，在最无愧于和最适合于他们的人类本性的条件下来进行这种物质变换。"③

新中国成立初期，在开展经济建设的同时，中国共产党人把环境保护和治理工作提上日程，开启了绿化祖国、兴修水利、防治灾害等

---

① 《马克思恩格斯选集》第 1 卷，人民出版社 2012 年版，第 173 页。
② 《马克思恩格斯选集》第 2 卷，人民出版社 2012 年版，第 169 页。
③ 《马克思恩格斯文集》第 7 卷，人民出版社 2009 年版，第 928—929 页。

生态实践。"利用改造自然思想"体现着马克思主义生态观的内涵精髓与自然辩证法的基本理念，这可以从毛泽东的一些论述中窥见，比如，他深刻指出，"天上的空气，地上的森林，地下的宝藏，都是建设社会主义所需要的重要因素"①。1978 年 12 月，邓小平在中央工作会议上强调，必须加强社会主义法制。他明确要求集中力量制定一批重要法律，其中包括森林法、草原法和环境保护法等生态环境保护相关的法律。② 此后，我国生态环境保护法律体系进入加速形成期。2002 年 3 月，江泽民在中央人口资源环境工作座谈会上指出："按照可持续发展的要求，正确处理经济发展同人口、资源、环境的关系，促进人和自然的协调与和谐，努力开创生产发展、生活富裕、生态良好的文明发展道路。"③ 党的十七大首次把建设生态文明作为一项战略任务明确提了出来。胡锦涛指出："建设生态文明，实质上就是要建设以资源环境承载力为基础、以自然规律为准则、以可持续发展为目标的资源节约型、环境友好型社会。"④

党的十八大以来，以习近平同志为核心的党中央站在国家富强、民族复兴、人民幸福、人类永续发展的高度，把握我国经济社会发展的阶段性特征，着力推进生态文明建设的理论创新、实践创新和制度创新，生态环境保护工作发生历史性、转折性重大变化，美丽中国建设迈出重要步伐。习近平总书记强调，生态文明建设是关系中华民族永续发展的根本大计。中华民族向来尊重自然、热爱自然，绵延5000 多年的中华文明孕育着丰富的生态文化。生态兴则文明兴，生态衰则文明衰。生态环境是关系党的使命宗旨的重大政治问题，也是

① 《毛泽东文集》第 7 卷，人民出版社 1999 年版，第 34 页。
② 《邓小平文选》第 2 卷，人民出版社 1994 年版，第 146 页。
③ 《江泽民文选》第 3 卷，人民出版社 2006 年版，第 462 页。
④ 《胡锦涛文选》第 3 卷，人民出版社 2016 年版，第 6 页。

关系民生的重大社会问题。生态文明建设正处于压力叠加、负重前行的关键期，已进入了提供更多优质生态产品以满足人民日益增长的优美生态环境需要的攻坚期，也到了有条件、有能力解决生态环境突出问题的窗口期。我们必须咬紧牙关，爬过这个坡，迈过这道坎。

新时代推进生态文明建设，必须坚持以下原则：一是坚持人与自然和谐共生，坚持节约优先、保护优先、自然恢复为主的方针，像保护眼睛一样保护生态环境，像对待生命一样对待生态环境，让自然生态美景永驻人间，还自然以宁静、和谐、美丽。二是绿水青山就是金山银山，贯彻创新、协调、绿色、开放、共享的新发展理念，加快形成节约资源和保护环境的空间格局、产业结构、生产生活方式，给自然生态留下休养生息的时间和空间。三是良好生态环境是最普惠的民生福祉，坚持生态惠民、生态利民、生态为民，重点解决损害群众健康的突出环境问题，不断满足人民日益增长的优美生态环境需要。四是山水林田湖草是生命共同体，要统筹兼顾、整体施策、多措并举，全方位、全地域、全过程开展生态文明建设。五是用最严格制度最严密法治保护生态环境，加快制度创新，强化制度执行，让制度成为环境保护刚性的约束和不可触碰的高压线。六是共谋全球生态文明建设，深度参与全球环境治理，形成世界环境保护和可持续发展的解决方案，引导应对气候变化国际合作。

我国加快构建生态文明体系的方向是：确保到 2035 年，生态环境质量实现根本好转，美丽中国目标基本实现。到本世纪中叶，物质文明、政治文明、精神文明、社会文明、生态文明全面提升，绿色发展方式和生活方式全面形成，人与自然和谐共生，生态环境领域国家治理体系和治理能力现代化全面实现，建成美丽中国。为此，要全面推动绿色发展。绿色发展是构建高质量现代化经济体系的必然要求，是解决污染问题的根本之策。要把解决突出生态环境问题作为民生优先领域。坚决打赢蓝天保卫战是重中之重，要以空气质量明显改善为刚性要求，强化联防联控，基本消除重污染天气，还老百姓蓝天白云、繁星闪烁。要深入实施水污染防治行动计划，保障饮用水安全，基本消灭城市黑臭水体，还给老百姓清水绿岸、鱼翔浅底的景象。要全面落实土壤污染防治行动计划，突出重点区域、行业和污染物，强化土壤污染管控和修复，有效防范风险，让老百姓吃得放心、住得安心。要持续开展农村人居环境整治行动，打造美丽乡村，为老百姓留住鸟语花香田园风光。①

第二节　少数民族特色村寨生态宜居综合评价指标体系构建

一、指标体系的设计

构建生态宜居综合评价指标体系，不仅是一个复杂的数理计算过程，也是少数民族特色村寨生态宜居建设的重难点内容。目前，学术界对该问题的研究尚处于起步阶段，缺乏成熟的指标体系，亟须通过理论分析与实证检验相结合的方式加以甄别和厘定。

本书遵循少数民族特色村寨生态宜居建设的价值取向，借鉴国内外相关研究成果，按照"确定目标层（总体评价指标）→领域层（分类评价指标）→单项评价指标（具体评价指标）"的思路，构建生态宜居综合评价指标体系，并探究指标之间的内在关联。从少数民族特色村寨生态环境和宜居条件两个基本维度出发，通过查阅文献资

---

① 《习近平在全国生态环境保护大会上强调　坚决打好污染防治攻坚战　推动生态文明建设迈上新台阶》，《人民日报》2018 年 5 月 20 日。

料，勾勒出生态宜居综合评价指标体系框架，逐项分析并层层分解核心指标，运用专家打分法对其进行筛选，最终确定各项评价指标。

评价指标体系设计的关键，是通过广泛搜集资料，根据逐级筛选的原则，从中获取与评价有关的重要信息。鉴于本项研究的数据采集和处理的难度较大，且没有可供直接使用的有效指标，笔者参照学术界关于农村生态环境治理及城乡社区宜居建设的指标体系，综合运用文献调查法与专家打分法，构建少数民族特色村寨生态宜居综合评价指标体系。

二、指标体系的确定

文献调查法也称历史文献法，是采集信息和数据的一种重要方法。笔者通过对现有文献的梳理发现，影响少数民族特色村寨生态环境的主要因素包括空气质量、河湖水质、土壤质量、绿化程度、垃圾处理、噪音环境、自然资源、生物多样性等；[①] 影响少数民族特色村寨宜居条件的主要因素包括人居经济、基础设施、人文风气、公共服务、基层治理、总体规划、空间布局、人均寿命等。[②] 为找出科学有效的少数民族特色村寨生态宜居评价指标，笔者通过匿名方式征询有关专家的意见，请他们对生态宜居相关的评价指标进行打分。同时将专家打分的依据和程度赋予权重，以达到客观地反映多数专家的经验判断。然后，通过对搜集到的信息进行统计、处理、分析和归纳，分

---

① 参见杨斌、石龙宇等：《农村生态社区概念及评价指标体系》，《环境科学与技术》2015 年第 12 期；曹连海、郝仕龙：《农村生态环境指标体系的构建与评价》，《水土保持研究》2010 年第 5 期；等等。

② 参见李军红：《农村宜居指标体系设计》，《调研世界》2013 年第 4 期；胡伏湘、胡希军：《城市宜居性评价指标体系构建》，《生态经济》2014 年第 8 期；田敏、宋彦：《宜居社区评价指标比较研究》，《经济体制改革》2016 年第 3 期；等等。

析专家的评分结果。具体操作过程如下：

首先，将制作好的打分表通过邮件的形式分发给 20 位相关研究领域的专家。对各位专家的判断依据和了解程度的评分结果运用排队评分法确定其权重系数。其中，对每位专家的判断依据的影响程度和对少数民族特色村寨生态宜居评价指标体系的了解程度均采用 10 分制，则该专家所做评分结果的权重计算公式为：

$$P_1 = \frac{1}{4}(a_1 + a_2 + a_3 + a_4) + \frac{1}{3}(b_1 + b_2 + b_3)$$

按照此方法，计算得到各位专家所做评分结果的权重分别为 P_1，$P_2, \ldots, P_{20}$。

其次，根据专家对各项指标的具体分值，结合已得到的专家所做评分结果的权重来比较各指标的相对重要性（即加权均值或数学期望）。

$$E_i = \sum_{k=1}^{20}(x_{ik} \cdot P_k) \; ; F_i = \sum_{k=1}^{20}(y_{ik} \cdot P_k)(i = 1, 2, 3, 4, 5, 6, 7, 8)$$

最后，对各项指标的总得分进行排列，选取排在前 5 项的指标。具体结果如下：E 空气质量>E 河湖水质>E 土壤质量>E 绿化程度>E 垃圾处理；F 人居经济>F 基础设施>F 人文风气>F 公共服务>F 基层治理。由此得到少数民族特色村寨生态宜居的三级指标分别为：空气质量、河湖水质、土壤质量、绿化程度、垃圾处理、人居经济、基础设施、人文风气、公共服务、基层治理。

少数民族特色村寨生态宜居评价的四级指标按照同样的方法确定，其分别为：村寨空气污染物防控；村寨清洁能源利用；村寨污废水处理；村寨饮水安全；村寨土壤改良；村寨土壤污染防治；村寨植被覆盖率；村寨植树护林；村寨垃圾集中清运与无害化处理；村寨垃圾科学分类与资源化利用，以及特色民居保护和修缮；特色产业发展与精准脱贫；进出村寨道路的硬化及通畅程度；村寨水、电、网等生活和旅游设施改善；民族文化保护与传承；村寨精神文明建设和民族团结进步创建；村寨教育、医疗、养老服务的可及性；村寨社会治安状况；村"两委"干部依法治村的能力；村民参与村寨公共事务的积极性。至此，笔者构建出涉及 10 个领域、20 项子指标的少数民族特色村寨生态宜居综合评价指标体系（见表 3-1）。

表 3-1　少数民族特色村寨生态宜居综合评价指标体系框架

目标层	领域层	子指标层
生态环境	空气质量	村寨空气污染物防控
		村寨清洁能源利用
	河湖水质	村寨污废水处理
		村寨饮水安全
	土壤质量	村寨土壤改良
		村寨土壤污染防治
	绿化程度	村寨植被覆盖率
		村寨植树护林
	垃圾处理	村寨垃圾集中清运与无害化处理
		村寨垃圾科学分类与资源化利用
宜居条件	人居经济	特色民居保护和修缮
		特色产业发展与精准脱贫
	基础设施	进出村寨道路的硬化及通畅程度
		村寨水、电、网等生活和旅游设施改善
	人文风气	民族文化保护与传承
		村寨精神文明建设和民族团结进步创建
	公共服务	村寨教育、医疗、养老服务的可及性
		村寨社会治安状况
	基层治理	村"两委"干部依法治村的能力
		村民参与村寨公共事务的积极性

第三节　少数民族特色村寨生态
宜居状况的实证检测

一、实证检测的无量纲化法

从数理上讲，去掉指标量纲的过程被称为无量纲化，即数据的规格化。无量纲化法是通过数理关系变换以消除原始变量或指标量纲的影响，将指标实际值转化为指标评价值的数学统计方法。无量纲化法的形式包括直线型无量纲化法、折线型无量纲化法、曲线型无量纲化法等。由于少数民族特色村寨生态宜居综合评价指标的量纲、表现形式及其对总目标的作用和趋势不尽相同，且从数理逻辑上并不具有可比性，因此有必要对其进行无量纲化处理，待消除指标量纲的影响后方能计算出评价结果。运用无量纲化法对生态宜居状况进行综合评价应遵循以下原则：

其一，客观性原则。评价指标无量纲化所选用的转化公式，必须客观地反映指标实际值与事物综合发展水平之间对应的关系。要根据综合评价对象的实际情况来确定所用公式，即对历史数据和横向数据进行客观地分析，从中找到事物发展变化的阈值点，以确定评价公式及其主要参数。

其二，简易性原则。评价指标无量纲化应简便易行、便于推广。对于多指标综合评价而言，无量纲化的结果是评价值本身对被评价事物发展水平的一种相对描述，而非绝对的刻度。在不影响被评价对象地位的前提下，可以用近似的、简化的直线关系代替曲线关系。这符合现代管理的一个重要思想，即追求相对意义的"满意解"，而非绝对意义上的"最优解"。

其三，可行性原则。选用无量纲化公式不仅要结合评价对象的实际，而且还要注意其方法本身的特点，以此确保数理关系变换的可行性。阈值法具有如下特点：对指标数据的个数与分布状况没有要求，变换后的数据在 [0，1] 区间内，便于进一步数学计算。变换后的数据相对数的性质较为明显，就每个 x_i 的转化而言，这种无量纲化所依据的原始数据信息较少，只包括指标实际值中的几个值，如 max（x_i）、min（x_i）、x_i 等。

为便于指标数据的无量纲化处理，笔者基于以上原则，对上一节所构建的少数民族特色村寨生态宜居综合评价指标体系中的 20 项具体指标进行定量描述，其具体方式是：将综合评价体系中的指标概念化，再通过村民满意度量表打分的方式获取信息，最后按照赋值要求换算为相应得分。

二、实证检测的模型构建

尽管综合评价指标体系中的每个单项评价指标都从不同侧面反映了少数民族特色村寨生态宜居状况，但要反映其建设的总体水平，还需对该评价指标体系进行实证检测。笔者用英文小写字母 m 表示生态宜居状况满意度的维度，将生态环境、宜居条件分别用英文小写字母 x、y 表示，$m = (x，y)$ 即表示影响生态宜居的因素。

影响生态环境的因素有 5 个：空气质量、河湖水质、土壤质量、绿化程度、垃圾处理，它们分别用英文小写字母 x_1，x_2，x_3，x_4，x_5 表示，即 $x = x_1$，x_2，x_3，x_4，x_5。

①空气质量主要考察村寨空气污染物防控、清洁能源利用两个因素，它们分别用英文小写字母 x_{11}，x_{12} 表示，即 $x_1 = (x_{11}，x_{12})$。

②河湖水质主要考察村寨污废水处理、饮水安全两个因素，它们分别用英文小写字母 x_{21}，x_{22} 表示，即 $x_2 = (x_{21}，x_{22})$。

③土壤质量主要考察村寨土壤改良、土壤污染防治两个因素，它们分别用英文小写字母 x_{31}，x_{32} 表示，即 $x_3 = (x_{31}，x_{32})$。

④绿化程度主要考察村寨植被覆盖率、植树护林两个因素，它们分别用英文小写字母 x_{41}，x_{42} 表示，即 $x_4 = (x_{41}，x_{42})$。

⑤垃圾处理主要考察村寨垃圾集中清运与无害化处理、垃圾科学分类与资源化利用两个因素，它们分别用英文小写字母 x_{51}，x_{52} 表示，即 $x_5 = (x_{51}，x_{52})$。

影响宜居条件的因素有 5 个：人居经济、基础设施、人文风气、公共服务、基层治理，它们分别用英文小写字母 y_1，y_2，y_3，y_4，y_5 表示，即 $y = (y_1，y_2，y_3，y_4，y_5)$。

①人居经济主要考察特色民居保护和修缮、特色产业发展与精准脱贫两个因素，它们分别用英文小写字母 y_{11}，y_{12} 表示，即 $y_1 = (y_{11}，y_{12})$。

②基础设施主要考察进出村寨道路的硬化及通畅程度，以及水、电、网等生活和旅游设施改善两个因素，它们分别用英文小写字母 y_{21}，y_{22} 表示，即 $y_2 = (y_{21}，y_{22})$。

③人文风气主要考察民族文化保护与传承、精神文明建设和民族团结进步创建两个因素，它们分别用英文小写字母 y_{31}，y_{32} 表示，即 $y_3 = (y_{31}，y_{32})$。

④公共服务主要考察村寨教育、医疗、养老服务的可及性、社会治安状况两个因素，它们分别用英文小写字母 y_{41}，y_{42} 表示，即 $y_4 = (y_{41}，y_{42})$。

⑤基层治理主要考察村"两委"干部依法治村的能力、村民参与村寨公共事务的积极性两个因素，它们分别用英文小写字母 y_{51}，

y_{52} 表示，即 $y_5 = (y_{51}, y_{52})$。

设统计量四级指标的样本点数据为 $x_{ij}(i = 1, 2, 3, 4, 5; j = 1, 2)$，其平均数、众数、中位数、方差、标准差分别为：$\overline{x_{ij}}$、$M_{x_{ij}}$、$Z_{x_{ij}}$、$S^2(x_{ij})$、$S(x_{ij})$；$i = 1, 2, 3, 4, 5; j = 1, 2$。其计算公式为：

$$X_{ij} = \frac{1}{6}\{[\overline{x_{ij}} - S^2(x_{ij})] + [\overline{x_{ij}} - S(x_{ij})] + [M_{x_{ij}} - S^2(x_{ij})] +$$

$$[M_{x_{ij}} - S(x_{ij})][Z_{x_{ij}} - S^2(x_{ij})] + [Z_{x_{ij}} - S(x_{ij})]\}$$

$$i = 1, 2, 3, 4, 5; j = 1, 2 \tag{1}$$

设统计量四级指标的样本点数据为 $y_{ij}(i = 1, 2, 3, 4, 5; j = 1, 2)$，其平均数、众数、中位数、方差、标准差分别为：$\overline{y_{ij}}$、$M_{y_{ij}}$、$Z_{y_{ij}}$、$S^2(y_{ij})$、$S(y_{ij})$；$i = 1, 2, 3, 4, 5; j = 1, 2$。其计算公式为：

$$Y_{ij} = \frac{1}{6}\{[\overline{y_{ij}} - S^2(y_{ij})] + [\overline{y_{ij}} - S(y_{ij})] + [M_{y_{ij}} - S^2(y_{ij})] +$$

$$[M_{y_{ij}} - S(y_{ij})][Z_{y_{ij}} - S^2(y_{ij})] + [Z_{y_{ij}} - S(y_{ij})]\}$$

$$i = 1, 2, 3, 4, 5; j = 1, 2 \tag{2}$$

设统计量三级指标的样本点数据为 $x_i(i = 1, 2, 3, 4, 5)$，由于统计量四级指标的样本点数据为 $x_{ij}(i = 1, 2; j = 1, 2, 3, 4, 5)$，统计量三级指标的样本点数据 $X_i(i = 1, 2, 3, 4, 5)$ 的维度计算公式为：

$$X_i = \begin{cases} 1, & \text{当 } X_{i1} \leqslant 1 \text{ 或 } X_{i2} \leqslant 1 \text{ 时}; \\ 2, & \text{当 } 2 < X_{i1} + X_{i2} < 6 \text{ 时} \\ 3, & \text{当 } 6 \leqslant X_{i1} + X_{i2} < 8 \text{ 时}; \\ 4, & \text{当 } 8 \leqslant X_{i1} + X_{i2} < 9 \text{ 时}; \\ 5, & \text{当 } 9 \leqslant X_{i1} + X_{i2} \leqslant 10 \text{ 时}; \end{cases} \quad (i = 1, 2, 3, 4, 5)$$

$$x_i = 2X_i \quad (i = 1, 2, 3, 4, 5) \tag{3}$$

设统计量三级指标的样本点数据为 $y_i(i=1,2,3,4,5)$，由于统计量三级指标的样本点数据为 $y_{ij}(i=1,2,3,4,5; j=1,2)$，统计量二级指标的样本点数据 $Y_i(i=1,2,3,4,5)$ 的维度计算公式为：

$$Y_i = \begin{cases} 1, & \text{当 } Y_{i1} \leq 1 \text{ 或 } Y_{i2} \leq 1 \text{ 时；} \\ 2, & \text{当 } 2 < Y_{i1} + Y_{i2} < 6 \text{ 时} \\ 3, & \text{当 } 6 \leq Y_{i1} + Y_{i2} < 8 \text{ 时；} \\ 4, & \text{当 } 8 \leq Y_{i1} + Y_{i2} < 9 \text{ 时；} \\ 5, & \text{当 } 9 \leq Y_{i1} + Y_{i2} \leq 10 \text{ 时；} \end{cases} \qquad (i=1,2,3,4,5)$$

$$y_i = 2Y_i \qquad (i=1,2,3,4,5) \qquad (4)$$

设影响生态环境的因素——统计量二级指标的样本点数据为 x，即 $x=(x_1, x_2, x_3, x_4, x_5)$，其计算公式为：

$$x = \begin{cases} 1, & \text{当至少存在 } i(i=1,2,3,4,5)，\text{使得 } x_i = 2 \text{ 时；} \\ 2, & \text{当 } 10 < \sum_{i=1}^{5} x_i \leq 20 \text{ 时} \\ 3, & \text{当 } 20 < \sum_{i=1}^{5} x_i < 30 \text{ 时；} \\ 4, & \text{当 } 30 \leq \sum_{i=1}^{5} x_i < 40 \text{ 时；} \\ 5, & \text{当 } 40 \leq \sum_{i=1}^{5} x_i \leq 50 \text{ 时；} \end{cases}$$

$$(5)$$

设影响宜居条件的因素——统计量二级指标的样本点数据为 y，即 $y=(y_1, y_2, y_3, y_4, y_5)$，其计算公式为：

$$y = \begin{cases} 1, & \text{当至少存在 } i(i = 1, 2, 3, 4, 5), \text{ 使得 } y_i = 2 \text{ 时;} \\[2mm] 2, & \text{当 } 10 < \sum_{i=1}^{5} y_i \leqslant 20 \text{ 时} \\[2mm] 3, & \text{当 } 20 < \sum_{i=1}^{5} y_i < 30 \text{ 时;} \\[2mm] 4, & \text{当 } 30 \leqslant \sum_{i=1}^{5} y_i < 40 \text{ 时;} \\[2mm] 5, & \text{当 } 40 \leqslant \sum_{i=1}^{5} y_i \leqslant 50 \text{ 时;} \end{cases} \qquad (6)$$

设少数民族特色村寨生态宜居状况满意度的维度为 m，即 $m = (x, y)$。生态宜居状况满意度的维度计算公式为：

$$m = \begin{cases} 1, & \text{当 } x = 1 \text{ 或 } y = 1 \text{ 时;} \\ 2, & \text{当 } 2 < x + y \leqslant 5 \text{ 时} \\ 3, & \text{当 } 5 < x + y < 8 \text{ 时;} \\ 4, & \text{当 } 8 \leqslant x + y < 9 \text{ 时;} \\ 5, & \text{当 } 9 \leqslant x + y \leqslant 10 \text{ 时;} \end{cases} \qquad (7)$$

根据上述模型，设置少数民族特色村寨生态宜居状况满意度的量化评价等级标准为：

①当 $m = 1$ 时，说明村寨生态宜居状况不满意；

②当 $m = 2$ 时，说明村寨生态宜居状况不太满意；

③当 $m = 3$ 时，说明村寨生态宜居状况一般；

④当 $m = 4$ 时，说明村寨生态宜居状况比较满意；

⑤当 $m = 5$ 时，说明村寨生态宜居状况非常满意。

三、实证检测结果及分析

（一）数据来源和初步处理

数据的可获得性是笔者设计指标必须考虑的因素之一。少数民族特色村寨生态宜居综合评价指标的数据可以通过设立相关测度指标和专项调研的方式来获得。为增强数据的可比性、准确性和完整性，保证评价结果的可信度，在实证分析之前，笔者首先对数据进行了预处理。课题组实地考察了湖北省10个特色村寨，并发放了少数民族特色村寨生态宜居满意度测评表共计300份，回收286份，其中有效测评量表270份。利用SPSS20.0软件整理出样本的平均数、众数、中位数、方差、标准差，得到数据初步处理结果。

（二）特色村寨生态宜居评价结果分析

1. 恩施州巴东县石桥坪村生态宜居满意度的量化评价结果

根据数据最终处理结果可知，

因为 $x = 3$，$y = 3$，$x + y = 6$，即 $5 < x + y < 8$，所以，利用公式（7）可得 $m = 3$。因此，依据少数民族特色村寨生态宜居满意度的量化评价等级标准可知，石桥坪村生态宜居状况为：一般。调查发现，该村近年来以打造乡村旅游景区为重点，不断完善村内环卫公共设施，然而由于其实用性不强，村民从中获益不大。例如，村内虽设有分类垃圾桶，但垃圾清运次数少，且无专人负责管护，大多数村民仍采用传统的垃圾处理方式。

2. 恩施州恩施市戽口村生态宜居满意度的量化评价结果

根据数据最终处理结果可知，

因为 $x = 3$，$y = 3$，$x + y = 6$，即 $5 < x + y < 8$，所以，利用公式（7）可得 $m = 3$。因此，依据少数民族特色村寨生态宜居满意度的量化评价等级标准可知，戽口村生态宜居状况为：一般。调查发现，该村以茶叶产业为主导推进乡村产业振兴，许多农户通过种植、采摘、加工和外销茶叶实现了增收致富。但由于家庭式的小作坊大多采用原煤加工的陈旧工艺，造成了一定的空气及噪音污染，对附近学校学生及村民健康产生了较大影响。

3. 恩施州鹤峰县董家村生态宜居满意度的量化评价结果

根据数据最终处理结果可知，

因为 $x = 4$，$y = 4$，$x + y = 8$，即 $8 \leqslant x + y < 9$，所以，利用公式（7）可得 $m = 4$。因此，依据少数民族特色村寨生态宜居满意度的量化评价等级标准可知，董家村生态宜居状况为：比较满意。调查发现，该村积极建设"绿色农家乐园"，发挥靠山临河的地理优势，加强各项基础设施建设，为村民提供了多样化的便民服务，村民生态宜居满意度较高。

4. 恩施州咸丰县麻柳溪村生态宜居满意度的量化评价结果

根据数据最终处理结果可知，

因为 $x = 4$，$y = 4$，$x + y = 8$，即 $8 \leqslant x + y < 9$，所以，利用公式（7）可得 $m = 4$。因此，依据少数民族特色村寨生态宜居满意度的量化评价等级标准可知，麻柳溪村生态宜居状况为：比较满意。调查发现，该村扎实推进精准扶贫精准脱贫，以发展特色旅游为着力点，积极打造旅游名村、生态名村、文化名村，尤其是县乡领导高度重视生态环境保护工作，特色村寨生态宜居建设成效显著，村民对此较为满意。

5. 恩施州建始县大店子村生态宜居满意度的量化评价结果

根据数据最终处理结果可知，

因为 $x = 4$，$y = 5$，$x + y = 9$，即 $9 \leqslant x + y \leqslant 10$，所以，利用公式（7）可得 $m = 5$。因此，依据少数民族特色村寨生态宜居满意度的量化评价等级标准可知，大店子村生态宜居状况为：非常满意。调查发现，该村及周边村寨正在联合打造乡村振兴试点项目"青花田园综合体"，并围绕该项目加强基础设施建设，村容村貌明显改善。近年来，该村民族团结进步创建工作也取得了较好成效，乡风淳美，村寨和谐，村民的幸福感不断增强。

6. 恩施州来凤县石桥村生态宜居满意度的量化评价结果

根据数据最终处理结果可知，

因为 $x = 3$，$y = 2$，$x + y = 5$，即 $2 < x + y \leq 5$，所以，利用公式（7）可得 $m = 2$。因此，依据少数民族特色村寨生态宜居满意度的量化评价等级标准可知，石桥村生态宜居状况为：不太满意。调查发现，该村为打造旅游景点，对部分民居的外立面进行了改造，使其整体外观得以美化，但旅游设施建设对农户日常生产生活的帮助却十分有限，且存在一些形象工程问题，村民对此意见颇大。

7. 恩施州利川市野猫水村生态宜居满意度的量化评价结果

根据数据最终处理结果可知，

因为 $x = 4$，$y = 4$，$x + y = 8$，即 $8 \leq x + y < 9$，所以，利用公式（7）可得 $m = 4$。因此，依据少数民族特色村寨生态宜居满意度的量化评价等级标准可知，野猫水村生态宜居状况为：比较满意。调查发现，近年来，利川市大力推进新型城镇化，村镇一体化建设步伐加快。野猫水村距利川城区 18 公里，318 国道穿村而过，且位于腾龙洞风景区和恩施大峡谷旅游公路节点上，村民出行、娱乐、购物非常便利，因此该村的生态宜居状况良好。

8. 恩施州宣恩县伍家台村生态宜居满意度的量化评价结果

根据数据最终处理结果可知，

因为 $x = 4$，$y = 3$，$x + y = 7$，即 $5 < x + y < 8$，所以，利用公式（7）可得 $m = 3$。因此，依据少数民族特色村寨生态宜居满意度的量化评价等级标准可知，伍家台村生态宜居状况为：一般。调查发现，该村依托"贡茶"品牌大力开发乡村旅游资源，取得了一定的经济效益，但由于目前茶旅产业的辐射带动能力不够，村民对生态宜居建设的认可度有待提高。

9. 宜昌市五峰县栗子坪村生态宜居满意度的量化评价结果

根据数据最终处理结果可知，

因为 $x = 5$，$y = 4$，$x + y = 9$，即 $9 \leqslant x + y \leqslant 10$，所以，利用公式（7）可得 $m = 5$。因此，依据少数民族特色村寨生态宜居满意度的量化评价等级标准可知，栗子坪村生态宜居状况为：非常满意。调查发现，该村作为五峰县内保存完好的土家族特色村寨，其发展得到了县乡政府的大力支持。该村通过持续改善村寨基础设施、保护独特的民族文化，以及促进乡村旅游的发展，初步形成了产业振兴与生态宜居建设协同互促的良性发展局面。

10. 宜昌市长阳县庄溪村生态宜居满意度的量化评价结果

根据数据最终处理结果可知，

因为 $x = 3$，$y = 4$，$x + y = 7$，即 $5 < x + y < 8$，所以，利用公式（7）可得 $m = 3$。因此，依据少数民族特色村寨生态宜居满意度的量化评价等级标准可知，庄溪村生态宜居状况为：一般。调查发现，庄溪村毗邻 5A 级景区清江画廊武落钟离山，但由于地处偏远，与外界相对隔离，特别是山路崎岖，导致村民进出村寨十分不便，生态宜居建设仍面临诸多难题。

第四节　少数民族特色村寨人居环境
整治的"桐庐经验"[①]

桐庐县隶属浙江省杭州市，位于钱塘江中游，富春江斜贯县境，是浙西地区经济实力第一强县。桐庐有着宛如水墨画般的千年古村落，可以说，一个村就是一个景点。每逢节假日，该县的乡村特色精

---

① 本节内容整理自课题组赴浙江省杭州市桐庐县农业和农村工作办公室获得的调研资料。

品民宿一房难求，这得益于桐庐十多年来农村人居环境整治的探索与实践。2003 年 6 月，在时任浙江省委书记习近平的倡导和主持下，浙江以农村生产、生活、生态"三生"环境改善为重点，在全省启动"千村示范、万村整治"工程，开启了以改善农村生态环境、提高农民生活质量为核心的村庄整治建设大行动。以此为契机，桐庐县积极开展"千村示范、万村整治"活动，积累了丰富的农村人居环境整治经验，其主要体现在以下三个方面：

第一，牢固树立"全域景区化"的美丽乡村建设新理念。桐庐县在美丽乡村建设过程中，着力推进农村生态人居体系、生态环境体系、生态经济体系和生态文化体系之间的结合：与乡村旅游发展相结合，在加强农村基础设施建设的同时，强化旅游功能和配套设施建设；与文化特色相结合，注重历史文化的传承与保护，注重凸显特色生态文化资源优势；与产业发展相结合，促进农业产业结构调整，延伸特色农业产业链；与农民增收相结合，把促进农民增收致富摆在重要位置，处理好"村美"与"民富"的关系。

第二，正确把握"优美、秀美、甜美"的美丽乡村建设新方向。美丽乡村建设的根本目的是提升农民生活品质，做美环境、做强产业。桐庐县以统筹发展为要求整合涉农资金和项目资源，发挥农民主体作用，加大公共财政支持农村发展的力度，完善农村基础设施和社会服务体系，深入开展农村环境连片整治，按照"五化一拆"（立面美化、庭院洁化、村庄绿化、污水净化、杆线序化，拆除违章搭建和破旧房）的要求，全面提升农民人居环境品质，实现人居环境优美；按照"突出重点、兼顾一般、分类建设、全面推进"的要求，形成乡村旅游精品线路；树立"建设新农村与经营新农村并重"理念，按照"宜工则工、宜农则农、宜游则游"的原则，优化农村产业结构，发展生态高效农业、农产品深加工业、农家乐产业和休闲乡村旅游业，推动农业生产经营形态多样化，增强农村集体经济的造血功能。

第三，积极探索具有桐庐特色的美丽乡村建设新路子。美丽乡村建设没有最好，只有更好；没有固定的模式，只有更高的追求。桐庐县在实践中走出了一条符合实际的美丽乡村建设新路径，规划出了一套"自己家园自己建，自己家园自己管"的新机制，明确提出美丽乡村建设全覆盖的目标及建设要求，着力开发乡村旅游，重点扶持乡村度假型、依托景区型、文化村落型、农业观光型、城郊休闲型、红色经典型、美食体验型、民俗风情型八大类乡村旅游产业的发展，全力打造"长三角"乡村旅游目的地。

一、环溪村：实施六大工程，打造"生态环溪"

（一）实施生活污水处理工程，改善村民生活环境

环溪村从 2010 年开始实施农村生活污水处理工程，先后投入 280 万元建设生活污水池 9 个，使全村污水全部排入专门的污水管道。通过在人工湿地上种植亲水性植物，把生活污水处理设施变成一个个小花园，在污水得到处理的基础上美化了村容村貌。桐庐县还在全县范围推广"厌氧系统+人工湿地"的农村生活污水处理模式，包括环溪村在内的 183 个行政村生活污水处理实现了全覆盖。

（二）实施生态河道改造工程，实现水清、流畅、鱼跃

环溪村多方筹集资金对全村水系进行生态化改造。例如，村域内的天子源溪和青源溪清淤达 1 万多立方米，疏浚后的溪水更清澈、更自然；新建防洪堤 1200 米，全部采用干砌块石工艺，便于鱼虾、青蛙生存；维修加固堰坝 9 座，使河道能常年保持稳定的生态环境，满足睡莲等水生植物生长条件，既提高了防洪能力，又营造了水面景

观；通过塘底清淤，引流活水，种植荷花、水草等，彻底修复了池塘的生态系统，再现碧波荡漾、鱼虾戏水的美景。

（三）实施生态人居提升工程，提高村民生活品质

环溪村把村庄当成景点来规划建设，通过开展"清洁环溪·红黑榜"等评比活动，提高了村民清洁卫生意识，使环卫工作从几个保洁员的任务发展为全体村民的自觉行动、从单一的清洁工作发展为整洁、绿化、美化、靓化的综合性工作、从行为习惯的养成发展为村风民俗优化的精神文明建设工程。该村整合新农村建设资金，实施"三线入地"（将供电、通信、有线电视线路从以往架在空中改为全部埋入地下的方式）、中心道路"白改黑"等工程，对全村 105 户房屋的"赤膊墙"、围墙进行粉刷，绿化、美化各家庭院，切实改善了农村人居环境，提升了村民的生活品质。

（四）实施生态文化传承工程，营造清廉和谐氛围

环溪村 90% 以上的村民都姓周，是北宋大哲学家、理学鼻祖周敦颐第 14 代后裔。周敦颐的千古名篇《爱莲说》正是环溪村生态文化的精髓所在。该村为更好地传承历史文化，设计了村标 LOGO，制作出"清莲环溪，秀美乡村"的品牌标志，把村内天子源溪打造成了一条长 800 多米、集自然生态与人文景观于一体的民俗风情长廊，将周氏宗祠"爱莲堂"打造成了当地廉洁文化教育和先进文化传播的"文化礼堂"。

（五）实施综合配套服务工程，提升村民幸福水平

环溪村对全村公共服务事业实行统一管理，有效破解了农村群众"找人难、难找人、办事难、难办事"的问题。配套完善了社区管理服务中心、便民服务中心、卫生室、居家养老服务中心、图书馆、老年活动室、警务室、村邮站等公共服务设施。创办了"爱莲书社"，设立党员远程教育站点和电子阅览室，建设爱莲文化广场和爱莲长

廊，成立民间文化艺术团队，并通过举办各类文体活动，满足群众精神文化需求，村民的幸福指数不断提升。

（六）实施富民产业发展工程，带动村民创业致富

环溪村深入实施富民产业发展工程，变美丽资源为美丽经济，把美丽转化为产业。该村流转土地380余亩，由公司统一种植莲花。夏季莲花盛开吸引了大量游客前来观赏，带旺了村里的农家乐，部分村民又在公司打工，不仅有工资收入，还可以拿到租金、佣金。莲蓬、莲子和系列莲加工产品，以及荷田套养的泥鳅、河蟹等也给公司带来了可观的经济效益，实现了多方共赢。

二、新丰民族村：宜居与富民、美丽与发展共赢

新丰民族村位于浙江省桐庐县莪山畲族乡的西北部，由5个自然村组成，全村共292户851人，其中，畲族人口占总人口的43%。2017年，该村被国家民委命名为第二批"中国少数民族特色村寨"。近年来，新丰民族村以实施农村人居环境整治行动为抓手，在改善村容村貌和保护历史建筑的过程中，通过招商引资，对农村老旧房屋进行流转利用，兴建高端精品民宿，带动周边村民创业就业，解决了农村闲置劳动力问题，提高了村民经济收入，成为我国沿海发达省份少数民族特色村寨乡村振兴的典范。

（一）整治村寨旧貌：打造美丽畲村

1. 彰显民族特色，提升人居品质

新丰民族村以体现畲乡风情为主题，着力加强村容村貌整治。村干部和群众以凤、竹、石、泥等传统文化元素装点村寨，用富有民族艺术气息的挡墙再现畲族先民农耕农作的场景，以物质载体的形式呈现原始、淳朴的畲族民风民俗，为村寨增添了民族色彩。该村不仅注

重村寨的"门面"，而且还坚持走内涵式发展道路，将人居环境建设与民族文化保护传承有机结合，使村寨的一砖一瓦有了民族特色和生生不息、源远流长的精神力量，帮助村民找回了畲乡记忆。

2. 修缮历史遗迹，焕发古村新颜

新丰民族村农房年久失修，原本古色古香的建筑已变得破旧不堪，面临被拆除的境地。2013 年，该村依托"美丽乡村"精品村创建示范村项目，实施了全方位的古村修复工程，对老旧房屋的瓦片、门窗、墙体进行修缮，尽可能地保留原滋原味的古村风貌，使它们在恬静清幽的山林中焕发新颜。此外，该村将破旧废弃的仓库改建成畲族民俗馆，并在室内搭建表演舞台，配备桌椅板凳，供村民、游客娱乐表演和休憩。可以说，新丰民族村以历史遗迹作为媒介，以景点的标准来建设村寨，增强了特色村寨的宜居功能，提高了村民的生活质量。

（二）发展精品民宿："空心村"二次创业

新丰民族村大多数青壮年常年在外务工，村寨空心化程度较深。2013 年，桐庐县在浙江省乃至全国率先部署和推进乡村民宿产业发展。新丰民族村抓住这个机遇，与温州、深圳等地的企业合作，大力发展精品民宿。该村凭借得天独厚的自然景观和别具特色的少数民族文化优势，巧妙地将自然和人文元素融入精品民宿产业的培育壮大之中，取得了显著成效，由过去的"空心村"转变为游客如织的"富美村"。在此基础上，该村还吸引大量返乡创业者和外地投资商参与民宿旅游产业发展，共同打造了先锋公益图书馆、乡土建筑工作室和艺术客栈等一批农居改造示范点，使村民富起来的同时，也实现了生态环境改善、旅游产业繁荣等多重目标。新丰民族村的成功经验在于，依托浙江作为东部发达省份的区位优势，瞄准民宿产业这个巨大的消费新业态市场，结合自身优势，推动形成宜居与富民、美丽与发展共赢的乡村振兴新模式。

第五节　少数民族特色村寨美丽
乡村建设的路径选择

一、深入挖掘民族文化内涵，因地制宜规划村寨特色景观

要坚持生态与宜居、"造景"与"铸魂"相结合，根据当地的气候条件、水文地理、自然资源、历史文化、民族传统、产业结构等具体实际，因地制宜打造底蕴深厚、环境优美的少数民族特色村寨。主动与高等院校、科研机构开展协同合作，按照"一村一品、一村一景、一村一韵"的理念，科学编制村寨建设规划，避免"千村一面"。在保留原生态自然和人文景观的基础上，系统有序地开展村寨建设工作，切忌急于求成，搞"形象工程"，切实改善村寨人居环境，提高村民生活的舒适度、幸福感和便利性。不仅要在生态和宜居上下功夫，还要在文化环境方面为村民的精神生活提供更多滋养，不断增强其文化认同感和自豪感。特色村寨的文化资源尤为丰富，单从民族传统建筑来看，侗族有鼓楼和风雨桥、苗族有木板楼、土家族有吊脚楼、纳西族有木楞房、傣族有竹楼、布依族有石板房、羌族有碉楼、哈尼族有蘑菇房、蒙古族有蒙古包等。① 因此，村寨的规划设计要在开发利用地域文化资源的同时，注重将少数民族传统文化元素融入其中，还原村寨的民族文化本性，形成人文环境与自然环境和谐共美的景观风貌，打造宜居宜业宜游的幸福美丽家园。

---

① 参见韩斌：《西部民族地区美丽乡村建设的意义与实践路径》，《贵州民族研究》2014 年第 4 期。

二、坚持以人民为中心的发展思想，持续改善村寨人居环境

必须坚持以人民为中心的发展思想，将村民的实际生产生活需要作为出发点与落脚点，尊重村民的意愿，以安全性、健康性、舒适性和便捷性为原则，不断改善村寨人居环境，全面提升村民生活质量。一是要按照发展乡村旅游产业的新要求和新标准，科学规划村寨建筑布局，提高房屋设计水平，突出乡土特色与民族特点。二是要加大投入力度，推进村组道路和入户道路建设，着力解决村内道路泥泞、村民出行不便等实际困难。三是要打造具有特色的绿化景观，完善村寨照明设施，整治公共空间和庭院环境，构建配套齐全、功能完善、布局合理、使用便利的公共服务设施体系，提高村民幸福感和满意度。四是要鼓励连片建设，打造生态宜居的特色村寨群，促进村寨形态与区域整体自然环境相得益彰。具体来说，要以农村垃圾和污水处置为主攻方向，集中力量开展环境卫生整治行动，补齐人居环境短板。建立健全符合村寨实际、方式多样的生活垃圾收运处置体系，推行垃圾就地分类和资源化清洁利用。深入实施"厕所革命"，普及不同类型的卫生厕所，推进厕所粪污无害化处理。梯次推进生活污水治理，推动城镇污水管网向周边特色村寨延伸覆盖，促进村民空间行为与人居环境相适应。

三、充分利用地方性生态知识，多元协同保护村寨生态环境

少数民族特色村寨多位于重要的生态屏障区和生态功能区，拥有

明显的生态资源优势。世居于此的各族群众在生产生活实践中创造了丰富的生态保护智慧，如武陵山区的土家族通过"封山护林""敬梅山神"等仪式传承少数民族环保知识，有效地保护了当地生态环境。当前，要秉承人与自然和谐统一的生态理念，利用好地方性生态知识，促进非制度资源与生态保护的良性互动。① 要强化政策激励和资金扶持，鼓励环保社团、企业、村民、志愿者等多元主体共同参与，形成生态环境大保护格局。运用市场调节的方式吸引社会资本投资环保事业，引导相关科研机构研发先进的生态技术和产品，为特色村寨可持续发展注入动能。培养村干部和村民的主人翁意识，调动其保护村寨环境、管理公共卫生事务的积极性、主动性和创造性。要构建高效利用和有效开发生态资源的地方性知识体系，健全生态系统保护制度、生态责任追究制度、市场化补偿制度、环保资金投入制度，为村寨生态环境保护提供制度保障。要设立村寨生态保护专项基金，维护自然环境和生态安全，切实保障天蓝、地绿、山青、水净，实现生态良好、乡村振兴、村民幸福的"大美"目标。

四、完善生态监管、激励和评估机制，构建村寨环境综合治理体系

首先，要对农业农村污染源进行重点排查，建立防治监测体系，强化经常性执法监管制度建设，推动环境监测、执法向村寨扩展。实施最严格的环境准入制度，提高特色村寨新建项目进入门槛。根据项目规模的大小、建设地址、污染物等情况进行环评审批和跟踪监管，严禁未经达标处理的污染物进入村寨。其次，要发挥村干部和村民的

① 马晓琴、杨德亮：《地方性知识与区域生态环境保护——以青海藏区习惯法为例》，《青海社会科学》2006 年第 2 期。

环保主体作用，建立专业化、市场化建设及项目运行管护的长效机制。建议在村委会干部中设置环保监督员，落实河湖长制，将生态环境治理链条延伸至村寨。实行"以工代赈"的方式，为村民提供环保公益岗位，推进村寨生态环境共建共保。再次，要健全生态环境绩效评价考核机制，加强乡镇政绩考核对特色村寨生态环境保护的"指挥棒"作用。最后，要搭建环保部门、村民代表、第三方机构、专家、媒体互动平台，创新地方政府环保评价体制机制。综合运用生态学、环境工程学、社会学、信息管理学等学科方法，对村寨环境整治的全过程及效果进行客观评价，并根据评价结果，对美丽乡村建设有贡献者给予奖励，对破坏者予以惩罚，营造人人关心环境、个个参与环境保护的良好氛围。

第四章　少数民族特色村寨文化
保护、传承及创新

　　乡村振兴，乡风文明是保障。我国民族地区有许多保存完好的少数民族特色村寨，但在现代化进程中，这些村寨的文化特色正加速消失。特别是随着新型建筑材料的使用，村寨原有的吊脚楼、竹楼等，被用水泥预制板和空心砖建造的火柴盒式新建筑所取代。由于青壮年大多外出务工，民族语言、民族歌舞、传统技艺等非物质文化遗产的传承濒临危机。乡村文化振兴的前提是留住民族文化根脉，其目标是在发展中保留民族自身的特质，实现传统与现代的交融互补。因此，这就要求把保护和传承好民族文化作为少数民族特色村寨建设的重中之重。

　　建筑是文化的结晶。推进少数民族特色民居保护与建设，应以整体规划、分类实施、合作共建为原则，保护传统的营造法式和建造技艺，保持特色村寨的建筑风格及其与自然相协调的整体风貌。与此同时，在发展中珍视少数民族非物质文化遗产的价值，实行跨层级、跨功能、跨部门的立体式保护，延续乡村文脉，守护文化生态，留住美丽乡愁，也显得十分重要。此外，在加强特色村寨乡风文明建设方面，也必须将社会主义核心价值观的践行落到实处，充分汲取少数民族优秀传统文化养分。尤其是在当前乡村社会急剧转型的背景下，要加强村民的思想道德建设，推进移风易俗，营造新时代文明新风，激发村寨健康发展的动力与活力。

第一节　少数民族特色民居保护与建设

少数民族特色民居形式多样、风格各异，集中反映了一个民族的生存状态、审美情趣和文化特色，是在乡村振兴战略中最能够深刻体现民族文化和乡土文化的物质载体。推进特色民居保护与建设，是保护传承民族文化、提升少数民族特色村寨形象与内涵的重要措施，也是唤起各族群众对地域文化、民族文化、本源文化的归属感、认同感和自豪感的重要途径。

一、特色民居保护与建设的理论建构

（一）村落建造共同体理论

正如滕尼斯所说："社区和它的成员之间的关系，不是用契约来说明的，而是像家庭的关系那样，用默认一致来说明的，包括着领主们的村庄，在其必要的与整个农业地区关系上，如同一种唯一的、没有分开的家政。"① 传统共同体是村落内部以血缘、地缘为主的各种关系在生产与再生产过程中结成的具有原始互助功能的联合体。少数民族特色村寨作为典型的传统共同体，其民居建造行为受家族成员态度、族群规则、习俗等因素的影响尤为深远。然而有别于以往，如今的民居建造则融入了现代性，如签合同、订协议、筹资金、算成本、

---

① ［德］斐迪南·滕尼斯：《共同体与社会：纯粹社会学的基本概念》，林荣远译，北京大学出版社 2010 年版，第 71 页。

出工折价，运用先进的建筑材料、机械工具、装饰技术，引入工程管理、群体协作等内容。因此，现代村落建造共同体是乡村聚落中有关人居环境、基础设施、公共服务、住房营造方面的人的聚合体、合作组织及其相关工作。它是与传统小农社会共同体在逻辑上有转承关系的、面向当代生活与现代性的、经过再组织或整合的乡村社会共同体。①

以共同体为依托的村落建造类型可分为以下三种：其一，合作建造。合作建造既包括地方政府、族群、家庭等有明确组织的建造，也包括义务帮工、友情帮工、互换帮工等无明确组织的建造。其主要形式有：参与村落公共设施或村民房屋建造；维护村落建造秩序；抵制"自上而下"或"自外而内"侵害村民建造权益的行为；传习本民族建造技艺，以建筑文化教化村民；等等。其二，自主建造。自主建造不等同于个体建造，它是泛指为满足族群生存、繁衍的需要，在村社或族群共同体内开展的各种建造活动。其建造传统有：就地取材、因势而建；方便生产生活；秉持最小、最少的节约理念；延续本民族的建造习惯等。其三，过程建造。过程建造有三个必要前提，即建造技术已被村民习得；基于"不断地建造"的合作默契；达成稳定、连续的建造共识。任何一项建造工作都不可能一蹴而就，必须经历渐进发展、不断修正的过程，因而可以将其视为在多种因素交织的复杂状态下，被反复选择、反馈、筛选、调整的自组织建造系统。

（二）利益相关者理论

利益相关者理论源自19世纪盛行于经济管理领域的一种相互协助、合作完成同一任务的思想。该理论的开拓者爱德华·弗里曼指出，利益相关者是能够影响组织目标的实现或被组织目标和过程影响

---

① 参见王冬：《族群、社群与乡村聚落营造——以云南少数民族村落为例》，中国建筑工业出版社2013年版，第188—197页。

的群体或个人。① 从利益关联的视角看，民族地区近年来蓬勃兴起的旅游业所具有的综合性，决定了特色民居保护与建设涉及利益相关者众多。乡村旅游发展的目标能否实现、特色村寨能否因民居保护与建设而增色添彩，都取决于利益相关者之间的协调程度和协作效果。

正如某些学者所指出的，简单地将所有利益相关者看成一个整体来进行笼统地研究，几乎无法得出令人信服的结论。首先，必须从所有权、经济依赖性和社会利益的角度，对政府、村寨社区、旅游企业、社会组织、志愿者、专家、村民等利益关系进行分类，回答谁是利益相关者、利益是什么的问题。其次，利益相关者之间的合作与协调是组织可持续发展的关键环节。② 众所周知，特色民居保护与建设工作政策性强、涉及面广、情况复杂，一旦利益诉求不一致，各方只出于自身利益最大化考虑，那么工作就很难推动。这就要求管理者要综合平衡各个利益相关者之间的利益诉求，进行主动、诚挚、频繁地沟通，加强协作制度平台建设，实现利益整合常态化，彰显"1+1+1>3"的合力效应。最后，弗里曼在波特（Michael Porter）"五力模型"的基础上增加利益相关者的权力维度，提出了摇摆、进攻、防御和保持四种策略。作为特色民居保护与建设的责任主体，地方政府要借鉴各种博弈模式，建立风险共担、收益共享的利益相关者协同进化机制，以应对讨价还价、偷工减料、赶工期等问题。

（三）合作治理理论

20 世纪 70 年代以来，人类进入了后工业化的历史时期，后工业社会复杂性程度增加。在这种情形下，政府统管社会的治理方式显得

---

① R. Edward Freeman, *Strategic Management：A Stakeholder Approach*, Cambridge University Press, 1984, p. 46.

② Oliver E. Williamson, "Strategy Research：Governance and Competence Perspectives", in *Strategic Management Journal*, 1999, （12）.

乏力，合作治理应运而生。爱默生（Kirk Emerson）认为，合作治理是为了达到公共目标，政府与社会自治力量一起建设性地参与纵向不同层级的政府机构或横向公私部门的政策制定和管理的过程。① 它不仅强调政府需要社会自治力量来协助管理，而且倡导政府与社会自治力量共同治理。②

第一，合作治理的根基在于高度信任基础上的对话与协商。在民居改造或异地新建时，应注重发挥基层协商民主的作用，吸纳民族村社自治力量参与决策，并将协商者的意见输入公共决策系统，确保意见在商议的过程中被采纳或参考，以保障村民的住宅权益。第二，合作治理的目的是完成那些仅靠单个组织无法达到预期目标的事务。少数民族特色民居数量多、分布广，且地域差异大，其保护与建设需要投入大量的人力、物力和财力。而在边远民族乡村"人悬浮""物不足""财贫弱"的情境下，依赖政府单方投入既不现实也难以达到，因而有必要推动政府、市场和社会的合作共治。第三，合作治理的优势表现为弥合利益分歧、整合内外资源、促进治理主体功能性互补。少数民族特色村寨蕴含丰富的社会资本，这有助于形成基于情感、知识、资金、人力资源等要素平等交换的合作型民居保护与建设格局。

（四）特色民居保护与建设模型

笔者在上述理论基础上，按照系统思维的方法，将研究对象视为一个要素与要素、要素与系统、系统与环境相互作用的有机整体，从环境、主体和关系三个层面构建特色民居保护与建设模型。具体阐释如下：少数民族特色村寨千百年来积淀而成的乡村建造传统正在向现代村落建造共同体嬗进，特色民居保护与建设必须通过平衡发展来适

① Kirk Emerson, Tina Nabatchi, Stephen Balogh, "An Integrative Framework for Collaborative Governance", in *Journal of Public Administration Research and Theory*, 2012, （1）.

② 参见张康之：《走向合作治理的历史进程》，《湖南社会科学》2006 年第 4 期。

应环境的变化。这就要求既考虑少数民族的生产生活方式和风俗习惯，又满足时代变迁的需要；既保留特色村寨的文化符号，又融入现代民居的新元素；既发展乡村旅游产业，又防止过度开发导致村寨建筑文化异化。在保护与建设的整个系统中，政府应扮演"守护者"与"支持者"的角色，在政策和经费上提供帮助，在组织上广泛动员和积极引导；以旅游企业、施工单位为代表的市场主体应扮演"投资者"与"经纪人"的角色，在建造项目产生利润回报的同时，兼顾改善基础设施、综合提高居住环境质量、保障失地农民生活、合理分配村民利益等；村寨社区、公益组织、智库、技术人员、工匠、民间精英、村民等社会组织及个人，应扮演"建设者"与"志愿者"的角色，发挥其社会化、专业化、职业化的优势，协助开展相关工作。鉴于组织系统各要素的"协整"对管理者的价值在于使文化和政治体系之间的相互作用达到最大化，以便获得一体化与多元化张力之间的益处，① 那么就要改善多元主体的合作关系及其绩效，来促进特色民居保护与建设的规范化、系统化、科学化，以及乡村文化振兴。

二、特色民居保护与建设的案例分析

（一）彭家寨吊脚楼群保护

1. 村情概况

坐落在武陵山余脉北麓的彭家寨，位于湖北省恩施州宣恩县沙道沟镇西南部。全寨48户260人，多为土家族，以彭姓为主。相传彭氏先祖由湖南怀化顺酉水迁徙至此。酉水流经湘、鄂、渝、黔四省

---

① 参见［英］迈克尔·C. 杰克逊：《系统思考——适于管理者的创造性整体论》，高飞、李萌译，中国人民大学出版社2005年版，第239页。

市，这一流域是土家族分布最集中的地区，也是吊脚楼分布最密集的区域。清末及抗战时期的两次"川盐济楚"，使这里成为盐运要道，随着人口不断集聚，仅沿彭家寨前的龙潭河两岸就形成了汪家寨、曾家寨、罗家寨等10多个土家村寨。盐业的生产及运输既是当时土家人的经济来源，也是吊脚楼这一独特民居建造形式在该地区传承的原因之一。彭家寨以其悠久的历史和精美的吊脚楼群享誉华夏，是国家民委命名的首批"中国少数民族特色村寨"。

2. 吊脚楼群的价值

从整体布局上看，彭家寨吊脚楼层层叠叠，立面层次清晰而富有变化，构成了不规则的弹性群组。这种吊脚楼源于乡土，原木原色，虽不施朱颜，但素净大方。众多单体建筑以公共用地的院坝、桥梁为中心展开，组合形成山地聚落景观，建筑布局自由灵活、形凝神聚，有的依山顺势，层叠而上；有的背山占崖，居高临下；还有的雄踞山巅，气势壮观。彭家寨吊脚楼群及其周边环境保存完整，建筑规模宏大，保留有完好的民风民俗，是研究土家族历史的活化石，因其有着较高的建筑文化价值，被中国古建筑学家称赞为"龙潭河上的一串明珠"。

吊脚楼独特的半干栏式建筑由巢居演变而来，结合了干栏式与井院式的特点，融合了汉族和少数民族的建筑优点。彭家寨吊脚楼是鄂西少数民族根据山多地少、气候多雨潮湿的自然环境建造的民居，依靠吊脚部分来适应地形的变化，具有很强的实用功能。如图4-1所示，建筑平行于山体等高线，一层居住区是堂屋和卧室，与之垂直地带的那部分：一层架空处为卫生间、浴室和猪圈，二层为厨房和卧室。"L"形平面形成一个序列丰富的入口。[1] 这不仅满足了山地农耕

---

[1] 参见王红英、吴巍：《鄂西土家族吊脚楼建筑艺术与聚落景观》，天津大学出版社2013年版，第58页。

生活的空间需求，还能驱湿防寒、防御蛇虫野兽。吊脚楼别致的格局彰显了人类杰出的劳动力和创造力。

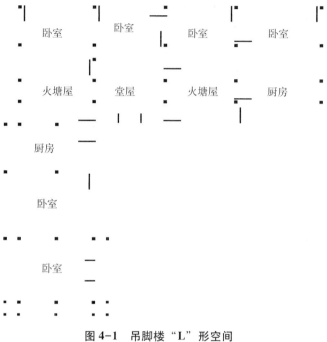

图 4-1　吊脚楼"L"形空间

彭家寨吊脚楼群是武陵山深处原汁原味、没有被破坏的历史遗存。在寨中的水府庙里立有一块石碑，记载着建庙时集资者的姓名，立碑的时间是清乾隆五十七年（1792 年）。由此推知，彭家寨在当时已具有了相当大的规模。作为鄂西少数民族传统民居的代表，彭家寨吊脚楼群集建筑、绘画、雕刻等艺术形式于一体，达到了较高的艺术成就。鄂西是巴、楚、蜀文化与中原文化的交汇点，土家族历经了长期多元的文化交流，以及一些开明的土司雇佣汉族工匠进行城池府邸的建造，使得其民居的建筑技术融合了各种文化。工匠们匠心独运，用挑枋取代斗拱构件，做成"板凳挑"，用以承托挑檐和挑廊，增加了立面的美观效果；将堂屋与厢房相交的转角处做成扇面的空间，在两根脊线的交点处用一根负责支撑转换的柱子承托枋，被称为"将军柱"或"伞把柱"，当地也称之为"车心柱"；在支撑正脊、横脊及斜脊的交汇处，用一根柱子承接三个方向的枋，起到连接正房和厢房的作用，决定了吊脚楼建筑多变的平面形式。这些独特的结构设计表现出土家族精湛的建筑技艺。

3. 保护的经验

（1）树立"开发式保护""合作式保护"的理念

在民居保护工作开展之初，政府就意识到不能就保护而保护，要通过发展来保护。"开发式保护"的理念是指将开发作为保护的手段，在坚持保护的原则下适度开发，通过发展支柱产业，以带动经济增长，进而实现更好的保护。重开发更要重合作。当地政府认为彭家寨在发展的过程中要想形成产业优势，就必须与外部合作构建一个相互联系、相互支撑的民族文化保护和旅游发展的整体区域。具体而言，以彭家寨为建设重点，向周边的曾家寨、汪家寨延伸，共同打造有规模、有特色的土家村寨群，形成了沿 209 国道和椒石省道的特色民居景观带。同时，彭家寨还与周边县市、村寨合作共建了民族文化生态保护区，例如，与利川腾龙洞、恩施大峡谷等景区形成恩施特色旅游圈，与恩施市高拱桥村、鹤峰县董家村、利川市鱼木寨形成恩施特色村寨旅游专线。

（2）坚持"规划先行、分类施策"的原则

在旅游规划方面，2001 年宣恩县政府发布了《彭家寨土家生态文化旅游开发项目建议书》，提出建立彭家寨土家生态文化旅游区的目标。2004 年沙道沟镇政府出台了《彭家寨景区修建详规》，明确要求将彭家寨吊脚楼群建筑物外围 1500 米的地带划定为保护区域，对吊脚楼进行保护的同时实施旅游开发；在保护规划方面，2001 年宣恩县政府出台了《彭家寨文物保护总体规划》《彭家寨保护管理暂行办法》《彭家寨古建筑维修与保护实施方案》，2008 年又制订了《宣恩县城镇规划》，划定两河村至龙潭村为建设控制地带，实施整体保护，确保吊脚楼群不受现代建筑的影响和破坏；在经济发展规划方面，引导村民开展土家特色农家乐服务，以宾馆式住宿、民族特色餐饮、民族手工艺品出售等方式吸引游客。宣恩县还根据吊脚楼的完好程度对其进行分类保护，即对质量较好、风貌典型的建筑予以原样保护；对现存传统村落布局中损坏严重的建筑，进行及时修缮；对新建的特色民居，保持与原有建筑形态和空间尺度相符。①

（3）采取"政府主导、社会参与"的模式

在政府主导下，宣恩县成立了恩施州彭家寨旅游开发有限公司。该公司的资金由财政支持一部分、县外投资公司注入一部分、社会资本参与一部分，共同支撑彭家寨特色民居保护项目的运转。作为项目的融资平台，公司按照"谁投资、谁受益"的方式推动旅游产业发展。政府引导大型旅游企业参与开发和经营，鼓励各类中介组织参与投资，并在税收与土地使用等方面给予政策优惠。项目还吸引了民族院校、巴文化研究机构的专家学者参与建筑文化遗产的收集、整理和考证。2018 年，由华中科技大学科研团队编制完成的《中国土家泛博物馆（彭家寨）总体规划》，被成功送选威尼斯国际建筑双年展，与世界 84 个国家的经典建筑作品同台展出。

4. 存在的问题

一是统筹与协调不够，部门合作难度大。随着政府不断加大对彭家寨保护的资金投入，民宗、水利、发改以及乡镇政府等在申报项目时，都选择名气较大的彭家寨，以提高中标率。但项目资金争取到位后，各部门相互配合欠缺，"来话的不来钱，来钱的难来话"，很难

①　王纪芒、杨力苈：《土家族古村落的保护模式研究——以湖北省宣恩县彭家寨为例》，《湖北民族学院学报》（哲学社会科学版）2013 年第 6 期。

形成保护合力。比如，文物部门由于资金有限、人员不足，想管却又管不好；旅游部门资金充足，但对建筑保护材料的选取、工艺技术的改良等重视不够。部门之间存在重开发、轻保护的倾向，保护效果有待提升。

二是利益兼顾不够，村民参与度不高。特色村寨的旅游开发为村民带来生活便利的同时，也增加了利益冲突的风险。政府主导的开发项目必然会不同程度地影响村民的自建权益。旅游发展可能导致部分村民沦为"边缘群体"，只有少数农家乐经营户或参与民俗表演的村民有现金收入，而其他村民却获利不多。企业与开发商的介入通常以追求经济利益最大化为条件，为迎合现代旅游需要，他们可能对传统民居上的某些部件进行涂抹、改造，造成美感的流失和价值的损毁。彭家寨由于正在进行旅游开发，在屋顶上模仿苗寨的房子用石灰粉勾画了一道道白边，檐头还请湖南工匠加刻了龙头凤尾，使原本朴实无华而以形态优美见长的土家建筑多了些无谓的装饰，显得不伦不类。①

三是执法力度不够，保护机制不健全。目前，当地对彭家寨的保护仍停留在位阶较低的规范性文件上，离依法保护的要求差距较大。有的民居建筑的房屋所有人为满足生活需求，对房屋进行了改建；有的缺乏保护意识，变卖房屋构件。由于民居的所有人有使用处置权，管理部门无法有效控制，零星分散的古民居保护难度则更大。笔者在重庆市秀山县大寨村调研时了解到，该村党支部书记程明仙自1994年以来守护古民居24载，在她的执着坚守下，已有600余年历史的古建筑群得以完整保留。然而，她在交谈时也流露出对未来保护工作的忧虑。

---

① 赵奎、李保峰等：《土家族吊脚楼的建造特点——以鄂西彭家寨古建筑测绘为例》，《中华建筑》2007年第6期。

当被问到保护古民居有何"秘诀"时，她笑着说："哪有什么'秘诀'，挨家挨户上门做思想工作，动员大家遵守村规民约……新修房屋一律用木质材料、按规划进行，不得破坏村寨景观，不得破坏古桥、古井、古庙等古建筑，不得破坏树、竹、花木等自然植被。"看到不少老屋人去楼空、年久失修，她也有种无可奈何的感觉。"仅靠我们这一代人来保护是不够的，需要更多年轻人认识到老祖宗留下的东西不能毁了。现在的保护措施太'软'、太'散'，依法保护刻不容缓，要把特色村寨连结起来，串珠成链，建立完整的保护机制……我的年纪大了，将来谁来带头保护，这也是个问题。"她略显担忧地说。临别时，她表示："守护大寨村是我一辈子的责任，我一定会坚持做下去！"

（二）郑家榜村"景、村、民"共建①

1. 村情概况

郑家榜村位于湖北省宜昌市长阳县龙舟坪镇西部的沿头溪上游。村域面积41.2平方公里，耕地面积3735亩，林地面积2.1万亩，森林覆盖率89%。该村辖10个村民小组，共685户2266人，其中，土家族人口占总人口的50%。村内清江方山景区自2015年投入运营以来，累计接待游客20余万人次，旅游综合收入超过2000万元，上缴税费500多万元。郑家榜村通过采取"景、村、民"共建的方式，初步建成了集中投入、集中居住、集中管理的休闲旅游型特色村寨，先后被评为"湖北省新农村建设示范村""湖北省民族团结进步示范村""全国乡村旅游模范村"。

2. 建设的经验

所谓特色民居建设，是指在重点旅游景区，对没有民族特色的建

---

① 本案例整理自课题组赴湖北省宜昌市长阳县民宗局获得的调研资料。

筑采取"穿衣戴帽"的方式进行改造，使之与周围环境相协调，或者在实施农村危房改造、移民搬迁、村屯合并等项目时，引导群众新建具有民族特色的新民居。郑家榜村基于特色民居建设与旅游景区打造之间的联动关系，从规划共定、景村共营、利益共享三个方面推进村寨建设，取得了积极成效。

（1）规划共定

郑家榜村采取"一事一议"的方式对涉及景区建设的重大决策和公益性事务进行民主协商。在清江方山景区建设之初，为确保项目进度，该村通过"一事一议"实行先建后征，破解了项目征地难的问题，增强了投资者的信心，仅用了 20 个月就建成了 6300 米的亚洲最长悬空栈道。开发商在景区规划与市场营销方面具有优势，村集体在乡村协调管理方面具有优势，因此通过景、村共商实现优势互补。村"两委"与景区开发商多次协商讨论，充分征求党员干部、村民小组长和广大村民的意见，达成特色民居建设的共识，共同聘请相关专家编制了《郑家榜村乡村旅游与村庄建设规划》。2016 年，该村共改造、新建民居 27 栋，改增木立柱、悬挑走道、木挂落（吊花）、灰屋瓦面、花脊翘角等造型，使民居外观的立体感更强。

（2）景村共营

该村在景区开发中明确了政府、村集体、开发商、村民的职责分工。乡镇政府负责村庄道路、供水供电、通信网络、垃圾储运等基础设施建设，承担统筹协调、监督管理的职责；开发商负责清江方山景区规划设计及营销管理；郑家榜村依托景区组建村集体控股的龙兴旅游服务公司，承担村内和景区部分服务管理工作；村民负责景区建成后的旅游服务接待工作。同时，开发商与郑家榜村达成合作意向，对景区商铺的运营管理实行"三权分离"，即景区内的工商棚由开发商负责建设，所有权属于开发商；建成后，由景区出租给村民，村民作为租户享有经营权；租户的租金全部交给村委会，村委会拥有对经营户的准入、退出和培训的管理权。该村自从实行"村主管、景区开发商监管、商铺租户协管"的合作共管模式以来，取消乱摆摊点 40 多个，拆除乱搭乱建 25 处，景区经营环境得到了根本性好转。

（3）利益共享

在开发商和村委会的共同推动下，郑家榜村累计发展农家乐 52 家，农户年收入最高可达 20 余万元。仅龙兴旅游服务公司承办"年猪宴"活动，村集体经济收入每年就可增加 30 余万元。为帮助村民将具有地方特色的农产品转化为旅游商品，实现增收脱贫目标，村委会和景区管委会定期举办培训活动，使村民的旅游管理及营销技能不断改善和提高。通过景区安置就业一批、依托旅游服务产业链的延伸积极扶持一批、发展壮大村级集体经济吸纳一批，该村已有近 300 人获得旅游服务产业链上的就业岗位，收入水平稳步提升。2016 年，郑家榜村遭受特大暴雨山洪袭击，公路被冲毁，电力通讯设施中断，部分民房倒塌。面对灾情，该村投入资金 280 万元，维修硬化道路 15 公里、碎石路 20 公里，新建河堤及公路 1 公里，依托景区高标准打造异地搬迁点，将白墙瓦黛、翘檐转角、古色古香的 16 栋土家特色民居分配给贫困户，并通过新建养生谷民宿体验馆，安置特困村民 12 人。

3. 存在的问题

一是在景区周边村民住房建设及村容村貌的改造中，加入了过多的现代元素，使得特色不够鲜明，民居营造的同构化现象突出。这不仅表现在建筑的构造方式和外观形态上，还表现在旅游利益目标取向下的价值判断趋同，导致建筑内部功能实用性不强。二是新建民居以成排的"模数化"形式设计与建造，使村民由分散居住变为集中居住。这种居住格局的改变给村民带来了诸如居住成本上升、生活方式不习惯、利益冲突增多等社会适应问题。尽管政府希望旅游企业多安排村民就业，但因景区安置就业的能力有限，村民的生计重构仍然困难。三是在旅游开发初期，景、村、民三者关系较为融洽，但随着旅游开发的深入和经济效益的凸显，协调这些利益关系的难度将增大。政府、旅游企业、村集体、村民在利益博弈中的地位及诉求不同，特别是通过景区建设，在共同壮大集体经济之后，利益安排与资源分配可能存在一定的分歧，景区盈利与村民受益之间的平衡难以维持。

三、特色民居保护与建设的原则向度

（一）以整体规划为原则，科学制定方案，综合统筹管理，将特色民居保护与建设纳入各级乡村振兴战略

第一，摸清底数，科学论证，编制全面系统的规划方案。推进特色民居保护与建设，不仅需要完备的宏观规划体系作为指导，还亟须尽快制定详细的保护方案、改造方案、新民居建设方案和资金补助方案。第二，兼顾历史文化价值的延续与现代节能环保的新要求。在供水系统、污水处理系统、电力和燃气设施改建安装时，应尽量避开民居建筑的核心构件，减少对建筑风貌的破坏和影响。根据一定的服务半径设置公共卫生服务设施，有效改善特色民居周边的环境状况。第三，突出文化特色，避免"千村一面"。在规划设计的过程中，一方面要强调相同地域背景下形成的民居风格协调统一；另一方面要考虑不同村寨所处的地理位置、地形特点、气候环境以及历史文化的差异性，做到"一乡一色、一村一品"。第四，坚持保护与发展并重。通过考察民居建筑的质量、年代、风貌，制定具体的保护方案，将民居保护与旅游资源开发、特色产业发展融为一体，促进村寨可持续发

展。第五，重视民居保护与建设对乡村振兴的助推作用。要邀请生态环保、文物保护、民俗文化、建筑艺术、旅游管理等多个领域的专家共同参与，统筹编制"多规合一"的特色民居保护与建设规划体系。克服"无规划、乱规划、被规划""一个领导一个想法，一个部门一个做法""施工图无法施工"等问题，发扬钉钉子精神，坚持一届接着一届干、一张蓝图绘到底。

（二）以分类实施为原则，根据不同的民居建筑类型，采取差异化保护与建设措施，强化专项资金监管

要遵循"修旧如旧、以旧修旧、建新仿古、装修如初"的理念，保护传统的营造法式和建造技艺，保持特色村寨的建筑风格及其与自然相协调的整体风貌。对于传统民居的保护，应尽可能地保留原建筑的格局，通过对存在安全隐患的民居进行修葺加固，使之展现出原汁原味的魅力；对于普通民居的改造，应把重点放在民居整洁卫生的处理上，通过清杂去乱，让建筑干净、宜居。在条件允许的情况下，建议采取"穿衣戴帽"的方式增加其民族特色；对于新建民居的建设，应充分考虑少数民族的生产生活习惯，运用各种建造技术，将民族元素符号融入设计与装饰之中，在建筑风格上体现民族文化特点，在使用功能上达到节能保温、抗震安居、节约土地、经济美观、舒适环保的现代性要求。此外，在建设资金的使用方面，必须处理好"雪中送炭"与"锦上添花"之间的关系，纠正一些地方将特色民居改造、扶贫搬迁、危房改造、新农村建设等资金捆绑使用的做法①，实行专账管理、专款专用，做到资金安排

---

① 2012—2014 年，湖北省恩施州来凤县百福司镇申报 1415 户危房改造资金共计 1061.25 万元，其中 801 万元被挪用于特色民居改造。央视"焦点访谈"以《顾了"面子"、伤了"里子"》为题曝光了此事。参见陈俊：《来凤县挪用危房改造资金搞"面子工程"被曝光　当地连夜部署整改》，2018 年 5 月 29 日，见 http://www.cnr.cn/hubei/jmct/20180529/t20180529_ 524250277.shtml。

到项目、管理到项目、核算到项目，确保项目属性不变、资金用途不变、监督渠道不变。县级民族工作部门要会同当地财政部门做好项目的组织、论证、申报、审批和检查验收工作。在项目管理过程中，要建立公告、公示制度，实施绩效考核，将资金及项目信息及时录入"财政扶贫资金管理监测信息系统"，接受财政及主管部门的监督。

（三）以合作共建为原则，整合政府、市场和社会资源，完善多元投融资机制，形成特色民居保护与建设的合力

特色民居保护与建设是一项复杂的系统工程，其涉及面广、环节繁多、资金需求量大，要精准定位，明晰职责，合理分工，推动形成"以政府为主导、以市场为导向、以社会为补充、以村民为基础"的合作共建格局。一是要强化政府指导、统筹协调和经费支持，抓好总体规划、政策制定、舆论宣传、基本保障，抢救濒危遗存，提高防灾能力，完善公共服务配套设施。二是要发挥市场配置资源的优势，依托村寨周边景区以及其他经营场所，集聚人气，创造商机，拓宽资金来源渠道，探索"以商养建、以建促商"的良性循环机制。三是要鼓励和引导建筑协会、文物保护协会等社会组织、志愿者以及高等院校、科研机构的专家学者参与规划设计、文物保护和遗址修复，不断提升特色民居保护与建设的社会化、专业化水平。四是要激发村民主人翁意识，听取他们的合理化建议，充分调动各族群众参与改善居住条件、建设美好家园的积极性。五是要采取以奖代补、政府与社会资本合作（Public-Private-Partnership，PPP）等形式，撬动社会资本投入古民居旅游产业，通过古宅古居以房屋产权入股、村集体统一修缮经营、统一出租等多种途径，实现政府、旅游企业、村集体、村民等多元主体合作共赢。

第二节 少数民族非物质文化遗产保护与传承

一、少数民族非物质文化遗产保护的理论阐释

（一）文化生态理论的梳理与评价

1. 文化空间

文化空间，也称为文化场所（Culture Place），是联合国教科文组织在非物质文化遗产保护中使用的一个专有名词，主要用来指人类口头和非物质文化遗产代表作的形态和样式。文化空间是一个综合性的学术概念，其内涵随着研究的深入不断丰富，形成同心圆状的概念谱系（见图4-2）①。顾名思义，"空间"最早被视作单纯的几何或地理概念。法国哲学家亨利·列斐伏尔在《空间的生产》一书中分析了包括文化空间在内的各种空间类型，认为空间的概念已超越原有的范畴，成为与自然、社会、历史等诸多因素交织在一起的复合概念。在人类学的视野中，文化空间被确定为一个集中了民间和传统文化活动的地点，也可理解为一般以某一周期（季节、日程表等）或是以某一事件为特点的一段时间。这段时间和这一地点的存在，取决于按传统方式进行的文化活动本身的存在。

1998年，联合国教科文组织颁布的《人类口头和非物质遗产代表作条例》中，明确将人类口头和非物质文化遗产划分为两大类，一是各种"民间传统文化表现形式"，包括语言、文学、音乐、舞蹈、游戏、神话、礼仪、习惯、手工艺、建筑术及其他艺术、传统形

---

① 张世威：《基于文化空间理论的民族传统体育保护研究——来自土家摆手舞的田野释义与演证》，《北京体育大学学报》2015年第8期。

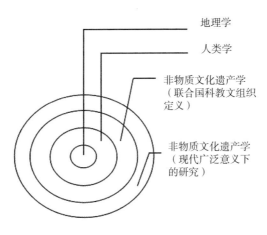

地理学

人类学

非物质文化遗产学
（联合国科教文组织
定义）

非物质文化遗产学
（现代广泛意义下
的研究）

图4-2　文化空间的概念演变

式的传播和信息。二是文化空间。在该条例中，"文化空间"已被明确定义为非物质文化遗产的重要形态之一。近年来，文化空间的概念被广泛应用于非遗研究。有的学者认为，文化空间是一种特殊类型的非物质文化遗产；有的学者将其理解为承载非物质文化遗产的空间；还有的学者主张，应利用空间形式来保护非物质文化遗产。可见，文化空间在现代非遗研究领域中被赋予了特殊的时空属性，并在实践的发展中构成了一种理论和方法范式。

如图4-3所示，从结构内容上看，文化空间是特定群体周期性地在特定时间、特定场所，按照特定制度举行集中体现该群体传统习俗、价值观、信仰、艺术的文化活动。文化空间的基本要素包括场所（空间）、时间、行为主体（参与者）、组织管理、行为叙事等，这些要素通过与传统民俗彼此融合和互衬，达到"你中有我，我中有你"的状态。因而也可以说，文化空间是以上各个因子共同烘托而成的一个"文化场域"①。在我国，一些地方的少数民族非物质文化遗产保

---

① 参见张晓萍、李鑫：《基于文化空间理论的非物质文化遗产保护与旅游化生存实践》，《学术探索》2016年第6期。

护工作也融入了文化空间的理念。例如，贵州省雷山县控拜村的苗族银饰锻制优秀传承人龙太阳，为了让非遗重返生活，他将自己的家作为活动场地，建立了银饰锻制技艺基地，现场展示压、錾、刻、搂等錾刻工艺，吸引了大量游客参观体验。[①]

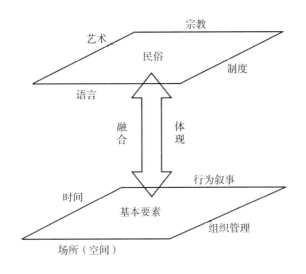

图 4-3　文化空间组成结构示意图

据统计，在 2001 年联合国教科文组织公布的第一批 19 个人类口头和非物质遗产代表作中有 5 个项目属于文化空间类。但迄今为止，我国国家级非遗名录中并没有单列文化空间类项目，也没有此类项目入选世界非物质文化遗产名录。究其原因，一方面是人们对文化空间的认识还不够深刻，将其等同于一般意义上的"文化场所"；另一方面，对如何认定和实施文化空间的保护存在着较大分歧。然而不可否认，文化空间是一种理念，更是一种文化类型，其概念是非遗保护的

---

① 肖远平、柴立等：《中国少数民族非物质文化遗产发展报告（2016）》，社会科学文献出版社 2016 年版，第 257 页。

一个具有启示性的指称。① 文化空间及其理论对我国非遗保护、传承及发展具有重要意义，也为保护少数民族非物质文化遗产提供了新的视角。

2. 生态博物馆

生态博物馆的概念最早是于 1971 年由法国博物馆学家弗朗索瓦·戴瓦兰和乔治·亨利·里维埃共同提出，它强调保护、保存、展示自然与文化遗产的真实性、完整性和原生态性，以及人与遗产的活态关系。这一概念被描述为"一个进化的定义"，即由公共权力机构和当地居民共同构想、共同修建、共同经营管理的一种综合性工具。生态博物馆既是当地居民了解自己的一面镜子，又是用来向参观者展示其风俗习惯的一面镜子。从保护与发展自然及人文遗存来看，它是一个资源保护中心；对于探究当地族群文化来说，它是一所实验室；在人类通过研究和保护工作推知未来时，它是一所学校；当人类置于其周围野生和原始的环境之中，并按照自身设想加以改造环境时，它是人类与自然的一种集中表现；在其所覆盖的范围内，各种各样的解释可以追回到人类出现以前，在这个意义上，它又是一张时间表。② 1981 年，法国政府发布了生态博物馆的权威定义，指出其是一个文化机构，这个机构会在特定土地上以一种永久的公众参与形式对自然与文化遗产进行整体性保护、陈列及展示其代表性的某个领域或生活方式。

1984 年，法国学者瑞伍·里瓦德采用图式分析法对生态博物馆的内容进行了阐述，认为生态博物馆是在特定的区域边界内，由居

① 向云驹：《论"文化空间"》，《中央民族大学学报》（哲学社会科学版）2008 年第 3 期。

② 参见［法］乔治·亨利·里维埃：《生态博物馆——一个进化的定义》，《中国博物馆》1995 年第 2 期。

民、风景、遗产、景点、自然环境、集体记忆、建筑物、观众、民族特性、文物、服饰、传统习俗等共同构成的社区单元。其中，他特别强调当地居民的集体记忆是所有保护活动的前提。生态博物馆不仅展示"藏品"，还关注社区或族群开展的保护工作。较之于传统博物馆，它是一个地域范围，而不是静态的建筑物；它以整体活态的保护为重点，而不以收集古籍、文物作为内容；它需要跨学科地研究文化遗产，而不是一般博物馆学所能涵盖的；它的主体观众是当地居民，而不仅仅是游客；它的管理主体是社区，而不是博物馆自身；它的主要目标不是简单的保护和教育，而是促进当地社区的持续发展。

1998 年 10 月 31 日，亚洲第一座生态博物馆——梭戛苗族生态博物馆①开馆。该生态博物馆成立后，由文物行政人员、文博专家、村民组成文化遗产调查组，以"箐苗记忆"为题开展田野调查和记录工作。通过对高兴村、陇戛寨、安柱寨等 7 个村寨的寨老、鬼师进行访谈，抢救性地保护了大量有关村寨历史、社会结构及宗教文化的资料。梭戛苗族社区作为一个完整的生态博物馆，记录和储存着社区内原生态的文化信息，并将录音记录下的口述史、珍贵的文献资料、具有特殊意义的实物、文化遗产登记清单等展示出来，供游客参观和学术研究。除梭戛苗族生态博物馆之外，我国还在广西、云南、内蒙古等地共建有 15 个生态博物馆，成功地保护了侗族、瑶族、壮族、京族、布朗族、蒙古族等民族村寨的传统文化。与周边没有进行生态博

---

① 梭戛苗族生态博物馆位于贵州省六盘水市六枝特区与织金县交界处的梭戛乡，梭戛乡下辖的 12 个相邻村寨中，居住着一支古老而神秘的苗族支系——"箐苗"，也称作"长角苗"。箐苗人过着部落式的生活，与外界绝少联系，至今仍保存和延续着一种以长角头饰为象征的传统习俗，尤其是妇女头上戴有形似长角的大木梳，角上绕有沉重的头发。相传，清初吴三桂平定水西宣慰使安坤时，部分依附安氏的苗民逃至织金、郎岱交界的密林中，逐渐形成了箐苗支系。为迷惑和恐吓野兽，箐苗人便戴上了这种奇特的头饰。梭戛乡的高兴村被国家民委命名为第二批"中国少数民族特色村寨"。

物馆实践的区域相比，生态博物馆有效地保护了少数民族特色村寨的文化和自然遗产。

3. 文化生态保护区

文化生态保护区是指在一个特定的区域内，通过整体性保护和修复口头传统表述、表演艺术、社会风俗、礼仪、节庆等非物质文化遗产，使之与文物、历史文化街区、特色村镇等物质文化遗产互相依存，与人们的生活生产紧密相联，与自然环境、经济环境、社会环境和谐共处的文化生态环境。

文化生态保护区的概念与文化生态学的发展密不可分。文化生态理论源于自然科学中的生态学。随着生态学研究的重点逐步从生物界过渡到人类自身，从主要考察自然生态系统过渡到考察人类生态系统，这种生态与文化的耦合促成了文化生态学的诞生。[1] 1955 年，美国人类学家斯图尔德（J. H. Steward）在区分"人文生态学"与"社会生态学"的基础上，提出了"文化生态学"的概念，阐明了不同地域环境下的文化特征及起源，回答了人类的文化方式如何适应环境等自然条件及其他人群的发展，最终实现人类适应自然与人文环境的目标。20 世纪后期，随着文化研究向多学科渗透，文化生态学融合了人类生态学、文化地理学、文化哲学、生态学、社会学、民族学等多学科理论，成为一个交叉性学科。文化生态学作为一种研究方法，它运用系统论原理将文化视为一个系统整体，指出这个系统整体的"文化生态系统"由各文化亚系统组成，并相互作用、相互影响。20 世纪 90 年代，文化生态理论传入中国，我国学者开始对这一领域关注并展开了相关探讨和实践。

2004 年 4 月，文化部、财政部联合发出《关于实施中国民族民

---

[1] 邓先瑞:《试论文化生态及其研究意义》,《华中师范大学学报》（人文社会科学版）2003 年第 1 期。

间文化保护工程的通知》，提出要在民族民间文化形态保存较完整并具有特殊价值、特色鲜明的民族聚集村落和特定区域，分级建立文化生态保护区。2006 年，我国正式提出要建立国家级文化生态保护实验区，即遵循联合国教科文组织颁布的《保护非物质文化遗产公约》，结合各地生态博物馆、民族民间文化生态保护区的实践探索，以保护非物质文化遗产为核心，对历史文化积淀丰厚、存续状态良好，具有重要价值和鲜明特色的文化形态进行整体性保护，并经文化部批准设立的文化生态保护区。

2007 年，中国首个国家级文化生态保护实验区——闽南文化生态保护实验区经批准设立，落户福建省泉州、漳州、厦门三地。该实验区保护的主要文化形态是闽南文化，其中包含了少数民族文化元素，特别是福建泉州的回族伊斯兰文化。目前，我国已正式批准设立的国家级文化生态保护实验区共计 21 处，各省区市根据当地实际也建立了地方文化生态保护区，如云南省在文化遗产丰富、自然生态良好、传统民居建筑保存完整、非遗传承人较多的 27 个村镇，设立了民族传统文化生态保护区；广西设立了刘三姐歌谣文化生态保护区、京族文化生态保护区、三江侗族文化生态保护区、贺州瑶族服饰文化生态保护区；等等。文化生态保护区的建立，标志着我国在非遗保护方面取得了实质性进展，也是在世界范围内对非物质文化遗产保护的创造性尝试。

（二）整体性治理理论的引入与契合

整体性治理是英国学者佩里·希克斯于 1997 年在《整体政府》一书中提出的旨在通过政府内部机构及跨部门整体性运作，将治理的横向部门结构与纵向层级结构联结起来的一种三维立体式治理模型。该模型的内涵包括三个维度：其一，纵向治理层级的整合。它泛指全球范围、洲际、国家间、地区间和地方府际间五个层级的整合。在这些层级中，可以通过网络技术和相应的数据保护协议来共同讨论日益增多的跨界议题。① 在同一个国家内部，纵向层级是指中央及地方各级政府之间的整合。其二，治理功能的整合。功能整合既可以发生在政府组织内部，也可以产生于彼此重合或者具有相似功能的治理主体之间，因而它不能简单界定为电子政府或电子政务，应当视其为有效传送公共服务的网络，或是一个融入了政府、市场和社会的互联、协作、高效运转的体制。这个体制的构建首先要识别出可能的合作伙伴，并将所有的利益相关者拉到系统分析的"桌面"，结合政府内部的服务运转状况，利用先进的现代信息技术建立网上沟通和协调渠道，设计出维护网络化的战略，以激活整个治理系统。其三，横向公私部门的整合。公共产品与服务有必要在公共部门、志愿者组织或私营部门等多元主体之间进行整合，以推动公私合作、互助和共治。②

　　整体性治理理论在解决碎片化问题方面具有独特的优势，它能够通过横向和纵向协调整合的理念及技术，帮助实现非物质文化遗产整体性保护这一公共治理目标。笔者引入整体性治理理论的核心观点，构建了少数民族非物质文化遗产立体式保护模型（见图4-4）。我国少数民族大多居住在西部边远地区，处于远离经济、社会、文化中心的相对封闭的状态，其非物质文化在固定地理空间内自然地传承。不同民族在特定的区域内形成了各具特色的生活方式、价值观念、风俗习惯和宗教信仰，他们在民俗艺术方面则表现出更为典型的区域性和民族性。文化地域与行政区划的非一致性，造成了非物质文化遗产保护的分散化和碎片化。目前，对少数民族非物质文化遗产的保护，通常是以村寨社区为单元，并对传承人个体进行单独保护，这种模式使跨区域共

---

① Patrick Dunleavy, Helen Margetts, Simon Bastow & Jane Tinkler, "New Public Management is D-eadLong Live Digital-era Governance", in *Journal of Public Administration Research and Theory*, 2006, (3).

② Perri 6, Diana Leat, Kimberly Seltzer & Gerry Stoker, *Towards Holistic Governance: The New Re-form Agenda*, New York: Palgrave, 2002, p.36.

有的非遗项目面临保护力量弱化的危机。少数民族特色村寨非物质文化遗产资源丰富，但因民族村寨呈离散性分布，同类非遗项目呈现出以村寨为单位的点状分布特征，尚未形成一体化的保护合力。有鉴于此，将少数民族非物质文化遗产保护纳入整体性治理的视域，以跨层级、跨功能、跨部门整合的方式来实现立体式保护就显得尤为必要。

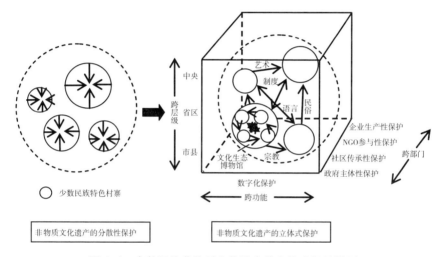

图4-4　少数民族非物质文化遗产的立体式保护模型

我国对少数民族非物质文化遗产的保护，通常是以民族村寨或"一乡""一县"等民族自治地方为单元，并对传承人个体进行单独保护，这就使跨区域共有的非遗项目面临保护力量分散弱化的境地。建立共同保护少数民族非物质文化遗产的体制机制，将中央、省区、市县、乡镇等各层级政府部门纳入协同行动的框架之中，是共建文化生态保护区、共治非遗文化保护碎片化问题、共享非遗保护所创造的经济社会价值的逻辑要求。作为一种理论设想的立体式保护模式，其明显优势是突破传统行政区域的阻隔，淡化保护空间界限，整合民族村寨、生态博物馆、生态保护区等资源，按照族群、项目和传承人的横向联系交互作用，促进少数民族非物质文化遗产整体性保护。

传统保护模式的症结之一在于文旅部门虽分管着非遗保护工作，但大量的信息却分散于其他相关部门。现代信息技术的迭代更新为非遗保护的功能性整合提供了契机，通过治理方式变革推动少数民族非遗保护模式创新，是整体性治理方法论的意蕴所在。以网络技术为支撑，推行数字化保护，构建以大数据为基础的少数民族非遗综合数据平台，能够使各个部门孤立的信息互联起来形成立体式保护的枢纽。在人工智能时代迫近的今天，对基于主体与客体、时间与空间、工具理性与价值理性高度契合的少数民族非物质文化遗产保护模式的探索，顺应了文化遗产数字化治理的大潮流。

少数民族非物质文化遗产资源丰富，但多民族历史的流变性和对行政资源的依赖性，以及非遗文化空间的离散性、保护项目布局上的点状特征，共同消解了多元主体协同保护的合力，因此以整体性视域观照少数民族非遗保护，实现主体性保护、传承性保护、参与性保护和生产性保护的融合极为必要。政府在非遗项目申报、资金投入、组织协调等方面有不可推卸的责任，并发挥核心作用；村寨社区作为少数民族文化传承发展的空间场域，承载着对各类文化遗产赖以生存的自然及人文环境进行原生态保护的使命；在非遗抢救性保护和创造性转化中，社会组织及个人的参与作用也不可忽视；企业无论是出于社会责任，还是着眼于自身战略，他们的加入无疑为少数民族非遗保护注入了活力，使文化遗产在生产生活中得以延续。

二、少数民族非物质文化遗产传承的个案演绎[①]

（一）村寨、清江与土家文化："都镇湾故事"的源起

都镇湾故事是流传于湖北省长阳县都镇湾镇及其周边地区的一种

---

① 本案例整理自课题组赴湖北省宜昌市长阳县文体新闻出版广电局获得的调研资料。

民间口头叙事作品的总称，其内容以神话传说、生活故事、鬼狐精怪故事为主，涵盖童话（幻想故事）、笑话、寓言等诸多文学门类。都镇湾故事数量庞大，讲述者众多，特色鲜明，其中仅十五溪村会讲故事的人就达 700 人之多，这当中能讲 50 个故事以上的有 200 多人，能讲 200 个故事以上的有 5 人，是当地民间文化的"富矿"。2008 年都镇湾故事经国务院批准，被列入第二批国家级非物质文化遗产名录。

都镇湾故事是以土家族村寨所构成的文化空间为载体，在特殊生产生活方式的影响下，经长年积累、充实和加工而形成的口头文化传统。长阳县位于鄂西武陵山区，崎岖不平的地形限制了农业机械化生产，长期以来村民们只能以家庭、村寨为单位采取协作互助的方式来完成农作物播种、田间管理与收割工作，尤其是人民公社时期，生产队在村寨之间经常开展流动性的集体劳作活动。在共同劳动的过程中，讲故事不仅活跃了气氛，还有助于提高田间劳作效率。由于冬季天气寒冷，大雪封山之后，当地村民习惯于边围坐火垅取暖边讲故事以消磨时光。久而久之，都镇湾故事作为一种娱乐方式融入了村民日常生产生活之中。

都镇湾故事流传的地域范围集中在清江流域。清江是长阳县境内最大的河流，发源于重庆市与湖北省利川市的交界处，在湖北省宜都市汇入长江，是长江在湖北境内的第二大支流。清江两岸生活着汉族、土家族、苗族等多个民族。据《后汉书》记载："巴郡南郡蛮，本有五姓：巴氏、樊氏、瞫氏、相氏、郑氏，皆出于武落钟离山。其山有赤黑二穴，巴氏之子生于赤穴，四姓之子皆生黑穴。"故而有学者推断，位于清江南岸都镇湾镇庄溪村所在的武落钟离山是中国土家族的发祥地。历史上的都镇湾镇水陆交通便利，早在清初就设有义渡。民国年间，长阳县与外界联系的驿道必经于此。① 因而，该地盐茶贸易频繁，各方商贾云集。有《竹枝词》为证："长流滩上州衙滩，州衙坪对都镇湾。骡马驼来长乐酒，扁担挑卖巫山盐。"正因如此，随着汉族、土家族、苗族等多元文化交汇融合，都镇湾故事也逐渐吸纳了大量的其他民族民间文学作品的内容和题材。

都镇湾故事植根于土家族传统文化土壤，不论是流传方式还是故事内容，其都带有鲜明的土家文化烙印。土家族婚丧嫁娶都要置办酒席，红事还要留客人在家过夜。如果没有多余的床铺供客人休息，漫漫长夜人们只有通过一起讲故事来度过。这种特殊的风俗习惯是都镇湾故事流传至今的另一重要原因。都镇湾故事的讲述者擅长将土家族文化融入创作之中，把山川、风俗、人物和历史编入故事。其中，最具神秘色彩的是"嫁匠故事"，即土家族的巫术故事。这类故事并不注重对巫术的描摹与解释，而侧重对生活事实的描写以及事件结果的陈述，从而制造出亦真亦幻的叙事美感。例如，都镇湾故事中多次提到的土家族原始图腾白虎（老巴子）。在其他民族的故事中，老虎多为凶恶残暴的形象，但在都镇湾故事中，它却被塑造成知恩图报、重情重义的化身，见《老巴子还情》②：

> 有个单身汉在山上弄柴，看见一个老巴子坐在那里，眼睛一哈鼓起，又不咬他。他对老巴子说："你如果是要吃我的你就吃，你如果有什么要我帮你的，你就点三下头。"老巴子点三下头，把一只脚伸过来，他看见老巴子脚上锥了一个柘刺，他帮老巴子把脚上的刺拔出来哒，老巴子走哒。过了三天，单身汉听见

---

① 参见长阳土家族自治县地方志编纂委员会：《长阳县志》，中国城市出版社1992年版，第235—237页。

② 张颖辉、覃庆华：《都镇湾故事》，崇文书局2014年版，第41页。

有人刨门，他开门一看，是那个老巴子给他拖了一只羊来哒。又过了三天，老巴子又给他拖一头猪来哒。又过了些时候，有人在刨门，他开门一看，这回老巴子给他拖了一个姑娘婆婆来哒。

（二）"三个融合"："都镇湾故事"的活态化传承

1. 景区融合

长阳县旅游资源丰富，国家5A级清江画廊景区、4A级清江方山景区、长阳卓尔文化旅游度假区都位于境内。该县通过实施"非遗进景区"战略，推动非遗项目化、活态化保护落地落实。2010年，湖北清江画廊旅游开发有限公司与长阳清江古城文化旅游有限公司联合举办了首届"中国巴人先祖廪君文化旅游节"。文化旅游节期间，内涵丰富的故事、炽热流畅的吹打乐、哭中有喜的哭嫁歌、散发泥土芳香的薅草锣鼓等被搬上景区舞台展示、展演，使非遗文化走进游客视野，推进了文化与旅游深度融合发展，成为景区旅游的新亮点。该县坚持政府搭台、群众唱戏，精心设计和组织"非遗传承展演艺术节""清江椪柑文化节""农民书画文化艺术节"等大型群众性节庆文化活动，将包括都镇湾故事在内的非遗项目融入其中，从而增强了非遗活态传承的覆盖面和影响力。

2. 基地融合

长阳县大力开展"传统文化进校园，民间艺人上讲台"主题活动，从全县非遗文化目录中筛选出适合学校教学的项目，通过学校自行申报认领、帮助学校开设日常非遗文化课堂、联系民间艺人传授、组建学校青少年艺术队等方式传承非遗文化。以都镇湾故事为例，该县聘请民间故事艺人定期做客故事讲堂，对有兴趣、有潜力的新一代故事传人进行培训，形成了非遗传承人代际培养机制。长阳县各中小学校积极开发"民间故事"课程，邀请非遗传承人担任兼职教师，并给予适当的补助及奖励。近年来，都镇湾故事不仅走进了校园，还在当地教育部门的推动下编入了教材。2012 年，由都镇湾小学与长阳县民族民间传统文化保护中心联合编印的民间故事校本教材《我们在故事中成长》，深受家长好评，社会反响强烈。

3. 村寨融合

长阳县在打造集生态农产品贸易区、农家乐吃住休闲区、土家文化展示区于一体的少数民族特色村寨的过程中，依托都镇湾故事、长阳南曲、土家族撒叶儿嗬、长阳花鼓子、薅草锣鼓、民间吹打乐、长阳山歌等 7 个文化生态保护区，将非遗保护与传承融入历史文化旅游区、红色文化旅游区、民族文化旅游区的建设中，实现了文化遗产保护与旅游可持续发展的良性互动。近年来，该县着眼于满足群众日益增长的精神文化需求，发挥文化对人的精神抚慰和凝聚作用，与时俱进地开展非遗保护和传承工作，使都镇湾故事这个民族文化瑰宝发扬光大。通过在村寨中广泛开展民间故事擂台赛、都镇湾故事大讲堂、庆祝农民丰收节等形式多样的活动，赋予都镇湾故事新的时代内涵，用透彻深入的宣讲、鲜活生动的解读、轻松活泼的表演，让村民受鼓舞、受教育，使党的路线方针政策深入人心、家喻户晓、落地生根。

三、从碎片化到整体性：少数民族非物质文化遗产保护与传承的模式创新

（一）碎片化模式的局限

目前，我国已通过建立文化生态保护区、生态博物馆等方式，在非物质文化遗产相对集中的地区实行了集中保护，但这种平面式、单向度的模式仍然难以解决非遗项目的分布与行政区划非一致性问题。

我国对非物质文化遗产采取了分级保护制度，一些有代表性的非遗项目因进入国家或地方保护名录而受到重点关照，但与其相关联的其他非物质文化遗产却因保护的缺失而逐渐消亡，造成对非遗的保护停留在保护一个个"文化碎片"或"文化孤岛"的层面上。① 跨行政区域的非物质文化遗产、同一民族分布在不同行政区域的非物质文化遗产，以及不同民族同类非物质文化遗产在条块分割的行政体制内被"肢解"，其保护与传承缺乏整体协同性。政府部门对非物质文化遗产的管理多以静态信息登记为主，缺乏数据的深度挖掘与共享利用，这也导致区域之间、部门之间非遗信息的碎片化。民族地区经济发展状况差异较大，生活在偏远村寨的非遗传承人收入微薄，有限的补贴很难起到激励作用，非遗传承面临"不愿教"与"不愿学"并存的两难困境。

（二）整体性模式的创新

1. 构建基于权责匹配、上下联动的跨层级保护体制

首先，要发挥各级政府的主导作用，针对不同级别的少数民族非遗代表作，确定相应的保护责任主体，实现责、权、利统一。按照联合国教科文组织和国际通行标准，重新审定非遗保护项目等级，明确权责对等的分级保护责任制度。综合考虑少数民族非遗项目的类型、数量、濒危程度、文化生态特征及民族地区发展状况，建立文化生态保护区与生态博物馆之间的协调沟通机制。其次，要通过细化跨层级保护方案，支持地方中小型非遗保护机构与各级政府部门联袂举办少数民族非遗文化博览会、手工技艺传习班、民俗旅游文化艺术节等，以点带面地构建起既有利于彰显民族地域文化特色，又有利于增进"美人之美""美美与共"的非遗保护共同体。最后，要

---

① 邓莹辉、谭志松：《原生态文化概念与非物质文化保护和传承的原则》，《云南民族大学学报》（哲学社会科学版）2010 年第 6 期。

以非物质文化形态完整保护为目标，克服体制性障碍和路径依赖，设立有效协调地方行政单位及不同职能部门的综合性、专业性非遗保护机构，构建无缝对接的政策体系，实质性地推动不同层级政府之间的合作保护。尝试对少数民族跨域非遗项目实行联合申报，避免申报单位的行政区隔化或在项目申报中的恶性竞争。[①] 另外，民族地区要以共建大型旅游景区为切入点，在两个或多个非遗项目开发存在差异地区消除原有的行政区划限制，建立非遗保护"飞地"，通过跨空间的行政管理和文化资源开发进行产业辐射，促进非遗项目共保、发展收益共享。

2. 构建基于智能化的跨功能信息共享服务平台

以人工智能为手段，变革文字、音频、图片等传统固态化非遗保护技术，将知识图谱、富媒体、用户画像等新技术应用在少数民族非遗资源的信息化存储及利用中，建立可供文本自动编辑、图像原型检索、机器视觉比对、工艺流程仿真的大数据库，并从多渠道输出非遗信息，从更深层次、更广领域推进活态传承，达到整体性保护的目的。以少数民族特色村寨的文化保护为依托，从海量微观数据中找出有关联和有价值的信息，建立完整的非遗数据体系、知识库和主体图，推动"智慧非遗"与"智慧村寨"的协同建设。[②] 同时要将具有巨大规模、快速流转等特征的非遗数据变成"活数据"。运用交叉推算、过程化信息集成和相关性模糊查询等方式对非遗项目进行真实再现，建立基于大数据清洗、加工、描述的非遗技艺在线沟通、人机互动、数字化复原等虚拟现实体验系统，为少数民族非遗文化传播、

---

① 柏贵喜：《"名录制度"与非物质文化遗产保护》，《贵州民族研究》2007年第4期。

② 参见曾芸：《新科技视角下的非物质文化遗产保护与利用研究》，《福建论坛》（人文社会科学版）2018年第6期。

展示与开发拓展空间。以促进信息互通共享为原则，将统筹各类非物质文化遗产资源作为重点，打造集非遗保护、传承、创新等功能于一体的智慧化综合决策咨询服务管理平台，为树立民族旅游文化品牌，以及开展非遗学术研究提供支撑。

3. 构建基于多元主体参与的跨部门协同共保格局

在健全自上而下非遗保护机构、强化地方区域性保护主体之间合作的同时，整合政府、市场和社会资源，打造多元主体协同保护少数民族非物质文化遗产的新格局。一方面，政府作为非遗保护体系中的"元治理"主体，通过一系列规则、制度、程序对各主体予以引导、协调与塑造，调动他们的积极性。完善少数民族非遗保护的政策及法律体系、重大专项资金分配体系、项目审核评估体系等宏观管理体制，并推动政府部门、文化机构、商业组织、专家学者、社区群众、非遗传承人、志愿者等合作共治。[1] 另一方面，不能为了保护而保护，应当将非遗推向市场，吸纳社会资本投资民族文化开发，以"文旅融合"带动非遗保护与创新发展。值得强调的是，必须唤起少数民族群众的文化认同和文化自觉，使其成为非物质文化遗产的活态传承者、积极保护者。发挥专家学者及科研院所的智库作用，为推动少数民族非遗保护政策的创新贡献力量。鼓励和吸引非遗保护协会等社团组织、专业人士、民间精英参与少数民族非遗保护。提高民族地区非遗传承人的补助标准，激发其自主性、本真性、整体性传承的内生动力，营造全社会关注非遗、保护传承非遗的氛围。

---

[1] 吴平：《区域非物质文化遗产多元保护主体合作共治研究——以黔东南为个案》，《贵州社会科学》2012 年第 12 期。

第三节　少数民族特色村寨公共
文化与乡风文明建设

一、少数民族特色村寨公共文化建设

（一）公共文化建设的困境审视

随着现代化进程加快，农民个体获得了更多的自由、权利和机会，但同时也在一定程度上淡化了对乡土文化的认同感与归属感，乡村社会处于"去公共化"状态。村庄传统权威衰落、公共参与不足、社会联系松散、农民之间合作减少等，使农村公共文化服务体系受到冲击，乡村社会的公共性趋于消解。① 少数民族特色村寨是整个乡村社会变迁的缩影。以族缘、地缘为纽带的民族乡村文化共同体正在瓦解，村寨文化建设的公益性不断减弱，而地方政府却重视能够带来经济效益的旅游文化资源开发项目，导致村寨公共文化发展的空间被挤占，因此公共文化生活日渐式微。

少数民族特色村寨公共文化建设主要存在以下问题：一是公共文化设施的覆盖面不广、可及性不足。受地理环境的影响，特色村寨大多由若干个相距较远的自然村合并而成，加之民族乡镇财力普遍拮据，村域文化设施的布局较为分散，远离中心村的村民难以共享公共文化服务。二是公共文化服务与村民的真实需求错位，无差别的文化服务供给很难满足少数民族群众的特殊需求。比如，有的村寨为发展旅游兴建了文化广场、长廊、雕塑等，尽管其体现了一定的民族特

---

① 吴理财：《农民公共文化生活的式微与重建》，《中国乡村发现》2006 年第 1 期。

色，但实用性并不强，特别是与当地少数民族群众的日常生产生活相脱节。三是乡村文化工作者的年龄普遍偏大，专业水平不高，其中大多数是兼职，既有村干部、大学生村官，也有退休干部、教师、普通村民，为数不多的文化骨干还经常被抽调到其他部门帮忙，有些村寨出现了因无人继承而导致优秀文化随老一辈传承人的离世而消逝的情况。笔者在调研时了解到目前特色村寨公共文化建设的状况如下：

　　湖北省恩施州建始县高坪镇的八角村是一个土家族特色村寨。2006年镇政府投入60多万元重建了该村的标志性建筑——八角楼，将其作为镇文化站的工作地。笔者来到八角楼时，正赶上村民排练闹灵舞①。据文化站站长唐芳介绍，领舞的老师名叫单长春。作为一位优秀的民间文化传承人，单老师曾在恩施土司城大型歌舞表演剧中成功扮演土司王爷。他放弃了优厚的待遇返回村里担任文化站歌舞培训指导教师。当被问及返乡原因时，单老师不好意思地说："家里孩子不争气，老人又需要照顾，我还是选择回来工作吧。我也愿意为这里的文化事业尽绵薄之力，至于报酬，我不太计较。"接着，唐站长叫来了文化志愿者尹晓华。"站里人手不够，总共才三四杆'枪'，晓华对我们的帮助很大。"唐站长笑着说。提及编制问题，尹晓华说："七站八所改革后，文化站早就没编制了。如果县城的单位有编制，我想考过去。"唐站长感叹："政府对文化建设很重视，文化场馆、音响设备都配齐了，但留不住人才是困扰我们的一大难题。"

---

　　① 闹灵舞，也称"撒叶儿嗬"，是一种土家族传统祭祀歌舞。土家族认为人的生死犹如四季变化，是自然而然的。享尽天年的老人辞世是顺应自然规律的事情。乡亲们聚在孝家堂屋里的亡者灵柩前，男人载歌载舞，女人们穿着鲜亮服装围观助兴，这种活动往往通宵达旦地举行。土家族就是用这样绝妙的歌腔舞态表达自己旷达的生死观。参见刘守华：《山野奇花的旷世魅力——"撒叶儿嗬"简论》，《民俗研究》2014年第1期。

2009 年 6 月，国务院召开全国少数民族文化工作会议，出台了《国务院关于进一步繁荣发展少数民族文化事业的若干意见》，对少数民族文化工作作出部署。2015 年 1 月，中共中央办公厅、国务院办公厅印发《关于加快构建现代公共文化服务体系的意见》，要求通过加大财税支持力度，建立健全公共文化财政保障机制。到 2020 年，基本建成覆盖城乡、便捷高效、保基本、促公平的现代公共文化服务体系。同年 10 月，党的十八届五中全会提出，要推动基本公共文化服务标准化、均等化发展。2017 年 3 月颁布实施的《中华人民共和国公共文化服务保障法》第 35 条规定，国家要加强民族语言文字文化产品的供给，加强优秀公共文化产品的民族语言文字译制和在民族地区的传播，鼓励和扶助民族文化产品的创作生产，支持开展具有民族特色的群众性文化体育活动。党的十九大报告提出，要完善公共文化服务体系，深入实施文化惠民工程，丰富群众性文化活动。这一系列政策措施的出台，为少数民族特色村寨公共文化建设指明了方向。

（二）公共文化建设的实践探索——以三合村为例[①]

内蒙古自治区乌兰浩特市乌兰哈达镇三合村是国家民委命名的第二批"中国少数民族特色村寨"。该村距兴安盟行政公署乌兰浩特市约 10 公里，辖中心屯、北三合屯、南三合屯 3 个自然屯，共 522 户 1483 人，少数民族人口 1259 人，其中朝鲜族人口占总人口的 62%。近年来，三合村注重民族文化的保护和挖掘，从设施建设、活动开展和人才培养三个方面有效提升了公共文化服务的水平与质量。

（1）以保护民俗文化为重点，整村推进公共文化设施建设。早在 20 世纪 80 年代，三合村就建有老年活动室，并配备了文化、娱乐、健身等设施。每到农闲时节，村里的老人们齐聚一堂，一起唱歌

---

① 本案例整理自课题组赴内蒙古自治区兴安盟乌兰浩特市乌兰哈达镇三合村获得的调研资料。

跳舞、看书拉胡琴、学做特色菜肴，各族村民在联谊活动中增进了的
感情。2014年，该村依托"十个全覆盖"工程（危房改造工程、安
全饮水工程、街巷硬化工程、电力村村通和农网改造工程、村村通广
播电视和通讯工程、校舍建设及安全改造工程、标准化卫生室建设工
程、文化室建设工程、便民连锁超市工程、农村牧区常住人口养老医
疗低保等社会保障工程），共改造危房23户，硬化街道7.2公里，安
装路灯112盏，衬砌路边水渠700米，新建村级文化室150平方米、
便民连锁超市4家，实现了村内基础设施提档升级。同年，三合村筹
资300多万元，对53户民居屋顶、外墙进行装修，建成了"屋顶坡
度缓和、中间平行如舟、两头翘立如飞鹤"的朝鲜族特色民居。
2015年，三合村又投资500多万元修建了朝鲜族民俗馆、金达莱民
俗广场、民俗文化长廊、民俗演艺厅等配套设施，为村民开展文化活
动提供了便利，为弘扬民族文化搭建了平台。

（2）常态化开展民族文化活动，构建动静结合的文化保护模式。
自古以来，朝鲜族把尊重老人看成家庭乃至整个社会生活中极为重要
的礼节。在日常生活中，他们对老人关怀备至。一到节日，先向家里
的长辈依次恭喜问安，接着还要到村里的长辈家恭喜问安。朝鲜族把
60周岁看成是人生道路上的分水岭，因而民间有60岁的花甲宴，70
岁的古稀宴，还有结婚60周年的"回婚礼"，这些都是他们特别讲
究的活动。从1983年起，三合村每年举办规模宏大且具有民族特色
的"老人节"① 活动。每年的老人节，全村人身着盛装参与祝寿大
会，表达对老人们的尊敬和感恩，开展才艺表演、歌舞大赛、美食鉴
赏等丰富多彩的文化活动。朝鲜族也是一个有着悠久农耕文明的少数
民族，三合村因盛产东北大米而闻名，素有"兴安盟粮仓"的美誉。

---

① 据三合村村史记载，1982年8月20日，胡耀邦同志到该村视察指导工作，为纪
念这个特殊的日子，村民将每年的这一天定为全村的"老人节"。

随着乡村振兴战略的实施，该村大力推动文旅农融合发展，打造独具特色的民俗风情体验园，定期举办"乡村旅游文化节""稻田捕鱼节""大米丰收节"，吸引大量游客参加活动，实现了"乐民、富民"的文化建设目标。三合村还整理了近百年的村史档案，收集了老照片50余张、抗战纪念品60余件，汇编了经典故事10余篇，通过修建村史馆将这些珍贵的资料以静态的形式呈现出来，教育村民勿忘历史、振兴中华。

（3）加强文化人才队伍建设，促进公共文化资源共建共享。随着时代的发展，少数民族传统文化面临着传承危机，所以要及时开展抢救工作，保护宝贵的民族文化遗产。为此，三合村采取切实可行的措施，让老艺人特别是有绝技的艺人，抛弃固有的成见，开门授艺，广收门徒，使优秀民间艺术拥有更多的传承者。着力加强对文化人才的培养，发挥各级非遗传承人的"传、帮、带"作用，如艺校培养、师带徒传承、培训再教育等，建设一支能够担当民族文化传承和保护重任的中青年人才队伍。采取"一事一议"、筹资投劳等方式，鼓励村民参与村级文化设施共建，形成政府与村民共同决策的模式。在摸清各村屯文化设施现状的基础上，根据人口发展和分布，按照均衡配置、规模适当、经济实用、节能环保等要求，合理布局公共文化设施，把村级综合文化服务中心建在群众最需要、最便利和最能发挥作用的地方。同时，还发动村民自己动手制作朝鲜族、蒙古族、满族等少数民族服装道具和马头琴、八角鼓、长鼓、唢呐等民族传统乐器，并免费借给周边村民开展文化活动，实现村际公共文化服务资源充分共享。

（三）公共文化建设的对策分析

其一，将民族文化元素融入公共文化建设中，彰显少数民族特色村寨的文化魅力。要发掘未被开发和破坏的文化遗产，恢复民族历史遗址、传统建筑，使这些独特的文化资源嵌入公共文化建设的各个环节，再现村寨悠久历史与文化底蕴，提升特色村寨的知名度。要因村制宜，科学规划，制定体现民族文化特色的公共文化设施建设方案，改变"千村一面"的建设模式。要结合少数民族的生产生活习惯、民俗文化和宗教信仰，实施广播电视村村通、文化信息资源共享、农村电影放映、农家书屋、文化活动室、乡村体育健身等文化惠民工程，加强集中体现民族特色和地方特色的标志性公共建筑，如寨门、戏台、鼓楼、风雨桥、凉亭、民俗馆、文化广场、文化长廊等的建设，为村民提供公共文化活动空间。要以文旅融合为切入点，打造民族文化旅游目的地，促进公共文化事业与乡村旅游产业协同发展，解决特色村寨文化和旅游发展"两张皮"的问题。

其二，以文化旅游市场为导向，拓宽公共文化建设的投融资渠道。要发挥政府的主导作用，以投资补助、以奖代补、贷款贴息、资金注资等多种形式设立特色村寨文化旅游产业发展专项资金，支持重大项目建设，促进文旅产业加快发展。按照有标准、有网络、有内容、有人才的要求，重点发挥县级文化机构的辐射作用，推进综合性文化服务中心建设，实现公共文化服务体系对县域特色村寨的全覆盖。要加强村寨文化旅游规范化管理，全方位整合文化旅游市场资源，吸引闲散流动资金，鼓励村集体投资中小型文化设施建设。支持各类企业通过政府和社会资本的合作模式投资、建设、运营文化旅游项目，引导符合条件的文旅企业通过发行企业债券、公司债券和挂牌上市等渠道扩大融资。对于旅游热点村寨，应在公共文化设施的建设运营中考虑旅游产业发展的需要，将旅游文化服务纳入公共文化服务体系。要引导企事业单位、社会团体和个人投资兴办公共文化事业或捐助公益性文化事业，逐步建立健全特色村寨文化建设的社会筹资机制。

其三，搭建群众性文化活动平台，激发村民参与公共文化建设的积极性、主动性和创造性。要以文化需求为"第一信号"，通过"政府搭台、民间社团巡演、群众唱戏"的形式，由县乡政府提供必要的奖补资金，将以往相对单一、小型的文化活动升级为综合性的"大舞台"，吸引社会力量和村民广泛参与，使公共文化服务提质增效。要盘活民族文化资源，增强乡村旅游的文化特色和吸引力，支持村民自办文化活动，如开展对歌、跳民族舞蹈、举办节日庆典等，丰富村民的业余文化生活。帮助村民创办具有地域与民族特色的文化团体，精心塑造扎根乡村、服务基层的民族文化活动载体和文化样式，引导村民在公共文化建设中实现自我表现、自我教育、自我服务。要支持"三农"题材的文艺创作，鼓励文化工作者深入偏远特色村寨，对民族艺术、医药、服饰及民俗等进行调查与研究，加大对文化遗产的搜集、整理和创作力度，不断推出反映民族地区农村生产生活尤其是乡村振兴实践的优秀文艺作品，全面展示新时代少数民族群众的精神面貌。

其四，汇聚乡土文化人才，开展文化结对帮扶，引导社会各界人士投身特色村寨文化建设。要对参与村寨文化建设的广大干部群众，进行职业道德、综合素质、旅游服务、言行仪表等多方面的培训指导，培养造就一支政治强、职业化、素质高、业务精的乡土文化人才队伍。发挥优秀民族民间艺人生在农村、长在农村、艺术养分源自农村的优势，鼓励他们对文化新人传、帮、带。按照"请进来、走出去"的原则，引进其他地区优秀文化艺人，创新文化发展模式，提高民族地区农村公共文化服务水平。[1] 要依托县图书馆、文化馆以及乡、村两级文化站点，开展"结对子、种文化"的文化结对帮扶活

---

① 参见孙万心：《推进恩施州少数民族特色村寨建设取得新进展》，《中国民族报》2018年1月5日。

动，增强基层文艺骨干组织文化活动的能力，为少数民族特色村寨打造一支"不走"的文化队伍，助推群众文化活动蓬勃开展。要吸引社会力量参与民族地区文化扶贫与文化振兴，在全社会营建文化志愿服务的良好氛围，推动公共文化服务体系向特色村寨延伸，实现文化惠民、文化利民、文化乐民。

二、少数民族特色村寨乡风文明建设

（一）乡风文明建设的反思与超越

少数民族特色村寨大多远离区域中心，村民与外界接触较少，他们保持独立的社交圈子，注重人情往来，面子观念重。文化的封闭性决定了特色村寨在承载古老文明的同时也沉积了一些陈规陋习，如早婚早育、迷信鬼神、大操大办、薄养厚葬等。随着村寨旅游经济的发展，功利性价值观入侵，少数民族传统文化时常沦为商家揽客敛财的噱头，表现的大多是乡村文化的表象而非实质，有的甚至失去了民族文化特质。不少地方为迎合游客的猎奇心理还制造了一些"伪民俗"，比如，大理的"五朵金花"通过与游客合影来收取小费；西双版纳的橄榄坝"泼水节"每天例行公演；风味餐馆、茶室也是外来商家按照自己的理解及市场需要开设的，空有外形而缺乏内涵。① 这不仅造成了民族文化异化，也使得原本淳朴的民风发生改变，出现了拜金主义、享乐主义等不良倾向。

2017 年 5 月，中共中央办公厅、国务院办公厅印发《国家"十三五"时期文化发展改革规划纲要》，提出到"十三五"末，全国县级及以上文明村和乡镇要占比达到 50% 以上。党的十九大提出，要

---

① 参见林庆、李旭：《城市化背景下少数民族乡村文化的保护——以云南为例》，云南人民出版社 2015 年版，第 165—167 页。

实施乡村振兴战略，并将乡风文明建设作为乡村振兴的一个重要指标。2018 年 3 月，习近平总书记强调，要推动乡村文化振兴，加强农村思想道德建设和公共文化建设，以社会主义核心价值观为引领，深入挖掘优秀传统农耕文化蕴含的思想观念、人文精神、道德规范，培育挖掘乡土文化人才，弘扬主旋律和社会正气，培育文明乡风、良好家风、淳朴民风，改善农民精神风貌，提高乡村社会文明程度，焕发乡村文明新气象。党的十八大以来，我国民族地区不断加强对文明村镇创建的统筹规划与制度设计，加大组织动员力度、政策支持力度、财政投入力度。坚持以培育和践行社会主义核心价值观为主线、以文明村寨创建为平台、以"乡风民风美起来、人居环境美起来、文化生活美起来"为目标，推动少数民族特色村寨从"一处美"向"一片美"、从"环境美"向"生活美"、从"外在美"向"内涵美"转变，乡风文明建设开创了新局面。

（二）"破""立"并举：红万、龙潭两村乡风文明建设的实证

1. 红万村：破除旧俗，树立新风①

红万村位于云南省红河哈尼族彝族自治州弥勒县西一镇东部，距镇政府约 8 公里，是隶属于起飞村的一个自然村。该村共 264 户 1219 人，其中大多数为彝族支系阿细人。阿细人得名于彝族的英雄人物"阿细"，其历史相当久远，他们普遍信仰毕摩文化，有口传史诗《阿细先基》流传于世。阿细人的宗教信仰可分为原始宗教、天主教和佛教三种，但大部分人笃信原始宗教，相信万物有灵，崇拜祖先和大自然。红万村保留着本民族古朴的生活方式、传统的民族文化，被国家民委命名为首批"中国少数民族特色村寨"。

受历史传统、宗教文化等因素影响，红万村过去一直有红白事大

---

① 本案例整理自课题组赴云南省红河哈尼族彝族自治州弥勒县西一镇红万村获得的调研资料。

操大办、人情攀比、迷信鬼神等旧俗陋习。阿细人认为死亡与出生要一样风光体面，因而延续了厚葬老人的习俗，导致村民之间相互攀比，礼金越随越多，铺张浪费现象较为严重。① 2017 年以来，该村严格落实《西一镇"移风易俗树新风、脱贫致富奔小康"实施方案》的要求，大力实施"破旧俗、树新风"移风易俗专项行动，乡风文明建设取得了明显成效。

一是深入开展"提倡勤俭节约、反对大操大办；提倡勤劳致富、反对好吃懒做；提倡健康生活、反对酗酒赌博；提倡自力更生、反对等靠要；提倡整洁卫生、反对脏乱差；提倡文明新风、反对封建迷信；提倡孝老敬老、反对薄养厚葬"的"七提倡七反对"活动，使村民的思想观念发生变化，逐渐抛弃陈旧的生活方式，各种陋习得到有效遏制，乡风民风有了根本性好转。二是充分发挥优秀党员干部、先进典型在乡风文明建设中的引领作用，通过开展"文明家庭""传承新风带头人""遵规守纪带头人"等评选活动，为村民树立身边楷模，弘扬了文明新风。三是贯彻落实云南省文明办、省民政厅《关于大力弘扬文明殡葬新风尚的通知》要求，修订了村规民约，通过建立村民议事会和红白理事会，引导村民自觉抵制讲排场、比阔气、大操大办等不良习气。

如今，在村干部的教育引导下，村民办红白事时，都会自觉地向村小组报备，经村民协商、红白理事会讨论后，由村小组指导操办，红万村逐渐形成崇尚简朴、重在纪念、继承遗志、寄托哀思的文明殡葬新风。乡风文明建设，"破旧"是关键。该村立足特色村寨实际，将"硬法"与"软法"有机结合，探索出了一条少数民族特色村寨

---

① 笔者在该村调研时了解到，当老人去世后，子女们会杀猪宰羊、大摆宴席，以此追思逝者。宾客们也会送来鸡羊、钱币、白酒、粮食等各种随礼。在入葬当天，丧户还会搭建灵棚、吹奏鼓乐，在村寨内道路两旁撒纸钱，焚烧纸扎冥币，大肆燃放烟花爆竹。

乡风文明建设的新路子，全面激发了乡风文明涵养的内生动力。

2. 龙潭村：再造乡贤群体，滋养淳美乡风

龙潭村又称丹砂古寨，别名为"火炭垭"，由前寨、中寨、后寨和茶地4个自然村寨组成，是一个仡佬族世居村。该村位于贵州省遵义市务川仡佬族苗族自治县大坪镇，距县城约12公里。据史籍记载，仡佬族的先民"濮人"早在殷周时期就在此开荒辟草，男子以烧炼丹砂为业，女子善于耕作和纺织，形成了独特的丹砂文化，积淀了仡佬族聚落发展的历史文化精华，素有"黔北历史看务川、务川历史看大坪、仡佬族历史看龙潭"的说法。2014年，该村被国家民委命名为首批"中国少数民族特色村寨"。

近年来，龙潭村通过激活传统乡贤文化资源，发挥新乡贤的示范引领作用，在乡风文明建设方面取得了积极进展。一是采取"稳定专职，发展兼职，壮大业余，鼓励义务"的方式，从成长于乡土、奉献于乡里的离退休干部、教师、返乡创业就业人员、文艺积极分子中寻找有威望、干实事的新乡贤，整合了一支"政治强、业务精、作风正"的精神文明建设工作队伍。[1] 二是培育发展各类乡贤组织，吸引乡贤回归故里、反哺家乡，使不同领域的乡贤在服务村寨公共事务决策、村民创业致富、矛盾纠纷调解、乡风文明督导和慈善公益等方面发挥了重要作用。三是发动文史专家搜集整理乡贤史料，延续乡贤文化脉络，依托申祐公祠、九天迴廊等宣传阵地，教育村民尊重先贤、孝敬长辈、讲求诚信、积仁累德，实现了"涵育重德家风、培树崇文学风、引导清明政风、淳化质朴民风"的目标。

乡贤文化是根植于中国传统乡村社会的一种文化现象，新乡贤是榜样性的社会群体，构建新乡贤文化是乡村文化建设固本培元的根本之策。

---

① 赵雪菱：《务川加强乡村精神文明建设 全力推进乡风文明》，2018年9月12日，见 http://www.zunyi.gov.cn/sy/qxdt/201809/t20180912_774925.html。

涵养文明乡风，"立新"是重点。树立文明新风尚，是推动社会主义核心价值观在民族乡村落地生根的必然要求，是少数民族特色村寨乡风文明建设的有效途径。龙潭村再造乡贤群体，以新乡贤文化助力乡村振兴，让文明乡风像一股清泉滋润村民心田，使村寨乡风民风美起来。

（三）以"三个结合"推动乡风文明建设

第一，将民族文化教育与思想道德建设相结合。少数民族特色村寨在历史演变中形成了独具特色的民族传统文化体系，思想道德规范是其核心内容，有鲜明的民族性、地域性和伦理性。因此，推动特色村寨乡风文明建设，要从少数民族文化中汲取优秀道德养分，以社会主义核心价值观为引领，采取村民喜闻乐见的方式，深化中国特色社会主义和中国梦的宣传教育，大力弘扬民族精神和时代精神。实施道德建设工程，推进社会公德、职业道德、家庭美德、个人品德建设，提高村民在旅游开发、文化传承、基础设施建设等方面的社会责任意识、规则意识、集体意识和主人翁意识。此外，要加强道德载体建设，推动民族优秀传统文化进村寨、进农户、进群众生活。组织开展"道德讲堂""和谐家风润万家"等活动，议家风、立家训、传家礼、评家庭，培育家庭美德、家庭文化，弘扬了家庭和睦、尊老爱幼、科学教子、勤俭持家、邻里互助的良好家庭新风尚。

第二，将"硬约束"与"软约束"相结合。法以诛恶，德以劝善。法是硬约束，是最基本的道德；道德是软约束，是人们内心的法，二者功能互补、相辅相成。为此，少数民族特色村寨乡风文明建设，既要发挥硬法的基础性、框架性调整功能，也要发挥软法的延伸性、辅助性规范作用，将单一的硬法之治转向软硬并举的混合法治理。一方面，要强化法治宣传教育，把有法可依、执法必严、违法必究贯穿于村寨法治化治理的全过程；另一方面，要对特色村寨的文化历史、家风家训、族规祖训进行系统整理，将社会主义核心价值观融入看得见、听得懂的"土规定""土口号"中，形成能明白、愿遵守的风尚、礼节和习俗。广泛征集村民的意见和建议，制定出具有适用性和可操作性的村规民约，让村民真正知道干什么、怎么干，什么应该干、什么不应该干，要让村规民约成为民族习惯法的传承遗留，发挥其在化解矛盾纠纷、加强民族团结、促进村寨和谐等方面的积极作用。

第三，将移风易俗与树立文明新风相结合。我国少数民族特色村寨大多位于老、边、穷叠加的贫困地区，受自然条件、经济发展特点、民族构成状况等因素影响，其社会形态跨度大、历史欠账多、社会发育程度低，不论这些村寨贫困的原因有多少种，精神贫困始终是最关键的问题。[①] 没有移不走的"穷山"，但唯有精神扶贫才能彻底斩断"穷根"。深入推进移风易俗，发挥文化扶志的励志作用，既是民族地区打赢精准脱贫攻坚战的内在要求，也是乡村文化振兴的重要前提。要在村寨中加强无神论宣传和科普教育，抵制封建迷信活动，提高村民科学文化素养。通过成立由党员干部、族长寨老、村民代表共同组成的"红白理事会"，规范和引导村民婚丧嫁娶行为，特别是要深化殡葬改革，遏制大操大办、薄养厚葬、人情攀比等陈规陋习。同时，要大力开展文明村寨、星级文明户、文明家庭等群众性精神文明创建活动，丰富村民的精神文化生活。充分发挥村寨能人的引领作用，寻找村寨道德模范、"身边好人"和新乡贤，以榜样教育村民、影响村民，构建以村民为主体、农户为场域、乡贤组织与村寨社区为依托的联动机制，真正地从特色村寨内部推动公序良俗的形成，塑造新时代文明乡风。[②]

---

① 何玉梅、代维：《民族地区精准扶贫与基层治理调查研究——以凉山彝区 S 县移风易俗为例》，《边疆经济与文化》2018 年第 3 期。

② 参见林美辰、钟杭娣等：《乡贤组织：转型期文明乡风塑造的有效载体》，《长春理工大学学报》（社会科学版）2017 年第 2 期。

第五章　少数民族特色村寨治理现代化的逻辑与进路

　　乡村振兴，治理有效是基础。必须把夯实基层基础作为固本之策，建立健全党委领导、政府负责、社会协同、公众参与、法治保障的现代乡村社会治理体制。坚持自治、法治、德治相结合，确保乡村社会充满活力、和谐有序。乡村振兴战略的实施对少数民族特色村寨建设提出了新要求、赋予了新内涵。在国家治理体系和治理能力现代化目标导向下，推进少数民族特色村寨治理现代化，要立足于由传统向现代转型的时代背景，挖掘少数民族传统乡村治理资源，将特色村寨的特殊性与乡村治理的普遍性有机结合，在传承民族文化和延续社会机理的过程中创新村寨治理模式。

第一节　少数民族特色村寨治理的理论溯源

一、乡村治理的概念与目标

（一）乡村治理的涵义

正如美国著名学者罗西瑙（James N. Rosenau）所指出的那样，

治理是一种在共同目标引导下所从事的标准化管理，这种工作即使没有得到正式授权，也仍然能保持有效运转。治理需要一定的权威参与其中，但这个权威已不再局限于政府部门，其他社会自治或中介组织、志愿者团体都有资格成为其主体。因此，多元化管理也被认为是治理理论发展的趋势以及"治理"与"统治"在概念上的"分水岭"。乡村治理理论的诞生既得益于西方治理理论的兴起，更得益于我国在乡村建设领域所积累的丰富实践，它是治理理论与中国实际相结合、用以解决中国乡村现实问题的尝试，[①] 其目标是通过解决乡村面临的问题来促进乡村的发展与稳定。[②]

（二）乡村治理的目标

1. 自治：乡村治理现代化的基础

几十年来，村民自治已成为实现、维护和发展我国广大农民根本利益的重要保障。随着人口流动的加快和利益多元化、阶层深度分化的加剧，农村面临深刻变化的社会转型，村民自治出现了主体缺失、资源匮乏、结构不合理、外部力量频繁介入的新情况新问题。这就要求进一步完善、深化、拓展村民自治。其中，完善村民自治，必须加强基层党组织建设，提高村"两委"班子的素质和能力，对乡村基层干部实行规范化管理，在选拔任用、教育培训、监督管理等方面形成合力，变传统的威望型领导为"好人+能人"的民主型领导，使之能更好地带领村民实现自我管理、自我教育、自我服务。深化村民自治，亟须挖掘新型乡村治理主体资源，调动能人大户、返乡人员、留守农民等农村精英参与公共事务治理的积极性，鼓励和吸引社会各界人士投身乡村建设，形成多元主体合作共治的格局。完善和拓展村民

---

① 李莉、卢福营：《当代中国的乡村治理变迁》，《人民论坛》2010 年第 17 期。

② 参见樊雅强、陈洪生：《社会主义新农村建设中的乡村治理理论与实践》，《江西社会科学》2007 年第 3 期。

自治，需要创新协商民主形式，将土地制度、集体产权制度、农垦制度等农村重点领域改革和精准扶贫等议题嵌入村民自治的全过程，强化利益联结与合作意识，提高村民的参与度和认同感，在共建共治共享中不断丰富村民自治的内涵。

2. 法治：乡村治理现代化的保障

随着全面依法治国战略的实施，我国的乡村治理法治化进程逐步加快，农民法律意识明显增强，基层干部依法办事、依法管理的能力持续提升。然而，由于农村法治基础薄弱，仍然难以满足农业农村现代化的需要，与科学立法、严格执法、公正司法、全民守法的目标尚存较大差距。弥补农村法治短板，要围绕新时代"三农"工作重点和农村改革发展实际，加快制定农村电商、乡村旅游、农村生态环保等法律法规，把行之有效的政策制度化、法制化。要及时修订农村集体产权法律制度，依法保障以土地为核心的农民财产权，巩固和完善农村基本经营制度。要建立健全农村执法监督体制机制，通过实施村务公开、绩效管理和民主评议，实现乡村治理的决策权、执行权、监督权的有效制衡。要强化农村执法队伍建设，加大对农产品安全、国土资源管理、生态治理等领域的执法力度，对精准扶贫中的腐败现象实行"零容忍"，依法查处侵犯农民利益的"微腐败"，为农业发展、农村和谐、农民致富保驾护航。要充分利用手机短信、网络、微信等载体，创新普法教育方式方法，定期组织"送法下乡"活动，深入开展法律援助，引导信访维稳与依法维权相结合，培养农民自觉守法、办事依法、遇事找法、解决问题用法、化解矛盾靠法的法治意识，营造良好的法治氛围。

3. 德治：乡村治理现代化的支撑

健全德治这个乡村治理体系的精神支撑，必须把学习贯彻习近平新时代中国特色社会主义思想和党的十九大精神作为农村精神文明建设的重点，运用农民群众喜闻乐见的形式，深入开展中国特色社会主义和中国梦宣传教育，开展爱国主义、集体主义和社会主义宣传教育，坚定中国特色社会主义道路自信、理论自信、制度自信、文化自信。抓住基层党员领导干部这个"关键少数"，充分发挥农村党支部组织群众、动员群众、凝聚群众、服务群众的作用，带领农民解放思想、振奋精神，学好致富技能和本领，让农民群众拥有更多的获得感、幸福感，实现农村物质文明与精神文明协调发展。要深入解读当前农村干部群众关心的政策措施，凝聚农民群众的精气神，实现政府治理和社会调节、村民自治之间的良性互动，合力打造"农业强、农村美、农民富"的升级版新农村。要切实抓好组织协调和指导推动，围绕培育新型农民、"推进移风易俗、弘扬时代新风"行动、丰富农民群众文化生活、深化农村精神文明创建等，涵养文明乡风，提升农民精神风貌，树立具有地方特色和时代精神的新乡贤文化，实现道德规范对乡村治理主体和群众行为的软约束。

上述自治、法治、德治三个方面，既相对独立又密不可分、互为促进，三者共同构成了现代乡村治理体系的逻辑向度。自治、法治、德治"三治合一"，要求以自治为主体、以法治和德治为两翼，在村民自治的基础上实现法治、践行德治，以法治保障自治、规范德治，用德治支撑法治、滋养自治，最终达至乡村善治。

二、宗族、士绅与官府：传统乡村治理的互动及演变

中国古代专制社会的特点决定了乡村治理的家族化。由于中国地大物博、交通不便，以及农村人口众多，封建专制统治主要集中在县级以上，这造成了国家在广袤农村中的管理薄弱和权力紧缩。"皇帝的权力便是家长族长的宗教和司法的权力。一族的纪律便是国家的纪

律；一族的习惯风俗和家长族长判断的法则，便渐渐变成国法。照这样看起来，国家虽然不能说便是家族，但是血统的关系，实在是所以团结政治团体的一种很大的势力。"① 因此，"家政"是中国古代国家治理的同一表现形式，有的地方甚至形成了家族崇拜，宗族性和宗法性成为家族共同体最显著的特征。②

在族权的要素体系中，族长处于最核心的地位。族长是族权人格化的集中体现。在族长职权中，直接关系到乡村事务的主要是执法权和对外交涉权。而事实上，国家在许多时期对这些权威和权力采取了积极提倡的政策。由于有了国家的支持，族长实等于宗族的执法者及仲裁者，其在这些方面的权威是至高的，族内的纠纷往往经他一言而决。在那些聚族而居的村落，族长虽不特具全村之行政权，但凡涉于民间诉讼案件及族中私事，亦有处决之权。在多姓杂居的村落，族长对村内事务也能发挥作用，像同族宗亲之间的纠纷，族长往往会代表本族的族人出头露面，与对方谈判，甚至决策宗族之间的斗争。涉及到国家的相关事务，族长则会代表族人与保甲长，甚至是官府进行交涉。③

在古代，国家在乡村选择的管理者主要是有德行的长者、有名望的乡绅、有财产的地主及还乡的官僚等，这些人通常都有文化知识，拥有较多的社会与财富上的资源。他们不但在宗族内部拥有家长式的绝对权力和权威，而且在以文盲为基础的古代乡村，乡绅的有限知识能够获得平民的敬仰和尊重，从而提升了他们的影响力。乡绅的利益

---

① 参见张慰慈：《政治学大纲（外二种）》，安徽师范大学出版社 2017 年版，第 58—59 页。

② 王沪宁：《当代中国村落家族文化——对中国社会现代化的一项探索》，上海人民出版社 1991 年版，第 77 页。

③ 参见于建嵘：《岳村政治：转型期中国乡村政治结构的变迁》，商务印书馆 2001 年版，第 75—76 页。

离不开乡土，他们扮演着双重的角色：作为国家的代理人，他们要协助国家治理；作为乡村的代表，他们又需要维护村民的共同利益。农民居住相当分散，村庄之间相互隔绝，面对散漫、平铺的"蜂窝状结构"的自然社会，皇权并不想无所不至地对其进行绝对控制。只要乡绅能够服从国家管理，他们在完成国家交办的任务之后，便可以获得有限的自治权。国家也始终注意宗族势力的消涨，防止宗族势力越过国家能够容忍的底线。"乡绅自治"不是现代意义上的村民自治，在家族色彩与血缘意识的共同作用下，乡绅自治没有逃脱宗族势力、传统伦理的范围，乡村的社会控制权和资源配置权掌控在宗族手中，宗族势力影响乡村政治运作的方向。①

传统乡村治理主要依靠保甲、家族、士绅，而形成"政权、族权、绅权"共治的局面。三种治理主体中，家族及其所依赖的家法族规是基石；在家族村落基础上的保甲是政权"自上而下"治理的载体；士绅是"上""下"联结的枢纽，对下宣传国家意识形态，对上维护村民的利益。这就在官治与族治之间形成了一种结构性张力，展现为"官—族—民"的社会图景，宗族治理成为"源于民、达于官"的代理与中介，以及官民之间的缓冲力量。②

三、民族乡村治理的特征与形式

马克思主义科学地揭示了社会发展规律，确立并发展国家学说，在中央与地方关系上主张地方自治制。恩格斯在《自然辩证法》中

---

① 曾宪平、谭敏丽：《家庭、宗族与乡里制度：中国传统社会的乡村治理》，《重庆交通大学学报》（社会科学版）2010 年第 2 期。

② 参见李有学：《制度化吸纳与一体化治理：传统社会的乡村治理》，《江汉论坛》2014 年第 6 期。

论述民族的产生问题时指出，人类社会从部落发展成了民族和国家。列宁则把"自治"作为建立民主国家的一条政治原则，指出马克思主义者所维护的并不是自治"权"，而是自治本身，它是具有复杂民族成分和极不相同的地理等条件的民主国家的一般普遍原则。在筹建新中国的过程中，我们党将马克思主义国家学说特别是关于地方自治制的理论运用到解决新中国的国家结构形式的问题上，提出实行民族区域自治政策，并将之写入《共同纲领》。这是党在新中国国家结构形式上的一种创新性发展。在国家结构形式上，新中国是单一制的国家结构，同时在少数民族聚居区实行民族区域自治，设立自治机关，行使自治权。民族自治机关具有双重性，既是实行民族区域自治的机关，又是国家的一级地方政权机关。民族区域自治从产生起就是维护国家的集中统一而反对分裂国家的，既保证了国家的集中统一，又保证了少数民族当家作主，自我管理本地区、本民族内部事务。①

历史上各少数民族生存与发展依赖于自身运行的传统基层自治体系。这是一个多重治理因素交互作用形成的时空场域，它内含民族文化密码与规则，与国家融合下的政治力量共同支配着基层社会秩序，维系着民族生存及发展。在多重治理因素交互作用形成的自治体系中，传统的社会组织、习惯法、家族族长等基层社会权威人士、多元文化、宗教意识发挥着参与治理的功能。这些因素相互作用、相互影响，构成了民族自治体系的内容。而民族地区传统基层自治体系有整体性、继承性和践行性特点，涵盖了治理的基本要素和规范，且具有社会凝聚力。这种具有鲜明中国特色的民族地方治理文化，给民族乡村治理体制机制和国家治理现代化提供了历史经验。② 民族惯用习俗

---

① 宋月红：《当代中国民族区域自治的建设和发展》，《前线》2017 年第 8 期。

② 参见贺金瑞：《中国少数民族传统基层社会自治体系及其现代治理启示》，《中央民族大学学报》（哲学社会科学版）2016 年第 5 期。

法制化演进的前提，在于民族习俗向社会核心价值体系的文化认同靠拢，这也是传统文化与现代法制相结合的基础。少数民族惯用习俗基本上沿袭着族长制、部落制、区域制的轮廓。对待少数民族传统乡村治理资源，要取其精华，去其糟粕，在推进乡村治理现代化的过程中促进其创造性转化，坚持制度的民主化、法治化。

第二节　少数民族特色村寨治理的
"楼纳模式"①

一、村情概况

楼纳村位于贵州省黔西南州兴义市城乡统筹发展综合改革试验区（又称义龙新区）顶效镇东南部的万峰林东峰林景区内，村域面积 42.6 平方公里，辖 19 个村民小组，共 1333 户 5287 人，居住有汉族、苗族、布依族等民族，其中，布依族人口占总人口的 72.4%，是一个典型的布依族村寨。"楼纳"一词源自于布依族语，意为"美丽的田坝"②。楼纳村先祖自清朝初期便居住于此，至今已有 300 余年的历史。2014 年，该村被国家民委命名为首批"中国少数民族特色村寨"。

2008 年，随着新农村建设的启动，楼纳村农业现代化步伐加快，村寨建设取得初步成效。2011 年 5 月 8 日，习近平同志到楼纳村视

---

① 本节内容整理自课题组赴贵州省黔西南州兴义市顶效镇楼纳村获得的调研资料。
② 布依族是我国南方古老的农耕稻作民族之一，善耕水田，喜住依山傍水处，因而以水田作为地名的情况很普遍。据《后汉书·南蛮西南夷列传》记载，有包括布依族先民在内的夜郎国已"能耕田""有邑聚"。

察，在勉励当地干部群众加快推进新农村建设时指出：楼纳村是我看到的第一个布依族村寨。村风很朴实，带头人也都很踏实，祝你们再接再厉，把布依族村寨的新农村建设搞得越来越好，让少数民族同胞的日子越过越红火。"楼纳村各族干部群众牢记嘱托，感恩奋进，全村经济得到快速发展，村民年均纯收入从 2010 年的 3898 元上升到 2016 年的 9200 元。楼纳村在发展经济的同时，注重保护民族优秀传统文化，着力打造少数民族特色村寨，用古朴的民风、浓郁的风情、古老的文化、独特的民居吸引八方游客。如今的楼纳村正按照实施乡村振兴战略的要求，积极探索乡村治理新模式，建设幸福美丽新家园。

二、楼纳村治的实证考察

（一）村民自治"显活力"

农村富不富，关键看干部。楼纳村的今昔巨变，与村"两委"班子的努力分不开。过去的楼纳村是国家级贫困村，经济发展落后。该村实行村务公开民主管理，把群众当家作主的权利落到实处，最大限度地调动了群众发展经济的积极性和主动性，村容村貌发生了翻天覆地的变化，发展成了远近闻名的美丽新农村。"民主就要从村'两委'班子换届选举开始，营造'人民村官人民选、选好村官为人民''当好选民、投好一票、放心三年'的民主氛围。"村党支部书记黄定品介绍说。

2011 年，楼纳村被中组部列为村"两委"换届选举示范村，村民们对当年第八届村民委员会换届选举时的热烈场景仍记忆犹新。为让更多的村民参与选举，村委会特地租赁了 8 辆中巴车接送住得较远的村民，并把 300 多名在外务工的村民提前召集回来参加选举。在选举现场，既有 70 多岁的老人，也有十八九岁的年轻人，他们中不少是提前两个多小时来到村委会旁边的篮球场上，在听取候选人的竞选发言后，为自己认为满意的候选人投下了庄严的一票。村民何珍飞在深圳的一家公司上班，听说村里选干部，提前请假回来参加选举投票，她希望把自己的票投给那些真正有能力、能带动全村群众致富发展、把自己的家乡治理得越来越好的干部。据了解，全村共有 2678 名选民参加了选举，通过差额选举、无记名投票、当场唱票、现场公布结果的方式选举产生了 1 名村主任、2 名副主任、4 名村委会委员。

黄书记说："村里的事，村民要知道、要参与、要作主、要监督。这是我们村几百年来的规矩。"楼纳村汲取布依族"议榔制度"①的优良养分，使之转化成为自我管理、改进服务、强化监督的积极因素。2014 年，在开展党的群众路线教育实践活动中，村"两委"采取上门入户听、田间地头谈的方式听取群众的真心话，通过设立议榔室，邀请群众"把脉问诊"，共征求到意见建议 47 条。听到真意见，就要真整改。村"两委"把承包经营、宅基地审批、低保对象和计划生育指标等信息及时向村民公开。在评定低保对象时，实行的"四公"（公推、公示、公评、公议）工作法让村民服气。在换届选举中，群众反映个别干部不带头搞公益，有的还不如普通百姓。经村委会调查核实后，撤换了 3 名村民小组长。

远看青山绿水，近看垃圾成堆。过去楼纳村的环境状况令人皱眉。对此，村"两委"把守住发展和生态两条底线的承诺提到全体

---

① 议榔制度起源于布依族的自然崇拜和对金丝榔树的敬仰。解放以前，布依族在处理村寨内部事务或对外事务时，都会召集全村人到榔树下商议。这种民间传统的自治方式是由布依族先民在原始社会中设立的"家族议事会"发展演变而来，后形成以地域为基础的相邻自然村寨组成的议榔组织，通过选举产生榔首或榔头，制定榔规。无论是谁违反了榔规，必定要接受严厉的惩罚。参见韦启光、石朝江等：《布依族文化研究》，贵州人民出版社 1999 年版，第 109 页。

村民面前：光荷包鼓还不行，环境美了生活才更好！该村大力开展民居改造和环境整治工程，发动群众在楼纳河两边种植树木，加强生态林保护。同时，修订完善村规民约，增加对砍伐森林的群众进行"经济制裁"的条款，促进形成了对生态环保的共同认识和行为规范。"引导大家心往一处想、劲往一处使，守住发展和生态两条底线，才能实现百姓富、生态美的美好新未来。"这是访谈中村干部们说得最多的一句话。

随着青壮年陆续外出务工，楼纳村也面临诸如"空心村"、空巢老人、留守儿童等社会问题。如何激活这片乡村，无疑是一道大难题。山重水复疑无路，柳暗花明又一村。村"两委"把布依族长老以及留在村里的文化人、年轻人集中起来成立了共商会，经过大家集体讨论和研究，决定引智入村，助推乡村产业发展，打造楼纳国际建筑师公社。2016年3月，楼纳国际建筑师公社揭牌，第一批建筑师入驻。同年9月，楼纳村"一村一大师"美丽乡村公益计划启动。该计划旨在由建筑师带动村民进行规划与建设，以农业为基础，以互联网为支撑，以生活体验为核心，聚集文化创意（艺术、设计、手工艺）动能，从而创立村寨特色品牌。村民们希望建筑师能改善村里的基础设施，如平整山路、修缮山神庙；将石拱桥改造成廊桥，方便村民休息、吃斋饭；新建类似社区活动中心的公共空间，可以聚会、打牌；等等。在了解到这些需求后，楼纳国际建筑师公社与政府联袂邀请建筑大师对该村进行原生态设计，并实施了微介入改造，以精耕细作的建筑作品、层出不穷的文化事件来活化村寨。通过建筑大师长期深入的服务，楼纳村发掘了新的产业特色，注入了新的社会文化资源，焕发出新的生机与活力。

（二）法治建设"接地气"

在总结村民自治经验的基础上，楼纳村"两委"结合实际，进一步完善了村规民约，将村民学法守法用法、依法维权、法治宣传阵地建设等内容列入村规民约。利用每月的党员活动日、村组干部例会、治安志愿者例会，以及每季度的村民代表会议，学习宣传国家的政策、法律法规。印发宣传资料，并将法治阵地建设列为村民"一事一议"项目内容进行讨论。楼纳村争取各类资金 600 余万元，建成法治广场 1 个（18.3 亩）、法治街道 1 条（280 米）、法治长廊 1 处（150 米），设立草坪法治宣传牌 4 块、永久性法治宣传展板 6 块、法治灯杆宣传牌 10 块、电子显示屏 1 个、法治文化石刻 24 块，切实增强了法治宣传固定式视觉效果。

布依族有传统的"八音坐唱"① 演唱活动，村民喜爱唱山歌，村"两委"就组织村民成立了八音坐唱队、山歌队，将遵法守法、法治案例融入《卜嘿档》《贺喜堂》等群众喜闻乐见的民族歌舞表演节目之中，教育村民遵守法律、遵守社会公德、遵守公共秩序，促进民族团结、社会和谐。近年来，楼纳村的法治宣传阵地得到了充分利用，除平时有群众自觉学习外，每逢布依族传统节日"三月三""六月六"，市州群众自发到楼纳村休闲观光达 5000 人次以上，村委会组织的"开秧节"和"牛王节"，参观群众达 2 万人次以上，月平均受教育人数达 3000 余人。

由于楼纳村位于大山深处，村民文化水平不高，如果法治宣传的时候照搬法律法规，或是印制书面化的宣传口号，村民们既看不懂也

---

① 八音坐唱亦称布依八音，因用牛腿骨、竹筒琴、直箫、月琴、三弦、芒锣、葫芦、短笛等 8 种乐器合奏而得名，是布依族世代相传的一种民间曲艺说唱形式。宋代周去非在《岭外代答》中录有一条《平南乐》，文载："广西诸郡人，多能合乐，城郭村落，祭祀、婚嫁、丧葬无一不用。"在"拨粤归黔"之前，由于黔西南的兴义、安龙、册亨等县与广西的百色、田林、隆林等县同属泗城州管辖，在几百年间，广西境内的八音逐渐传入南北盘江流域的布依族聚居区，最终形成布依八音。参见兴义市文化体育旅游和广播电影电视局：《布依族八音坐唱》，贵州科技出版社 2014 年版，第 10—12 页。

记不住。于是，村干部在网上搜集了一些通俗易懂，又和法律法规有关的歇后语、猜字谜张贴在宣传牌上，起到了良好的宣教效果。比如，教育村民邻里之间应互敬互爱，强者不要欺负弱者，有"和尚枕着鸡蛋睡，以大压小"（和尚是光头，圆蛋形状，这里转指倚仗权势，欺压小人物）；教育村民懂得安分守己，不要随意侵占他人财物，有"叫花子吃死蟹，只只是好"（死蟹是不能吃的，但叫花子没有东西吃，死蟹也觉得味道不错，转以讥讽人贪得无厌，不分好坏都想占有）。宣传法律名词则是猜字谜："巴黎产品（打两字法律名词）——法制"；"夜来城外一尺雪（打四字法律名词）——坦白从宽"；等等。

楼纳村经济快速发展的同时，村民之间难免产生一些矛盾纠纷。村"两委"一方面将村民组织起来参与公共活动，加强村民的认同感，增进彼此了解，减少了因小事而产生纠纷的可能性；另一方面，邀请老干部、老党员、老教师、族老、寨老担任人民调解员，发挥"五老"既熟悉村情又了解国家法律法规，有地熟、人熟和德高望重的优势，将矛盾纠纷成功化解在村里。对此，黄书记自豪地说："这个镇的其他村经常有上访村民，我们这个村没有。"

（三）德治化人"沐春风"

提高村民的精神文化生活水平，是楼纳村德治建设的重要内容，其具体做法包括：一是建农家书屋。楼纳村农家书屋藏书近3000册，涉及农作物栽培、田间管理、病虫害防治、畜牧医药、科普知识等。农家书屋全天候对村民开放，村民一有空就到书屋来学习科学文化，解决自己在种植、养殖过程中遇到的困难，寻找增收致富的好办法。二是建民族文化长廊和文化宣传栏。从2009年开始，该村依托政府财政拨款及自筹资金共计投入20多万元，逐年对村级文化活动场所进行改造，现已建成5000平方米的文化活动广场，安装了单杠、双杠、篮球板、乒乓球台等体育健身器材。三是组建村文艺表演队，打造"交手唢呐""连手二胡"等具有布依族特色的文艺节目，丰富和繁荣村民文化生活。2011 年，村布依族文艺表演队还走进央视演播大厅，参加了《欢乐中国行》节目的录制，广受观众欢迎和好评。

楼纳村通过加强乡村文化建设，党员干部和农民群众的整体素质得到提高，发展意识和能力得到增强，涌现出了一批乡贤能人。比如，河头组村民黄廷彪利用农家书屋系统学习养殖技术，办起了养猪场，年出栏生猪 200 多头，年收入超过 15 万元。口袋一天天地鼓起来了，日子也一天天变好了，家里过上了殷实的小康生活。但黄廷彪并没有因此而满足，他的理想是把养猪事业做大做强，带领乡亲们一起脱贫致富。在他的动员下，全村不少农户发展起养猪业，养殖规模达到千余头。黄廷彪的养猪技术很纯熟，也从不吝啬向村民传授他的养殖经验。其他农户遇到了饲养难题，他总会第一时间赶到现场帮助解决。2013 年，黄廷彪被评为"党员创业带富示范户"。

为纯民风、强村风，村"两委"在法治广场树立起了"二十四孝"石碑，把孝老爱亲的 24 个故事镌刻在石碑上。孝碑落成后，"二十四孝"故事在楼纳村家喻户晓，群众深受教育。谁家孩子不听话，家长就把孩子叫到孝碑前，找到古代相似的故事，让孩子背诵"二十四孝"词；哪家儿子、媳妇不孝敬老人，村干部、寨老就叫他们到孝碑前学习反省、悔过自新。每年的九九重阳节，楼纳村都会举行露天"道德讲堂"，邀请先进典型代表做客宣讲，用现实事例或古代典范来感化群众，淳化民风。

2014 年，义龙新区开展了"九大孝子、九大和谐家庭、九大卫生示范户、九大诚信户、九大致富能手"评选活动，对良好家风、和睦家庭、干净庭院、诚实守信、致富能人、好媳妇进行评选。楼纳村 19 个村民小组各推出 3 户参选，群众公推 7 位德高望重的寨老当评委，评委按照评定标准，通过一家一户走访量化打分并公示无异议后，每类分别评出了 3 名先进典型，在"二十四孝"石碑前进行集体表彰。其中，良好家风代代传的杨国相家庭、夫妻携手共创幸福家的赵良平、勤劳致富奔小康的黄永志等一批先进典型成为全村干部群众学习和效仿的榜样。好民风、好家风、好乡风在楼纳村已蔚然成风，该村的文明村寨建设也获得了很高的殊荣。2015 年，楼纳村被中央文明办授予"全国文明村镇"称号。

三、"楼纳模式"的经验诠释

如图 5-1 所示，楼纳村将少数民族特色村寨的特殊性与乡村治理的普遍性无缝嵌合，不断提升自治、法治、德治"三治合一"的整体效能，在实践中探索形成了特色村寨治理的"楼纳模式"。该模式的启示可以归纳为三点：第一，坚持民族区域自治制度和基层群众自治制度，重视从少数民族自治的传统中发掘资源，并对其进行现代化改造，从而健全和创新党组织领导的充满活力的村民自治机制，这是实现特色村寨善治的前提与基础。第二，我国有很多民族性的法治资源亟待深入汲取和充分利用。少数民族特色村寨法治建设只有植根于各民族优秀传统文化的土壤之中，才能使干部群众更容易接受并内化为精神追求，继而转化为依法治村的行动自觉。推进特色村寨治理法治化，要求立足民族文化风俗和村民自治根基，将少数民族传统习俗和惯用法制理念与现代法治手段有机融合，打造共建共治共享的民族地区乡村治理新格局。第三，在特色村寨这个"熟人社会"，必须恰当地运用传统道德资源、宗族资源、人情资源进行有效治理，结合时代要求不断创新，通过古为今用、刚柔并济、灵活多样的方法重构村寨秩序，弘扬新风正气，为乡村振兴"铸魂"。

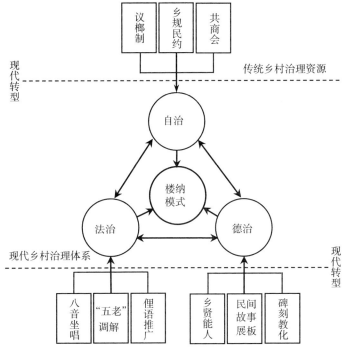

图5-1 "楼纳模式"的框架及运行逻辑

第三节 少数民族特色村寨治理的变革策略

一、"5×1"系统权变模型：一个综合分析框架

美国著名的系统管理理论专家弗莱蒙特·E.卡斯特和詹姆斯·E.罗森茨韦克从贝塔朗菲提出的一般系统理论出发，综合信息论、控制论等现代组织理论的原理，并在此基础上创立了系统权变组织理论。其基本思想包括：第一，组织可以被视为一个开放的系统，它与所处的环境之间持续相互作用，且有5个主要部分组成：目标与价值

分系统、技术分系统、结构分系统、社会心理分系统、管理分系统。第二，权变理论所要研究的是组织与环境之间的相互关系、各分系统内部与各分系统之间的相互关系，进而确定关系模式，即各变量的形态。① 系统内部的五大分系统和环境超系统之间的关系，因其复杂性及非线性，而用乘号表示，以区别于简单的加和关系（见图5-2）。

"5×1"系统权变模型作为一个综合分析框架，已广泛应用于政府治理研究领域，如构建服务型政府标准体系、创新政府采购电子化模式等。② 本书借鉴该理论模型的基本思想，以系统（整合）的观点审视少数民族特色村寨治理变革，认为其涵盖以下5个分系统。

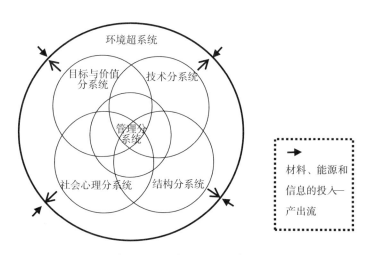

图5-2　卡斯特、罗森茨韦克系统权变模型

① ［美］弗莱蒙特·E. 卡斯特、詹姆斯·E. 罗森茨韦克：《组织与管理：系统方法与权变方法》，傅严、李柱流译，中国社会科学出版社2000年，第141—143页。

② 参见张立荣：《公共管理的理论与实证研究——基于中国关怀与国际视野相耦合的哲学观》，中国社会科学出版社2015年版，第152—158页；冷向明：《当代中国服务型政府的理论模型、标准体系及建设纲要——基于"5×1"系统权变模型的探索性研究》，中国社会科学出版社2010年版，第46—53页；古晓雁：《政府采购电子化先进标准体系——基于系统权变理论的政府采购电子化先进模式的构建和标准体系框架研究》，《中国标准化》2014年第5期；等等。

（1）目标与价值分系统。组织的目标与价值分系统是所有分系统中较为重要的分系统之一。组织的许多价值观都源自社会文化环境。其基本前提是，作为社会分系统的组织必须达到某些由更为广泛的系统所决定的目标。少数民族特色村寨具有较强的民族性、地域性和文化性，是民族地区乡村振兴的重点和难点。因而，特色村寨应将自身的建设目标与价值融入国家整体发展战略，在推动治理体系和治理能力现代化的过程中实现乡村振兴。

（2）技术分系统。技术分系统是指完成工作任务所需的知识，包括将投入转化为产出时所运用的各项技术。它取决于组织任务的要求，而且随着特殊活动的变化而变化。技术分系统不仅影响社会心理分系统，也影响组织的体系结构。互联网技术的发展冲破了传统社会的边界，网络将传统乡村社会和现代信息社会串联起来，因此少数民族特色村寨已不可避免地卷进以互联网技术为核心的信息社会潮流之中，这客观上要求其治理必须引入互联网思维，对接"互联网＋"模式。

（3）社会心理分系统。社会心理分系统由相互作用的个人和群体组成，其包括个人行为与动机、地位与作用的关系、群体动力学等子系统。它受组织中人们的情感、价值观、态度、期待和愿望的影响，也受外部环境力量的影响。少数民族特色村寨在由传统向现代转型的过程中，包括基层政府人员、村干部、村民等在内的各类治理主体可能会产生多样化、多元化、多角色化的新变化。这些变化对挖掘传统乡村治理资源，以德服人、以德化人、以德治人，推动乡村治理走向善治提出了更高的要求。

（4）结构分系统。系统结构关系到组织任务分工（差异化）和协作（整体化）的方式方法，它通过组织图、职业与工作说明、规划与程序等表示出来，与权威、信息沟通和工作流程的模式有关。从纵向角度看，村民自治是民族区域自治制度和基层群众自治制度的共同基点，因而要依法规范政府与少数民族特色村寨之间的权力关系，使村民自治真正高效运转起来；从横向角度看，应通过提升社会组织、村民、企业等主体参与和互动的能力，从结构维度构成有效的社会网络，从而打破单一主体思维，让多元主体实现优势互补、合作共治。

（5）管理分系统。管理分系统联系着整个组织系统，它通过制定目标、拟定全面的战略和经营的计划、设计结构并建立控制程序，使组织与外部环境产生关联。少数民族特色村寨治理系统的各个分系统功能的发挥，都离不开组织和人的管理，其绩效状况直接关系到村寨能否全面振兴。因此，加强党对基层公共事务治理的领导，提升干部队伍综合素质和能力，是实现村寨治理现代化的根本保证。

二、少数民族特色村寨治理现代化的逻辑进路

（一）适应系统环境变化，推动特色村寨治理变革

在传统中国的治理模式下，乡村社会处于一种相对封闭的状态，乡村基层治理的权力在官府、士绅、宗族之间交替运行。这种状况虽在新中国成立以后被打破，但由于乡村治理主体存在强弱差异，农村仍然由各级政府行使国家权力来控制与管理。改革开放之后，中国农村基层社会从静态封闭走向动态开放，尤其是随着社会主义市场经济体制在农村社会的确立，乡村基层社会环境也发生了变化，城乡二元结构出现松动，乡村的开放程度与多元发展并进，社会结构与经济体制也逐渐转型，传统的乡土中国转变为"新乡土中国"或"后乡土中国"。①

---

① 萧子扬、黄超：《新乡贤：后乡土中国农村脱贫与乡村振兴的社会知觉表征》，《农业经济》2018 年第 1 期。

进入新时代，乡村治理的成效直接关系到国家治理体系和治理能力的现代化。城镇化和工业化的快速发展，使处于现代国家建构中的乡村社会发生巨大变革，乡村治理结构和体系面临前所未有的挑战。在此背景下，少数民族特色村寨的治理模式也应随着乡村治理结构和体系的变迁而不断变化。伴随农村社会的开放与发展，多元主体及其治理结构逐步确立，不仅促使政府管理与村民自治的治理关系逐渐从一元向多元模式转变，而且也使得乡村社会从政府为主的单方治理，向以村民自治组织等多元主体合作共治的新形态嬗变。① 在农村基层治理多元化趋势下，少数民族特色村寨治理变革的方向，是将传统行政资源嵌入民族区域自治、基层群众自治等制度，并在政府管理与村民自治的动态平衡中推动村寨良性化、多样化发展。

稳步推进民族乡村善治，要求建立农村基层政府管理与农民制度化参与治理并行不悖，且将农民利益最大化视为内在动力的一种乡政村治发展模式。乡村治理作为一个综合性的社会管理系统，既要推进政府行政力量的纵向联合，也要对横向的权力进行细化，推动乡村社会从管理向治理转型。少数民族特色村寨治理系统蕴含公共权力在村寨范围内的配置、运作、互动及其变化规律，即多元主体通过参与、协调和谈判等方式，来解决特色村寨建设和发展中的各种问题，建构一种和谐有序的民族乡村治理秩序。从历史上看，中国古代统治者十分重视对乡村的治理，在长期实践中形成了独具特色的土司制和寨老制等传统村寨治理模式与体制。新中国成立之后，特别是改革开放以来，我国探索形成了以"民主选举、民主监督、民主管理、民主决策"为原则，自我管理与政治参与有机结合的农村基层民主制度。少数民族特色村寨更具有自治传统，因其长期处于多元主体相互依

---

① 参见李紫娟：《农村基层互动治理的现实困境及其实现路径》，《甘肃社会科学》2018 年第 1 期。

赖、相互作用的关系之中，没有哪个主体拥有足够的资源和能力去单方治理。多元主体凭借何种资源参与村寨治理，各个主体在治理过程中又如何协调各类资源以实现善治，这些都关系到村寨治理的合法性与有效性。

（二）围绕乡村"五个振兴"，搭建特色村寨治理框架

乡村振兴是基于我国发展不平衡不充分的社会主要矛盾提出的新的战略构想。它不是要简单地重回传统农耕文明，也不是要毫无区分地否定现代工业文明，而是通过推动国家治理现代化来解决乡村发展中的各种紧迫性问题，探索一条具有中国特色的"三农"发展之路。在乡村振兴目标的引导下，需要进行科学的顶层设计，促进乡村经济与城镇市场高度融合，实现城乡统筹协调发展。随着国家对高速公路、铁路、机场及港口等基础设施建设投入力度不断加大，尤其是公路建设、农网改造等工程的实施，扭转了民族地区乡村基础设施严重落后、不能适应现代化发展要求的局面。以微电子、自动化、网络为代表的新技术革命影响社会发展的方方面面。互联网电子商务的出现，不仅解决了偏远特色村寨"信息孤岛"难题，而且为高度专业化分工背景下民族地区发展特色优势产业创造了条件。①

产业、人才、文化、生态和组织"五个振兴"，与产业兴旺、生态宜居、乡风文明、治理有效、生活富裕的总体要求互为表里，是一个蕴含天、地、人三者的治理系统，充满了"致广大而尽精微"的中国智慧，是实施乡村振兴战略的目标定位与价值导向。系统性地重构少数民族特色村寨治理框架，要求将特色优势产业作为支撑，优化民族地区农村产业结构和经营方式，实施质量兴农、绿色兴农、科技兴农、品牌兴农等战略，推动民族地区农业高质量发展；激励各类专

---

① 参见张军：《乡村价值定位与乡村振兴》，《中国农村经济》2018 年第 1 期。

业人才参与培育乡村旅游、康养农业、创意农业、农业电商等新业态，为民族地区乡村振兴提供充裕的人力资本；在发展经济的同时，保护和传承好少数民族优秀传统文化，留住乡愁，涵养乡风；坚持"绿水青山就是金山银山"的绿色发展理念，依托民族乡村丰富的自然资源发展生态旅游，将生态优势转化为经济优势，促进人与自然和谐共生发展；发挥基层党组织的引领作用，强化基层党组织建设，筑牢民族地区乡村振兴的组织基础。

（三）引入智慧治理理念，创新特色村寨治理技术

在科学技术迫近而来的现代社会，乡村是被现代技术遗忘的角落，也面临治理技术含量不足的问题。乡村振兴战略要想落地，就必须引入"战略+技术"的组合模式，提高乡村治理的技术能力。[①]当前，打通少数民族特色村寨整体接入国家现代化发展战略的"最后一公里"，是民族地区实施乡村振兴战略的内在要求。一是要促进大数据在特色村寨治理中的全面应用，推动"智慧村寨"建设。通过引入"云计算+大数据""块数据""区块链"等方法，突破时间与空间限制，对数据进行统一采集、储存、清洗、挖掘与利用，建立基于大数据分析应用体系的村寨信息服务中心，实现"让村民游客少跑腿，数据表格多跑路"。二是要发挥大数据在特色村寨社会矛盾预测与防范中的前瞻性作用，实现治理的精细化。通过深度挖掘和应用大数据信息，对旅游纠纷、征地拆迁等重点事件进行动态监测、综合评价、精准预判，建立矛盾纠纷预防化解机制，提升社会风险应对及处置能力。三是要实施"专家治理"和"技术下乡"，深化对特色村寨治理技术及其发展趋势的理性认识和科学把握。村寨保护与发展离不开专家、学者、科研机构及专业性社会团

[①] 参见刘祖云、王丹：《"乡村振兴"战略落地的技术支持》，《南京农业大学学报》（社会科学版）2018年第4期。

体的参与，尤其是在乡村振兴的背景下，亟须引入技术精英对特色村寨进行规划建设，修复少数民族文化生态，使民族生活场景得以再现。

（四）再造传统德性伦理，重建特色村寨德治规范

首先，要充分发挥村党支部凝聚民心和道德引领的核心作用，抓住基层党员干部这个关键少数，促使他们转变作风，身体力行，以上率下，形成"头雁效应"。其次，要挖掘、整理、保护和传承优秀传统文化，用群众喜闻乐见且耳熟能详的民族民间文化丰富村民的精神生活。通过盘活文化资源，彰显特色村寨独特的文化内涵，增强少数民族村民对本民族文化的自信心和自豪感，促进各民族文化共同繁荣发展，使德治的群众基础更加牢固。再次，要深入汲取特色村寨中的传统道德伦理养分，通过修订和完善村规民约，引导族长、寨老等参与德治建设，实现传统道德教化功能的现代性转化。最后，要有层次、有针对性地对村民个体的良知与人格进行培养和塑造。将社会主义核心价值观融入生动的村民生活和活动之中，产生潜移默化、润物无声的德育效果，使村民自觉摒弃腐朽落后、带有封建迷信色彩的文化，营造积极和谐、健康向上的文明乡风。

（五）调整权力结构关系，提升特色村寨治理绩效

"后税费时代"的少数民族村民在村治体系中通常处于原子化状态，除非是被列为新农村建设示范点或新农合示范点的村寨中的村民，还能感觉到公共事务与自己有关，而在一般的村寨中，既没有集体财产，也没有"农业税费"时期该完成的任务，村民尽管身处于村社政治体系中，实践上却更多地处于村社政治体系之外。① 调整原有的权力结构关系，提升特色村寨治理绩效，应坚持"政社分开"

---

① 参见王茂美：《村落·国家：少数民族政治认同研究》，中国社会科学出版社2015年版，第240页。

原则，明确划分政府与群众自治组织的权限范围。鼓励村委会创造性地开展工作，建立健全村民议事制度、选举制度和财务制度，保障村民的合法权益。将"自上而下"的政治力量与"自下而上"的自治规则有机结合，塑造具有公共合同性质的村寨治理新模式。通过推动"权力式治理"向"合同式治理"转变，使特色村寨建设项目通过协议而不是直接的政治行动来促成。这种合作治理秩序的建立，不仅使乡政与村治的权力关系在纵向层面得以整合，还有助于参与者主动平衡效率、公平、责任、有效性与回应性。

（六）加强基层党组织建设，凝聚特色村寨治理合力

其一，适应乡村振兴要求，创新基层党组织的架构设置。要打破地域隔离和单一的垂直体系，探索在农业合作社、行业协会等新兴社会组织中建立党组织的形式。从农村社会政治稳定的大局出发，不能单纯追求党组织的人口覆盖密度，而在乡村凋零的偏远村寨中更要加强党的存在力量，丰富党的活动方式，实现党组织的全覆盖、零遗漏，为民族地区全面建成小康社会和乡村全面振兴提供坚强的组织保障。其二，优化党员队伍结构，发挥党员干部在乡村振兴中的先锋模范作用。要坚持把政治标准放在首位，从村寨优秀青年群体中培养积极分子，增强吸收党员的主动性和工作力度，提升党员队伍质量。强化党员队伍的教育管理，建立小微权力清单制度，严格落实村级组织运转经费保障政策，重点整治惠农补贴、集体资产管理、土地征收等领域侵害村民利益的不正之风和腐败问题。其三，招引新乡贤回归，培育发于本土、成长于他乡而又强势"返场"的多元力量，以汇聚少数民族特色村寨共治合力。要拓宽新乡贤参与治理的渠道，成立新乡贤理事会、参事会等社会组织，借助民族地区自然法规则，提高多元主体合作治理的针对性与实效性。当然，在乡贤治理仍处于探索阶段的情形下，我们也需警惕这种拥有村寨社会权威的体制外力量与基

层组织的谋利型结合，而异化为"伪乡贤""新村霸"等破坏性力量，使村寨治理不得其利反受其害。①

---

　　①　参见姜方炳：《"乡贤回归"：城乡循环修复与精英结构再造——以改革开放 40 年的城乡关系变迁为分析背景》，《浙江社会科学》2018 年第 10 期。

第六章　少数民族特色村寨精准扶贫与民生保障建设

　　乡村振兴，摆脱贫困是前提。必须坚持精准扶贫、精准脱贫，把提高脱贫质量放在首位，整合"人、地、钱"三大要素，以乡村振兴助力少数民族特色村寨决胜脱贫攻坚。民族地区实施乡村振兴战略，要破解人才瓶颈制约，把人力资本开发放在突出位置，畅通智力、技术、管理下乡的通道，造就更多乡土人才，聚天下人才而用之，引导创业型人才返乡投身特色村寨建设。特色村寨民生保障建设，要坚持人人尽责、人人享有，按照抓重点、补短板、强弱项的要求，围绕村民最关心、最直接、最现实的利益问题，推进基础设施和基本公共服务均等化，把少数民族特色村寨建设成为幸福美丽新家园。

第一节　以乡村振兴助力少数民族特色村寨决胜脱贫攻坚

一、精准扶贫与乡村振兴：特色村寨建设的"双重任务"

　　"三农"问题是关系国计民生的根本性问题。党的十八大以来，党中央持续加大强农惠农富农的政策力度，扎实推进农业现代化和新农村建设，全面深化农村改革，农业农村发展取得了历史性成就。特别是 2013 年实施精准扶贫战略以来，6000 多万贫困人口稳定脱贫，贫困发生率从 10.2% 下降到 4% 以下，脱贫攻坚战取得决定性进展。这些都为实施乡村振兴战略奠定了良好基础。党的十九大报告提出，要坚决打赢脱贫攻坚战，实施乡村振兴战略。当前我国"三农"形势依然严峻，城乡差距仍然很大，深度贫困地区脱贫攻坚的任务繁重。因此，要以乡村振兴战略的新要求充实贫困地区脱贫攻坚任务，按照乡村振兴战略的目标任务，从生产、生活、生态、社会、政治五个方面整体推进，实现贫困人口持续增收，促进人的全面发展。将精准扶贫与乡村振兴两大战略有机衔接，就要以脱贫攻坚促进乡村振兴，同时通过深入实施乡村振兴战略，增强精准扶贫实效，进而实现二者的相互促进、协同发展。① 我国少数民族特色村寨大多地处偏远，经济基础薄弱，贫困程度深，脱贫难度较大，是目前扶贫工作的难中之难、坚中之坚。攻克贫困堡垒是特色村寨决胜脱贫攻坚必须完成的任务，也是实施乡村振兴战略面临的重大问题与挑战。

在乡村振兴战略总目标中，产业兴旺居首位。近年来，我国大力发展乡村旅游，使其成为独特的乡村文化载体，并通过创新农村经济发展模式，进一步促进农民增收。但随着乡村旅游的不断发展，产业扶贫也出现新问题。大部分特色村寨的规划开发与经营模式大同小异，旅游产品同质化的现象严重。一些开发商和村民片面追求物质利益最大化，抛弃了原有的民风民俗，模仿其他地区的文化，对当地得天独厚的人文资源和自然资源挖掘利用不够，村寨的文化特色难以彰显。特色村寨旅游工作人员大多以当地村民为主，然而民族地区经济

----

① 参见单士兵：《乡村振兴与脱贫攻坚要协调推进》，《经济日报》2018 年 3 月 29 日。

社会发展相对滞后，村民受教育程度低，缺乏相关专业知识，因而乡村旅游产业较为粗放，易陷入"轻管理—低质量—低收入"的恶性循环，影响旅游脱贫的效果。

良好的生态环境是农村的最大优势和宝贵财富。我国民族地区自然资源和旅游文化资源丰富，但气候多变，地理条件恶劣，生态环境十分脆弱。一些特色村寨的管理者在发展旅游的过程中受到利益驱使而盲目开发和利用当地资源，由于未考虑到生态承载力，各种污染问题严重。村民作为生态环境的监管者，其生态环保意识不强，且难以实现有效监督与保护，村寨生态环境面临严峻挑战。

乡村文化是乡村振兴之魂。现代化的加速发展以及乡村旅游的兴起，给特色村寨带来了现代文明和物质富足，但也对传统乡村文化造成强烈的冲击与侵蚀。不少特色村寨一味地迎合游客的需要，把旅游带来的经济效益放在首位，而忽视对村寨本土文化的营造和保护，存在不同程度的过度商业化问题，导致本土文化衰退，严重消解文化的原真性和魅力。随着人口不断外流，农田撂荒，宅基地废弃，加之异地文化入侵，少数民族特色村寨原有的乡风民俗、民族文化失去传承载体，面临中断甚至异化的危机。

实现乡村善治，是国家有效治理的基石，也是我国社会建设的基础。从农村整体发展来看，乡村发展的速度越快、变化越大，对基层治理提出的要求越高。传统的基层治理模式已难以适应复杂多变的社会环境，乡村治理亟待转型升级。民族地区正处于精准扶贫与乡村振兴两大战略的耦合期，基层干部作为政策的执行者，其工作能力有限，对战略协同推进的认识不足，难以回应群众多样化诉求和持续跟进乡村振兴的各项措施。

乡村振兴，生活富裕是根本。拓宽农民增收渠道，提高农村民生保障水平，使农民实现共同富裕，有更多的获得感、幸福感，是实现乡村振兴的重要发力点。新时代社会主要矛盾发生了变化，现有的公共服务体系难以满足村民在经济发展、社会安全、文化教育、医疗卫生等方面日益增长的美好生活需要。对易地搬迁的村民来说，实现不愁吃、不愁穿的"两不愁"相对容易，但实现保障义务教育、基本医疗、住房安全的"三保障"难度较大。在推进乡村振兴的过程中，如果基础设施和农村人居环境得不到明显改善，那么，乡村振兴的进度势必受到影响，甚至出现脱贫后又返贫的现象。所以，特色村寨建设还要与新型城镇化协调同步，切不可把城市的高楼大厦等表象向农村复制延伸。特色村寨要在保持乡土文化和民族风情的基础上，推动村民生活品质稳步提升，从而实现高质量的发展。

二、从精准扶贫到乡村振兴的样板：以十八洞村和原隆村为例①

（一）十八洞村：全域旅游促振兴

十八洞村位于湖南省湘西土家族苗族自治州花垣县双龙镇西南部，地处武陵山连片特困地区的中心地带，距县城 34 公里，因村内有 18 个天然溶洞而得名，被国家民委命名为第二批"中国少数民族特色村寨"。全村共 6 个村民小组，225 户 939 人，人均耕地仅 0.83 亩。2013 年人均纯收入仅 1668 元，不到当年全国农民人均纯收入的五分之一，是一个典型的贫困苗族聚居村②。2013 年 11 月 3

---

① 本案例内容整理自课题组赴湖南省湘西州花垣县民族宗教事务和旅游文化广电新闻出版局、宁夏回族自治区银川市永宁县闽宁镇原隆村获得的调研资料。

② 传说古夜郎国战败后，翻山越岭来到湘西，找到了一处能容纳几万人的大溶洞，洞内有十八叉溶洞，洞洞相连，夜郎先人便于此定居、休养和繁衍。此洞遂名夜郎十八洞，简称十八洞。

日，习近平同志视察湘西州，亲临十八洞村调研，为苗家父老乡亲带来了中央的亲切关怀，并首次提出了精准扶贫的新时期扶贫攻坚基本方略。十八洞村"两委"认真贯彻落实习近平总书记关于扶贫工作的重要论述，不断改善水、电、路等基础设施建设，创新扶贫方式方法，团结带领村民开展互助合作，创办产业合作社，打造特色旅游，吸引全国考察学习团队和游客纷至沓来。在当地政府和十八洞村村民的共同努力下，2016年全村人均纯收入已达8313元，2017年2月，湖南省扶贫办正式宣布十八洞村成功摘掉了贫困的帽子，走上了从精准扶贫到乡村振兴的康庄大道。作为乡村振兴的新样板，十八洞村在长期旅游扶贫中积累了丰富的经验，其主要包括：

1. 全域旅游：旅游扶贫总抓手

十八洞村利用丰富的自然景观和文化资源优势，因地制宜把发展全域旅游作为脱贫攻坚的总抓手。一是实施全域旅游规划，以旅游发展规划统领村寨建设规划、土地利用规划、环境保护规划，做到多规合一。引入首旅集团华龙旅游实业发展总公司、北京消费宝资产管理有限公司，斥资6亿元，以十八洞村为龙头连接周围10个村，连点成线打造蚩尤部落大景区。二是实行全域资源整合，协调各方资金、资源、资产和资本，统筹抓好旅游业，按照保持原貌、展现特色的思路，实施"五改"工程，完善旅游服务设施，打造宜居宜游的村寨环境。通过发展旅游购物、餐饮、住宿、采摘等关联产业，形成以旅游业带动全域产业联动发展的大格局。三是开展全域文明创建，十八洞村探索出思想道德星级化管理模式，每半年组织召开一次村民大会，对全村16周岁以上的村民，从支持公益事业、遵纪守法、家庭美德等六个方面进行互相评分，按得分多少，分别评为二星级至五星级。近年来，十八洞村分别荣获"湖南省法治工作示范村""湖南省文明村镇""第三批全国宜居镇乡"等称号。

2. 全员参与：旅游扶贫内动力

一是建强组织，筑牢基层堡垒。2013 年，十八洞村共有 24 名党员，平均年龄 55 岁，散漫、薄弱是当时党支部的实际状况。为有效推进精准扶贫工作，省委、州委、县委派出扶贫工作队进驻十八洞村，选派第一书记驻村，推选三名产业带头人、一名大学生村官成为村主要干部，班子结构得以优化，班子成员的带动能力进一步增强，筑牢了基层党组织的战斗堡垒。二是党建引领，激发动力。发挥基层党组织的引领作用，教育引领村民克服"等、靠、要"的依赖思想，提升精气神，把村民思想教育摆在首位，增强脱贫内生动力。通过开展一张好名片、一方好山水、一个好故事、一首好歌曲、一种好理念、一支好团队的"六个一"教育活动，增强了村民的文化自信、发展自信。三是扩大参与，互助合作。营造自主参与的氛围，让群众全面参与到旅游扶贫中，做到开发一个景点、富裕一方百姓。至2016 年，村民参加旅游基础设施建设自愿投工投劳 2800 余人次，涌现出一大批热心公益、守望相助的典型人物和先进事迹。例如，村里要修建停车场，几年前因不准电杆架在自家田里而大闹村部的施六金主动无偿让出一亩多地；央视航拍设备摔落深山，龙玉菊等 20 多名村民自发攀下山涧寻找；外来民工肖磊在农网改造时触电晕倒，杨进昌等多位村民舍身救人等。2016 年，十八洞村被评为"全国先进基层党组织"。

3. 全民共享：旅游扶贫新途径

十八洞村在精准识别贫困户的基础上，"一户一策"帮助贫困户参与发展旅游业，确保每个贫困户都能在吃、住、行、游、购、娱的旅游产业链中受益：一是自主经营农家乐模式，组建游客接待服务中心，对自办农家乐实行统一接团、统一分流、统一结算、统一价格、统一促销的"五个统一"管理，全村已开办示范农家乐八家，户均年收入达 10 万元以上。二是"合作社+农户"模式，摸索出"资金跟着穷人走、穷人跟着能人（合作社）走、能人（合作社）跟着产业走、产业跟着市场走"的经验，组建了苗绣、猕猴桃种植、果桑种植等八个农民专业合作社，新开发的 1000 亩猕猴桃产业化基地建成后，通过游客入园采摘和网上销售等方式经营，每年人均可增收5000 元以上，村集体年增收近 100 万元。三是网络营销采摘权模式，发动全村 225 户农户加入"11·3"工程（每户种植冬桃 10 棵、黄桃 10 棵，养殖稻花鱼 300 尾），依托"邮三湘"网络平台，每株桃树按每年 418 元的标准对外销售采摘权，购买了采摘权的人可以授予其"十八洞荣誉村民"称号，并给予免费游十八洞村和半价游周边景区的优惠，2016 年已销售 4160 棵桃树采摘权，贫困户直接获益170 余万元。四是订单旅游商品模式，十八洞村苗绣历史悠久，村里留守妇女较多，手工技艺高超，村委会结合实际，成立苗绣专业合作社，开发苗绣产业，37 户贫困户 53 名留守妇女与四家苗绣公司签订订单协议，由公司统一销售，入社贫困户户均年增收可达万元以上。

（二）原隆村："3+"模式促振兴

作为首批"中国少数民族特色村寨"，原隆村位于宁夏银川永宁县闽宁镇，是福建、宁夏两省区对口帮扶合力打造的生态移民示范镇，因其安置的移民分别来自固原市原州区和隆德县的 13 个乡镇而得名。1997 年，福建和宁夏启动了对口扶贫协作，重点实施了"移民吊庄"工程，让生活在"一方水土养活不了一方人"那些地方的群众搬迁到适宜生产生活的地方，在此新建了原隆村。

永宁县在实施精准扶贫的过程中形成了一套精准识别的扶贫工作模式，对全县 20 个村的 410 名贫困群众进行精准识别，建立县领导"一对一"包村帮扶、科级干部"一对一"包户帮扶、企业"一对一"包人帮扶的工作机制，形成"产业扶持脱贫、教育保障脱贫、劳务输出脱贫、金融服务脱贫、社会兜底脱贫"的五种工作经验（见图6-1）。

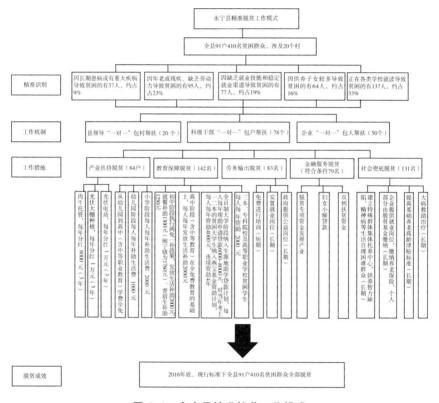

图6-1　永宁县精准扶贫工作模式

原隆村所在的永宁县各村都实施了"4+1+1"（一户四牛一棚一电站）的精准扶贫模式，即政府牵线为70户建档立卡贫困户在壹泰牧业公司每户托管4头肉牛，每户每年可享受分红8000元；为每户在盛景光伏科技公司种一栋大棚，每户每年可享受分红10000元；通过光伏小镇建设项目，采取"企业担保+贫困户+政府贴息"的模式进行光伏扶贫，保证扶贫户每年收入不低于10000元。2016年底，在现行标准下，全县91户410名贫困群众全部脱贫，"4+1+1"的精准扶贫模式取得了显著成效，开启了乡村振兴新征程。

1. 葡萄+：兼收并蓄保就业

原隆村位于贺兰山东麓葡萄酒产区，这些葡萄园不仅是原隆村坚固的生态屏障，也是村民们脱贫致富奔小康的主阵地。酒庄集葡萄种植、葡萄酒酿造和观光旅游于一体，产业附加值高，能够促进三产融合发展，其具有吸纳不同年龄段村民就业创业的功能。葡萄园产业用工需求大，能够为年龄较大、文化程度较低、学习和掌握技能较慢的村民提供增收保障，超过八成的村民都能在此获得就业机会，确保了村民稳得住、有信心。村里的年轻人也借助园区的发展搞起了服务产业，如立兰酒庄、德龙酒庄等，为他们提供了创业平台。据统计，2016 年该村人均纯收入达到 7000 元，全村提前实现整体脱贫的目标。随着贺兰山东麓葡萄酒产区的崛起，品牌效应逐渐放大，"葡萄+"为村民带来了更多致富创业的机会。

2. 光伏+：农光互补扶重点

"光伏+"集发电、种植养殖、观光旅游等一二三产于一体，具有业态互补、扶贫精准的优点。原隆村通过发展"光伏+"产业不仅使村民免费使用电力，还使贫困群体更快地实现脱贫增收。例如，华盛绿能农业科技有限公司是昌盛光伏公司的子公司，占地 2078 亩，土地全部流转自原隆村。其一期建成光伏大棚 588 栋，工人都来自原隆村，建档立卡贫困户还可享受特殊政策承包大棚，在家门口就能实现就业。帮扶产业重点扶持了老弱病残贫困户，补齐了基础设施短板。随着特困人群实现脱贫，2017 年，华盛绿能公司扩大了支持范围，将承包大棚数量扩大到 300 多个，并面向全村村民增加了收益更高的蚯蚓养殖项目。与单纯在大棚务工相比，村民收入高出了一两倍，这加快了原隆村脱贫之后致富振兴的进程。对于华盛绿能公司而言，也大大降低了管理成本，2017 年该公司农业板块首次实现盈利，光伏旅游也有了收入，开始步入产业融合发展的良性轨道。

3. 旅游+：增添发展新动能

产业振兴为旅游增添了新亮点。通过先进的农旅融合理念，原隆村这片曾经的荒漠戈壁变成了如今山林互映的诗意田园，为发展旅游业创造了条件。宁夏是全国全域旅游创建示范区，在"全景、全业、全时、全民"的理念下，旅游格局由景点旅游向全域旅游延伸，实现产业发展由单一业态向多业态深度融合。2016 年，闽宁镇出台旅游发展规划，将"旅游+"列为原隆村的主导产业，这为该村的持续发展提供了新动能。原隆村作为新型移民村，依托全域旅游发展的显著优势，与宁夏青禾农牧科技开发有限公司合作，打造红树莓种植、产品研发、深加工、旅游观光、休闲度假、健康养生等多产业一体的田园综合体，满足游客"吃、住、游"的旅游需求，旅游产业迅速发展，原隆村全域旅游初具规模。不仅如此，原隆村还计划将旅游业与黄牛养殖业融合起来，依托特色旅游发展特色餐饮、特色民宿，从而彰显"旅游+"更大的辐射效能。

三、统筹推进特色村寨脱贫攻坚与乡村振兴

（一）吸纳人才，凝聚"精气神"

党的十九大报告提出，要培养造就一支懂农业、爱农村、爱农民的"三农"工作队伍。脱贫攻坚和乡村振兴都离不开人才的支撑，而民族地区最缺乏的资源就是人才。少数民族特色村寨打赢脱贫攻坚战必须注重扶贫与扶志扶智相结合，引导贫困群众克服"等靠要"思想，逐步消除精神贫困。按照乡村振兴对人才的新要求，构建一支

有文化、懂技术、善经营、会管理的新型职业农民队伍，为特色村寨乡村振兴提供坚实的人力保障。① 要加强"产教融合"与校企合作。通过市场化运作和政府购买服务等方式，鼓励农业专业合作社、涉农企业参与职业农民培育，提升贫困农民发展生产和务工经商的能力，培养一批受过良好教育、掌握种养知识、懂市场、会经营的新型农业农村产业经营管理人才，以及医生、教师、非遗传承人、农技员等专业技术人才。要畅通下乡通道。吸引支持企业家、专家学者、技术人才等通过投资兴业、行医办学、提供服务等方式，服务于脱贫攻坚与乡村振兴。要构建有效的激励机制，切实保障职业农民合法权益。民族地区应加快制定工商资本参与乡村振兴的指导意见，落实和完善融资贷款、配套设施建设补助、税费减免等扶持政策，确保参与精准扶贫和村寨建设的单位、企业、个人各项利益得到保障，将大学生、农技人员、返乡农民工孵化成为农业产业链上的经营者，让从事现代农业的"新农人"有甜头、有盼头。

（二）盘活土地，协调人地关系

我国许多少数民族特色村寨耕地稀少且分布零散，不利于农业现代化、规模化生产和经营。集约化利用土地资源，加快释放农地改革红利，将农民生产生活空间载体变成增收致富的核心资产，不仅是脱贫攻坚的重要途径，也是实施乡村振兴战略的内在要求。要推进房地一体的农村集体建设用地和宅基地使用权确权登记颁证。鼓励家庭农场、合作社、龙头企业、社会化服务组织和农业产业化联合体等新型农业经营主体参与流转农民闲置宅基地和闲置农房，探索宅基地所有权、资格权、使用权"三权分置"。在不变更土地权属关系的前提下，依托集体经济组织通过出租、合作等方式流转和经营闲置土地、

① 参见姜德波、彭程：《城市化进程中的乡村衰落现象：成因及治理——"乡村振兴战略"实施视角的分析》，《南京审计大学学报》2018年第1期。

宅基地及其房屋，将整理节约出来的土地资源以入股、联营的方式发展农、旅、文三产融合项目，让资源变资产、资金变股金、农民变股东，提升村民的获得感和幸福感。要结合乡村振兴用地需求，允许民族自治地方政府调整优化特色村寨用地布局，有效利用零星分散的存量建设用地。例如，预留部分规划建设用地指标用于农产品冷链、初加工、休闲采摘、仓储等，以及发展民族乡村旅游所需的停车场、公共厕所、游客接待中心等配套设施建设。要在适度放活宅基地和农民房屋使用权的同时，规范土地流转合同，加强流转土地用途管制。要尊重少数民族风俗习惯，坚守生态环境保护红线，严禁打着扶贫和乡村旅游的旗号圈占流转土地、开发房地产等。以法治思维和方式推动土地经营权有序流转，健全制度，防范风险，保护各族群众合法利益。

（三）整合资金，撬动社会资本

精准脱贫离不开资金投入，乡村振兴也要加快形成财政优先保障、金融重点倾斜、社会积极参与的多元投入格局。少数民族特色村寨要做好"整合"和"撬动"两篇文章，使扶贫资金投入力度不断增强、总量不断增加。"整合"就是要发挥规划的统筹引领作用，把特色村寨脱贫和公共事业发展所需的资金整合起来，形成合力；"撬动"就是要通过以奖代补、贴息、担保等方式，发挥财政资金的杠杆作用，引导金融和社会资本更多地投向扶贫事业。这要求公共财政以更大力度向"三农"倾斜，确保农业农村投入适度增加，把主要精力放在贫困村寨的脱贫攻坚上。同时，要加快建立涉农资金整合的长效机制。引导更多资本流向特色村寨，把金融资源配置到村寨的基础设施建设、公共服务保障和生态环境保护等关键领域和短板弱项上，以乡村振兴促进脱贫攻坚目标完成。具体而言，要坚持农村金融改革的正确方向，建立符合民族地区实际的农村金融扶贫体制，为乡村振兴提供多样化的金融服务。落实涉农贷款增量奖励政策，对涉农业务达到一定比例的金融机构实行差别化监管和考核办法，适当下放县域分支机构业务审批权限，解决金融机构投向民族地区"三农"贷款积极性不高的问题。要优化村镇银行设立模式，提高县市覆盖面，开展农业专业合作社内部信用合作，支持现有大型金融机构增加县域网点，解决村寨"三农"贷款市场主体不足的问题。此外，还要拓宽资金筹措渠道，鼓励社会力量投资现代种养、农业服务、农产品加工以及旅游康养等特色产业。① 通过创新利益联结机制，带动贫困户增收脱贫，实现村寨产业振兴。

第二节　少数民族特色村寨创业型人力资本开发

在快速城镇化背景下，外出就业与民族地区农村居民收入呈显著的正相关关系。② 也就是说，事实上当地村民更倾向于到经济发达的城市就业，而对返回地处偏远民族村寨的意愿并不强，这是导致特色村寨大量精英流失的重要原因。目前，特色村寨大多位于偏远民族山区，产业发展相对滞后，创业人才投资兴业的空间不足，市场机会偏少。尽管民族地区各级政府都已出台支持创业的优惠政策，但有的政策零散，涉及多个部门，尚未形成有效支持的政策体系；有的内容过于笼统，缺乏可操作性；有的在执行中存在走样变形；还有的因宣传力度不够，创业者对政策缺乏了解。长久以来，由于信息闭塞、基础设施不完善，特色村寨商品流通与价值的实现受阻，市场发展不成熟

---

① 参见叶兴庆：《以改革创新促进乡村振兴》，《财经界》2018 年第 2 期。
② 王国洪：《人力资本积累、外出就业对民族地区农村居民收入的影响——基于2013—2015 年民族地区大调查数据的实证研究》，《民族研究》2018 年第 3 期。

不完善。尤其是市场供求信息难以及时反馈到偏远乡镇和村寨，交通物流短板也制约着创新创业。现有返乡创业人员积累了一定资本，但增收渠道单一，加之支持创业的金融服务体系不健全，村寨及村民个体筹措创业资金的难度颇大。

一、特色村寨创业型人力资本开发的理论镜鉴

（一）理性选择理论

以科尔曼（James S. Coleman）为代表的理性选择理论认为，人的行动是有特定目的及意图的，亦有明显价值偏好与功利性。行动者个体居于特定的社会制度和社会系统之中，其选择行为离不开这种特定的社会环境和社会条件。借鉴理性选择理论来解析特色村寨人力资本返乡创业行为，可以得出一个重要启示：返乡创业是返乡创业人员对务农与务工收益差别等多种情形做出综合权衡和判断后产生的一种理性决策行为。返乡创业人员只有掌握足够的信息资源，并对进城务工和返乡创业各自所能获得的收益有清楚的认知，才能做出合理的选择。他们个人经济实力状况，即城镇务工所积累的资金、经验、技术、能力等，都是作出返乡创业行为的影响因素。在城镇务工和返乡创业中所面临的政策环境、生活环境、生产环境等社会环境因素也是不可忽视的重要外因。返乡创业行为的结果不仅会影响返乡创业人员对效益最大化的追求，而且还决定了返乡创业行为的持续性。

（二）嵌入性理论

马克·格兰诺维特（Mark Granovetter）在《经济行为与社会结构：嵌入问题》一书中指出，现实主体的行为既不能脱离社会背景，也不完全受制于社会内在和外在的规范，其追求自身多重目标的过程发生在具有一定属性的社会关系场域中，并由此产生嵌入性的问题。

人无论在何种条件下从事何种活动，其活动者本身首先是一个社会的人，他们需要满足自身物质与精神需求。人们在重复经济型社会行为中逐渐建构了经济制度和体系，最终产生纷繁复杂的社会活动，这就是以此满足自身需要的经济行为的社会嵌入。作为社会行动者的每个人都拥有特定的社会地位，且置身于宏大的社会关系网之中。从嵌入性视域看，特色村寨中的创业型人才历经了从乡村到城镇，再由城镇返回乡村的过程。他们返乡创业不是简单的回归乡村，而是在这个过程中完成了再社会化，由此形成新的价值观。与此同时，新的社会网络也影响着返乡创业行为，例如，创业过程及成效与新建立的社会关系密切关联，受到民族地区政策、民族文化、风俗习惯等影响。因此，影响特色村寨返乡创业行为决策的因素是多方面的，既包括创业人员个人的微观嵌入关系，也包含创业人员与周围群体的嵌入关系，甚至涉及创业人员与其生活的村寨社区的嵌入关系。

（三）推拉理论

唐纳德·博格（D. J. Bogue）提出的人口迁移"推力—拉力"理论有三个基本前提：一是人们的迁移行为是一种理性行为；二是人们对迁入地与迁出地的信息完全了解；三是人们在迁入地与迁出地之间的流动是自由的，迁移行为完全自主决定。从推拉理论视角来看，特色村寨创业人才迁移是迁出地"推力"与迁入地"拉力"这两个不同方向力的相互作用的结果。这一过程是农业生产成本增加、农村劳动力过剩导致的失业和就业不足，以及较低的经济收入水平等诸多因素共同作用的。具体而言，在民族乡村存在着一种起主导性的"推力"，把劳动力推出其长期居住的村寨。同时，在劳动力迁入地即相对发达的城镇，又存在着一种起主导性的"拉力"，把村寨劳动力吸引过来。产生拉力的因素有：较多的就业机会、较高的工资收入、较好的生活条件、良好的受教育机会、完善的基础设施等等。当然，乡村也有留住人才的因素，如熟悉的环境、人际关系网络、家庭亲情等。① 但总体来看，近年来特色村寨随着城镇化加快发展，由于推力的作用强势，劳动力不断流入城镇，村寨空心化问题凸显。

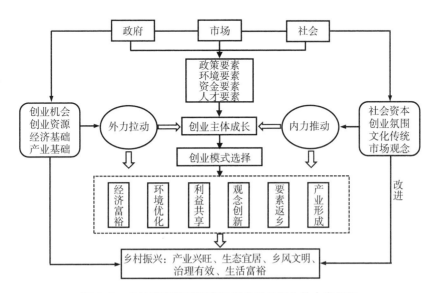

图6-2　乡村振兴视域下农民返乡创业行为的内在机理

如图6-2所示，借鉴推拉理论，透视农民返乡创业行为的内在机理，可以为实现乡村振兴提供路径参考。一方面，政府通过创造完善的经济及产业基础，帮助创业主体获得更多创业资源，形成有效拉动机制；另一方面，依托社会发展与进步，促进社会资本存量不断增加，使村民的传统观念发生改变。浓厚创业氛围的形成无形中对创业行为的产生起到积极推促作用。在政府、市场和社会协同治理的过程中，特色村寨创业主体将呈现多样化、规模化的成长发展态势。各类创业主体凭借各自实践经验形成不同的创业模式，并主动发现、捕捉和筛选合适的创业机会与项目。应当肯定地说，成功返乡创业有助于

① 姚上海：《民族地区农民工返乡创业行为理论及实证研究》，世界图书出版公司2013年版，第15—16页。

特色村寨实现乡村振兴目标。

二、特色村寨创业型人力资本开发的成功案例①

"80 后"壮族青年蒙可畅出生在广西融水县的大苗山深处，2003年 7 月中专毕业后到广东打工，2012 年底怀揣着改变家乡的梦想辞职回乡创业。2013 年 1 月，采用"公司+农户"的管理方式带领村民养殖香鸭。从 2 万的创业资金到 4000 万的身家，"鸭司令"蒙可畅在成功创业的同时帮助更多贫困户走上了脱贫致富之路。"我是大山的儿子，总有一天我要让大山富起来！"蒙可畅把说过的话默默记在心里。

（一）青春梦：返乡创业青年带领村民养鸭

山里长大的孩子自有一种憨厚劲儿。蒙可畅在广东打工期间，每天早上第一个到车间，打扫卫生、检查设备、分发物料。车间经理看在眼里，经常向公司领导表扬和举荐他。凭着这种老实劲儿，蒙可畅从普通的工厂搬运工，一直做到公司设计总监，年薪也达 20 多万元。

儿时的玩伴都知道，蒙可畅在广东有一份高薪水的工作。村里的父老乡亲也为这个孩子感到骄傲，称赞他"有出息"。故事的转折点发生在 2012 年。当年蒙可畅家乡特产"融水香鸭"获得国家工商总局注册证明商标，成为地理标志产品。但由于家乡落后封闭的环境，导致包括融水香鸭在内的众多农产品搁置深山卖不出。蒙可畅深刻感受到家乡之美和家乡之困，萌生回到生养他的大山怀抱的念头。就这样，在外打拼 10 年的他毅然决定辞去高薪工作，成为一名返乡创业青年，立志要带领家乡父老脱贫致富。

---

① 本案例内容来自课题组对广西融水县牧恩生态养殖有限公司总经理蒙可畅的个人专访及相关报道资料。

2013 年 1 月，融水大苗山出现了一家公司，名为融水县牧恩生态养殖有限公司，一个名为"贝江村"的品牌也逐渐为人们所熟知。公司和商标所有人正是蒙可畅。他要带领当地群众，发展养殖融水香鸭。

（二）创业经：订单合作为"融水香鸭"打开市场

创业伊始，因为资金补贴少，很多合作的养殖户对蒙可畅并不信任，货源短缺。为了打开商品销路，他积极参加各式各样的比赛活动，借机推广自己的品牌，提高品牌知名度。为了保证鸭的品质，蒙可畅与农户以订单养殖的形式合作。他在合作中大胆创新，要求生态原始放养，收购时"论只不论重"，并强调养殖天数要达到 100 天才能出栏。为了避免香鸭扎堆出栏卖不出好价格，蒙可畅还指导各合作养殖场，错开养殖时间。

在销售方面，蒙可畅通过网上下订单、电话预订、专卖店零售等方式，打开销路。专卖店也按"只"销售，由工作人员负责宰杀、拔毛，同时给顾客提供同城送货上门、加冰真空包装等服务，使销售额节节攀升。在实体店经营状况稳定后，他开始建设自己的网销团队，转战电商领域，主要以淘宝店和微店、微商等互联网工具开展宣传销售。

蒙可畅为农户指明养殖思路，帮他们拓宽销售渠道，赢得了乡亲们的信任。养殖户放心地加大投入、扩大规模，通过"融水香鸭"养殖产业纷纷走上了致富路。为了发展特色产业，当地政府对蒙可畅委以重托。2015 年 4 月，融水县将中国地理标志商标"融水香鸭"的唯一合法使用权授予蒙可畅的公司。随后，蒙可畅团队在深圳、佛山等地开办销售连锁店，为公司供货的农户范围也辐射融水县的四荣乡、红水乡、杆洞乡以及融安县、罗城县、三江县等其他县市的特色村寨。

除融水香鸭外，蒙可畅还将贝江土鸡和鸡蛋等纳入销售范围。他的公司和全县 20 多个土鸡散养基地合作，售卖不同品种的土鸡及"五彩蛋"。蒙可畅十分注重产品包装，除在包装盒上详细介绍土鸡蛋的营养价值外，还不忘诗意配文："一座村庄，一位农民，一只土鸡，一个梦想""多彩土鸡蛋，如你我的人生，每天都不同，却如此精彩。"

蒙可畅以"公司+农户+基地+品牌+专卖店+电商"的新型发展模式，打响了"融水香鸭"特色品牌。

（三）路正长：不忘初心立志"让大山富起来"

蒙可畅的养殖基地遍布全县 12 个乡镇，带动百余家贫困户通过发展养殖发家致富。引入"互联网+"的理念，带动影响更多年轻人回到家乡，走出了一条少数民族青年大山深处的创业创富之路。蒙可畅的创业经历还启发融水当地的年轻人，使他们开始接触和学习互联网，并学会用互联网来经营销售。以前，大多数年轻人都往外走，真正愿意留在村里发展的很少。但近几年融水已经出现了年轻人回到家乡创业的"返乡潮"现象。

在对蒙可畅进行访谈的过程中，他提到对公司未来的一些设想：一是公司做大做强之后，建造一幢大楼作为公司总部，楼内包含产品展示馆、体验馆等。二是建设生态工业园，使整个生产流程做到可视化、透明化。打造花园式工厂，给员工一个干净整洁的工作环境，并欢迎广大顾客和同行前来参观，推动实现农旅结合。三是结合少数民族优秀传统文化，打造文化特色品牌，将"融水香鸭"推向世界。

"看到他们一年的纯收入超过 10 万多元，这让我很欣慰，也使我更有信心在这条路上一直走下去。"蒙可畅说。

在县委县政府的支持下，蒙可畅发起成立融水县青年创业协会，致力于培养和树立一批青年创业典型。通过创业能人及其创业项目，带动更多年轻人自主创业，激发全县返乡创业热潮。

三、特色村寨创业型人力资本开发的对策建议

第一，引导观念更新，培育新型职业农民。特色村寨返乡创业人员普遍具有外出务工的经历，视野相对开阔，但受传统思想的影响，接受新事物新观念仍较为迟缓。政府要引导他们转变观念，学习新知识新技能，提高观察、甄别和防范市场风险的能力。通过积极开展创新意识、创业意识、市场意识和风险意识培训，提高返乡创业人员的心理素质和应对市场变化的能力；通过开展创业知识和技能培训，提高返乡创业人员的职业能力、经营管理能力和综合业务能力。要加大财政投入，整合培训资源，成立返乡创业指导机构，编写指导手册。结合特色村寨实际，指导返乡创业人员进行创业可行性分析，制定创业项目的整体规划，精准确定创业方向及规模。[1]

第二，重视和加强返乡创业政策支持体系建设。返乡创业既是经济问题，也是社会问题。因此，各级政府要高度重视返乡创业工作，把特色村寨返乡创业作为引领民族地区农村供给侧结构性改革的重要力量。将培育壮大民族地区特色产业、新业态作为乡村振兴的主攻方向，从政策上鼓励和支持以返乡创业辐射带动村民增收致富。乡镇政府要把返乡创业工作纳入特色村寨建设和发展规划，并制定具体的措施方案，构建完善的返乡创业政策支持体系。要广泛开展相关政策宣传，发挥乡情乡愁的纽带作用，营造全社会共同支持返乡创业的舆论氛围。

第三，转变政府职能，提高行政效率，营造良好的创业氛围。政

---

① 参见牛永辉：《乡村振兴视阈下农民工返乡创业的动因、困境及对策研究》，《内蒙古农业大学学报》（社会科学版）2018年第1期。

府要放宽市场准入条件，重点放宽特色村寨返乡创业人员创办企业所需注册资金及经营场所等条件的限制。大力推进乡镇政务服务改革，实行"一个窗口受理、一次性告知、一站式办理"。简化特色村寨创业审批流程，清理和规范收费项目，减轻创业人员和企业负担。建立返乡创业维权首问负责制度与服务协调制度，创造公平竞争环境。在不破坏村寨规划和生态环境的前提下，解决创业用地问题。通过人居环境整治、荒地开发、废弃闲置农房改造等方式，为返乡创业人员创办企业或从事生产经营活动提供充足空间。

第四，健全和完善返乡创业金融服务体系。一方面，政府要及时将返乡创业人员纳入医保、社保等基本公共服务体系，切实解决其后顾之忧。设立"创业基金"，支持返乡创业人员成立互助合作金融组织，依法规范民间融资机构运营。另一方面，各类金融机构要深入推进市场化改革，将服务网点逐渐向特色村寨延伸覆盖，为返乡创业人员和创业企业提供信贷服务。针对返乡创业起点低、起步迟、业务分散、经营灵活等特点，提供多层次多样化的特色金融产品。在贷款产品方面，应以建立科学合理的定价与风险控制机制为基础，为返乡创业人员提供定制化服务。

第五，加强基础设施建设，为返乡创业提供便利条件。政府要加大特色村寨基础设施投入力度，保障基本公共服务有效供给。以乡村旅游和特色产业发展为契机，推动水、路、电、网等提档升级。要重点建好、管好、护好生产性基础设施，改善与优化创业条件，促进特色村寨与城镇间的教育、医疗、社会保障一体化。完善创业信息服务设施建设，增强返乡创业人员的信息意识，推动移动互联网全覆盖，拓宽特色村寨对外交流沟通渠道。在条件允许的特色村寨中建立企业信息传递与服务中心，保证及时准确传递市场供求信息，促使创业企业产品适销对路。

第三节　少数民族特色村寨基础设施与公共服务建设

一、特色村寨基础设施与公共服务建设的理论背景

19 世纪后半叶，德国社会政治政策学派代表人物瓦格纳（Adolf Heinrich Gotthilf Wagner）最早提出基本公共服务的概念，并指出基本公共服务是政府财政支出的重要组成部分。[①] 20 世纪初，法国学者莱昂·狄骥从现代公法制度研究的角度出发，认为公共权力行使者负有提供和保障基本公共服务的义务。"任何因其与社会团结的实现与促进不可分割，而必须通过政府来加以规范和控制的活动，就是一项基本公共服务，只要它具有除非通过政府干预，否则便不能得到保障的特征。"[②] 此后，沿着"通过公共物品的规定性界定公共服务的规定性"这条主流路线，布坎南（James McGill Buchanan）、奥斯特罗姆（Elinor Ostrom）等人都围绕公共服务的含义进行过阐释。

我国学者对基本公共服务概念与内涵的理解因其研究视角的差异而各有侧重，主要从两个维度进行界定：一是强调基本公共服务的需求导向。如刘尚希认为，基本公共服务从消费需求的层次来看，与低层次消费需要有直接关联的即为基本公共服务；从消费需求的同质性

---

① 参见姜晓萍、吴菁：《国内外基本公共服务均等化研究综述》，《上海行政学院学报》2012 年第 5 期。

② ［法］莱昂·狄骥：《公法的变迁：法律与国家》，郑戈、冷静译，辽海出版社1999 年版，第 53 页。

来看，人们无差异的消费需求属于基本公共服务。① 二是强调基本公共服务的范围边界。如张立荣等人将基本公共服务界定为"居民在生产、生活中共同享用的具有消费上的非竞争性、效用上的不可分割性，以及收益上的非排他性的公共基础设施和服务"②。我国"十三五"规划中提到，基本公共服务是由政府主导来保障全体公民生存和发展基本需要，且与经济社会发展水平相适应的公共服务。基本公共服务均等化是指，全体公民都能够公平可及地获得大致均等的基本公共服务，其核心是促进机会均等，重点是保障人民群众得到基本公共服务的机会，而不是简单的平均主义。

在均等化理念下配置农村公共服务与基础设施并不是将公共资源无限度地投入建设中，也不是机械地套用服务人口和服务半径进行无差别化供给，而应在乡村振兴与新型城镇化耦合的背景下，坚持类型协同与区域协同相结合的原则，因地制宜实施城乡基本公共服务均等化。在少数民族特色村寨公共服务建设中应借助新型城镇化建设的动力资源，扩大城镇基础设施建设的外延，带动特色村寨公共服务提档升级，缩小村寨与周边城镇的发展差距，从而促进区域公共服务一体化。正如陈聚芳等人所指出的，针对目前我国城乡基本公共服务非均等问题，要通过建立城乡协同发展的基本公共服务制度，加大农村基本公共服务投入力度，加强管理与维护，补齐公共服务建设的短板，以基本公共服务均等化助力乡村产业振兴。③

---

① 刘尚希：《基本公共服务均等化：现实要求和政策途径》，《浙江经济》2007 年第13 期。

② 张立荣、李军超等：《基于收入差别的农村公共服务需求偏好与满意度研究》，《中国行政管理》2011 年第 10 期。

③ 参见陈聚芳、颜泽钰等：《以基本公共服务均等化助力乡村经济振兴》，《经济论坛》2018 年第 7 期。

二、特色村寨基础设施与公共服务建设的实践经验——来自王岗村和清真村的实证资料①

（一）王岗村：巧用"三盘四碟八大碗"，推动基础设施与公共服务均等化

王岗村位于贵开（贵阳市至开阳县）快速铁路和贵开高等级路的新香（新堡布依族乡至禾丰乡香火岩）旅游走廊带，交通便利，环境优美，是贵阳市第四届旅游发展大会推介的"泉城五韵"乡村精品旅游示范村之一，也是国家民委命名的首批"中国少数民族特色村寨"。该村辖6个村民组、4个自然村寨，共202户843人，布依族占总人口的95%以上。近年来，王岗村紧扣特色民风民俗，积极找准工作载体，不断总结创新，把布依美食文化中的"三盘四碟八大碗"菜系进行细化包装，并赋予其的新内涵："三盘"是指，盘拢民心、盘活资源、盘壮产业；"四碟"是指，秉持忠心、真心、良心、公心；"八大碗"是指，围绕饮水、住房、就业、出行、就学、医保、上网、文化活动提供服务。该村以"三盘四碟八大碗"工作法为抓手，推动基础设施与公共服务均等化的成功做法有以下三点：

1. 着力完善基础设施建设

王岗村瞄准"百姓福生态美，建设贵州新未来"的发展目标，按照建设"全域旅游休闲小镇"的工作思路，把少数民族特色村寨建设、美丽乡村建设、文化产业发展、农业结构调整和实施乡村振兴战略结合起来，通过项目带动和招商引资，整合各类项目资金3.6亿

---

① 内容整理自课题组赴贵州省贵阳市乌当区新堡布依族乡王岗村、江苏省高邮市菱塘回族乡清真村获得的调研资料。

元（其中少数民族发展资金和政府投资 1788.9 万元），整村改造布依民居立面 3650 余平方米，综合治理河道 1200 米，硬化进村公路 5000 余米，铺设石板旅游循环路 2300 余米，新建生态停车场 12500 余平方米、布依文化墙 160 余米、铜鼓广场 1600 余平方米、民族文化广场 5000 平方米、农特产品展示平台 120 平方米、布依风雨桥 2 座、观光休闲亭 3 座、生态环保型公厕 2 座、中国少数民族特色村寨标识牌 1 组。新建枫叶谷度假区 800 亩，完成室内室外水上乐园、温泉、丛林探险等配套设施建设，该度假区已于 2016 年 5 月正式对外营业。

2. 着力提升人居环境品质

王岗村严格按照贵州省《传统文化村落保护与发展条例》和《村庄整治建设规划》的要求，加大村寨人居环境综合整治力度，取得了显著成效。例如，对房屋立面进行改造，统一风格和色调，突出布依民居特色；安装太阳能路灯，推广使用沼气，鼓励村民在自家庭院周围养花种树，村容寨貌实现了美化、绿化、亮化；开展村内清洁能源项目工程建设，从根本上解决村寨旅游发展所产生的污水治理难题；大力普及农村卫生健康知识，新建村级卫生室，开展卫生评比活动，使村民的文明程度得到提高，脏、乱、差现象明显改观；实施高速移动通信网络全覆盖，大力发展农村电商，庖汤①文化产业蓬勃兴起，给村民带来更多增收致富的机会。

3. 着力调整农业产业结构

王岗村引进"好一佳""布依仙歌客寨""台湾欧洲龙虾"等龙头企业入驻，采用"公司+基地+农户+市场"的模式，集约利用土地

---

① 庖汤是黔东南地区农村群众宰杀年猪时必吃的第一道菜。当地布依族有吃庖汤迎新年的习俗，他们用刚宰杀的年猪举行祭奠仪式，然后煮一大锅新鲜猪肉来款待客人，俗称"吃庖汤"，寓意新的一年吉祥安康。

资源，增加就业岗位，形成村民增收的利益联结机制。"好一佳"公司建设的农旅项目"枫叶谷"度假区，日接待游客达 3000 多人次，日收入达 90 多万元，安排贫困户 15 户 35 人就业。该村成立王岗草莓专业合作社和昌华旅游服务公司，种植草莓 200 亩，定期举办厨艺、创业培训班，共培训村民 139 人次。通过组织村民外出参观学习先进管理经验，规范经营方式，扶持发展"农家乐"24 户，带动村民就业 200 多人。2017 年，王岗村仅旅游产值一项就高达 4000 多万元，村集体经济收入达 288 万元。

（二）清真村：背靠"长三角"，以新型城镇化带动基础设施与公共服务均等化

"菱塘是个穷山岗，十年倒有九年荒。百日无雨禾苗黄，一场大水白茫茫……"这是昔日流传在坊间的一首歌谣。而今，这里回汉群众形容自己的生活是"空调墙上挂，轿车跑天下，通讯智能化，上网知天下"。今昔对比，真实生动地反映了新型城镇化给菱塘带来的翻天覆地的变化。清真村位于高邮市菱塘回族乡西北部，全村共 520 户 1570 人，回族人口占总人口的 89%，是江苏省历史悠久的一个回民古村落，也是国家民委命名的首批"中国少数民族特色村寨"。近年来，菱塘乡背靠"长三角"，以新型城镇化带动基础设施与公共服务均等化，特色村寨建设取得长足进展。

2011 年，菱塘乡政府邀请东南大学城市规划设计研究院，编制完成《高邮市菱塘回族乡总体规划（2010—2030）》，将 1 个集镇、2 个社区、6 个村、22 个农民集中居住点（含 1 个少数民族特色村寨）进行整体规划。规划强调保护滨湖生态环境，合理利用民族特色旅游资源，优化城镇空间布局结构，整合乡域发展空间，推动村镇基础设施与公共服务均等化。在村镇一体化建设方面，集镇规划总面积达 4.3 平方公里，形成"四纵五横"的交通体系网。其中，"四横"是

指，贯穿集镇东西的北外环路、兴菱路、团结路和通湖路；"五纵"是指，贯穿集镇南北的西外环路、清真路、杨菱北路、东外环路和经七路。根据"布局集中、用地集约、产业集聚"的要求，优化乡镇工业发展布局，集中建设高标准工业区，工业发展布局规划形成"三区"结构，即电缆工业区、民族特色工业区、科技创新区。目前，村镇基础设施投入超过 2 亿元，开发面积近 2000 亩。初具规模的菱塘工业集中区呈现出"环境园林化、交通网络化、设施现代化、功能区域化"的特点与优势。

菱塘乡坚持以绿化为引领，以道路铺绿、小区植绿、巷道补绿、门前摆绿、拆墙透绿为重点，多措并举加大绿化建设力度，全面建设园林型企业、花园型小区、景点型村部、生态型农村。截至 2017 年底，该乡已建成占地 1.2 万平方米的民族广场、对街心花园、亚光游园、灯塘花园、林青生态园、清真张庄示范庄园等一批绿化美化的村民休闲场所；先后对集镇区内的双庆河实施生态清淤护岸工程，做到防护与美化同步，呈现"水在绿中、树在水中"的优美景象；结合村民集中居住的特点，建设集休闲、锻炼、娱乐于一体的"一村一景"工程，绿化面积近 120 万平方米，人均公园绿地约 15 平方米，绿化覆盖率达43%，村镇绿化水平大幅提升，老寨古村换新颜。为满足村民日益增长的精神文化需求，菱塘乡还采用"政府搭台、民众唱戏"的方式，积极举办民间文体活动，特色村寨活化保护迈上新台阶。

三、特色村寨基础设施与公共服务建设存在的问题

（一）基础设施建设短板

1. 底子薄，欠账多

特色村寨发展条件滞后，基础设施欠账较多，有的偏远贫困村寨

甚至尚未实现道路村村通和邮政村村通，这给当地村民的生产生活带来极大不便。在一些条件较好的村寨，垃圾处理厂、污水处理设施、人畜饮水设施、供热燃气设施未能实现全覆盖。比如，大多数村寨由于没有垃圾处理厂和垃圾集中储运设施，垃圾露天堆放的现象普遍；因污水处理设施缺乏，村域河湖水体存在不同程度的污染；等等。

2. 投资力度不够，针对性不强

目前我国绝大多数特色村寨在基础设施建设方面实行的是自上而下"单一供给制"的建设模式，资金来源渠道单一，民间资金投入较少。特色村寨因特有的文化环境和产业发展状况，其建设路径与发达地区乡村有所不同。然而，地方政府和相关部门未能考虑到村寨的特殊性，在基础设施规划建设等方面往往采取"一刀切"的办法。调查了解到，交通部门为农村公路修建确定的每公里 10 万元的补助标准，这只能满足平原地区的建设成本需要。而位于偏远山区的特色村寨，其建设成本至少需 30 余万元。

3. 重建设，轻管养

"文化广场修好了，卫生没人打扫；道路修好了，养护没跟上"。这是我们调研中发现的问题。该问题的原因在于缺乏基础设施管养机制。地方政府对基础设施建设的积极性普遍很高，但由于管理经营权与使用权界定不明晰，容易出现"谁愿意管就谁管"的无序现象。部分工作人员和村民对基础设施养护的意识淡薄，不少设施年久失修、功能老化。特色村寨基础设施管养范围仍局限于实体设施，其方式也多为纯粹的义务服务，缺乏严格规范的管养制度和激励保障。

4. 重"硬件"，轻"软件"

基础设施除了包括交通、水利、通讯等硬件设施外，还应包括劳动者的文化素养、农业技能，以及思想价值观等"软件"要素。在特色村寨基础设施建设的过程中，重"面子"轻"里子"的现象较为普遍，甚至出现一些政绩工程和形象工程，耗费了基层大量的人力、物力和财力，严重制约村寨产业结构调整和乡村文化振兴。

（二）公共服务建设缺口

在教育方面，我国九年义务教育自1986年正式实行以来，经过30多年的普及与发展，大部分农村地区已实现"人人有学上"的目标。但地处偏远的特色村寨基础教育普及率相对较低，落后于发达地区的农村。尤其是民族地区农村合村并组后，村级教学点被撤销，村民子女上学面临困难；在医疗卫生方面，看病远、看病难的问题在一些村寨相当突出。村级医务室因资金不足、设备有限、专业人才缺乏，医疗卫生服务水平整体不高，达不到"小病不出村、常见病不出乡、一般大病不出县"的要求。因偏远民族地区信息闭塞，医疗健康知识普及度不高，村民有病不治、小病拖成大病的现象时有发生；在社会保障方面，我国对农村社会保障资金总体投入不足，村民保险意识薄弱，参保的积极性不高，如只注重养老保险和医疗保险，而对重大疾病保险、人身意外保险等少有问津。相比之下，民族乡村的社保资金更加紧缺，特色村寨社保范围及水平更为有限。

四、特色村寨基础设施与公共服务建设的优化对策

（一）基础设施建设的对策

1. 加大投入力度，着力补齐短板

要按照"四好农村路"建设标准，以及乡村旅游等产业振兴的新要求，实施通村组道路硬化工程，提高村寨道路通行能力。要加快推进新一轮农村电网改造升级，制定特色村寨通动力电规划，推进可再生能源开发利用。要落实"数字乡村"发展战略，加快特色村寨宽带网络和第四代移动通信网络全覆盖的步伐，开发满足村寨发展需

要的信息软件和平台，加快远程医疗、远程教育等技术的普及应用。要加强县、乡、村三级基础设施互联互通，推动城镇基础设施向村寨延伸和覆盖，形成城乡一体的基础设施网络体系。要以垃圾、污水治理和村容村貌改善提升为主攻方向，整合各方资源，多措并举，稳步有序推进特色村寨人居环境问题的整治。建设无害化的垃圾处理厂，制定相关规章制度，引导村民自觉维护环境卫生，清洁处理生活垃圾。总结推广不同村寨污水治理经验，加强技术支撑和指导，组建以村民为主体的专业化污水处理设施管养队伍。深入推进农村"厕所革命"，开展户用卫生厕所建设和改造，同步实施粪污治理，补齐影响村民生活品质的短板。实施村寨绿化行动，鼓励村民结合特色村寨地形和气候特点，种植宜生植被，建设宜居宜业的美丽村寨。

2. 因地制宜，科学合理规划

特色村寨基础设施建设是一项具有完整性、系统性、前瞻性的工作，其规划的科学合理与否直接关系村寨发展的可持续性。要将基础设施建设与村寨整体发展规划紧密结合，立足自身实际，做到有重点、有亮点，使基础设施建设在统筹安排、科学部署下创新性地开展。县乡政府及相关部门要对特色村寨基础设施建设的成本进行标准化预算。以实际需求为导向，实行宽松的规划管制和弹性的资金使用政策，促进基础设施建设供需对接。进一步规范建设项目的招投标制度，严格控制工程质量，加强对项目建设全过程的监督。坚持"一张蓝图绘到底"，以全域规划引领特色村寨建设。

3. 建立政府主导、社会参与的投资模式

各级政府应加大对特色村寨基础设施建设的投入，坚持把农业生产性设施、农村生活设施、农村生态保护设施、农村社会发展设施等作为国家固定资产投资的重点领域，确保力度不减弱、总量有增加，为当地特色产业发展、精准脱贫和民生改善创造条件。发挥政府投资的引导与撬动作用，采取直接投资、投资补助、资本金注入、财政贴息、以奖代补、先建后补、无偿提供建筑材料等多种支持措施，以产业振兴发展带动基础设施提质升级。以乡情乡愁为纽带，用特色资源换资本，按照"谁投资、谁受益"的原则，实施灵活的招商引资政策，吸引更多的社会资本投向基础设施建设领域。鼓励企业、社会组织、个人通过捐资捐物、结对帮扶、包村包项目等形式，参与特色村寨基础设施建设和管养，形成政府、市场和社会合力共促基础设施建设的良好局面。

4. 建立基础设施管养长效机制

一是要明确基础设施管理的责权范围，通过下放管理权和经营权，层层分级，责任到人，构建"区县统筹、乡镇主抓、村寨实施"的管养责任体系。二是要加强基础设施管养的资金保障。一方面，积极争取各级财政资金支持；另一方面，按照"谁受益、谁负担、谁管理"的原则，创新承包、租赁等形式，实行企业化管理与商业化运作，由村集体或受益群体通过"一事一议"的方式多渠道筹集资金。三是要发挥村民主体作用，把基础设施管养作为一项重要内容写入村规民约，内化成为村民的自觉行动。鼓励村民成立管养协会，制定章程，确保管养措施落到实处。发挥老干部、老军人、老教师、老模范、老族长以及村老、寨老的带头作用，调动各方积极性合力开展设施管养。

5. 激发基础设施建设的内生动力

对于特色村寨的基础设施建设，不仅要注重物资投入，还要激发群众的内生动力。特别是贫困村寨要把扶贫同扶志扶智相结合，以基础设施扶贫为突破口，提升村民综合文化素质及村寨建设能力，为可持续巩固脱贫创造条件。充分利用村民小组会、院场会、入户会等形式，加强村民群众思想教育。广泛开展向先进劳模学习等活动，弘扬自力更生、艰苦创业的"现代愚公"精神，引导村民转变观念，克服"等、靠、要"。此外，还要加大信息技术及软件的开发与应用，推动大数据、人工智能与乡村产业发展、公共服务、村寨治理等有机结合，让村民在共建共治共享中拥有更多获得感、幸福感和安全感。

（二）公共服务建设的对策

在教育方面，要科学规划县域范围内教育基础设施布局，整合各类教育资源，加大教学配套设施建设的投入力度。统筹城镇与乡村师资配置，重点向偏远村寨倾斜，配齐建强乡村教师队伍，解决"乡村弱""城镇挤"的两难问题。以实施新型职业农民培育工程为抓手，创新培训机制，支持农民专业合作社、农业协会、龙头企业等新型农业经营主体参与开展项目培训。鼓励村民通过弹性学制接受中高等农业职业教育，引导高质量就业和返乡创业；在医疗卫生方面，要建立公办为主、民办为辅，两者相辅相成的乡村医疗卫生服务供给体制，提高医疗卫生资源的可及性与便捷性。加强县、乡、村三级基层医疗卫生服务体系建设，改善村民就医环境，提高医疗服务水平和服务能力。同时，各级医疗卫生服务机构要向村民普及医疗卫生知识，倡导健康的生活方式，增强村民健康知识知晓率和卫生防病意识；在社会保障方面，要加强民族地区农村社会保障体系建设，完善城乡居民基本医疗保险、大病保险制度以及最低生活保障制度，做好深度贫困地区特色村寨的社会救助兜底工作，提高社会保障扶贫的实效。注重发挥少数民族传统社会组织在村寨扶危济困方面的积极作用，建立健全覆盖偏远民族地区的农村留守儿童、留守妇女、留守老人和残疾人等特殊群体的关爱服务体系。

结　语

实施乡村振兴战略，是党的十九大作出的重大决策部署。习近平总书记在参加十三届全国人大一次会议山东代表团审议时指出，推动乡村振兴健康有序进行，要规划先行、精准施策、分类推进，科学把握各地差异和特点，注重地域特色，体现乡土风情，特别要保护好传统村落、民族村寨、传统建筑，不搞一刀切，不搞统一模式，不搞层层加码，杜绝"形象工程"。2018年4月，习近平总书记视察湖北时强调，要聚焦产业兴旺、生态宜居、乡风文明、治理有效、生活富裕，着力推进乡村产业振兴、人才振兴、文化振兴、生态振兴、组织振兴。以乡村振兴战略为契机，推进少数民族特色村寨建设，应围绕"五个振兴"，做足"特"字文章。

一是培育产业放大特色，推动特色村寨产业振兴。良好的人文自然资源禀赋为民族地区产业转型升级提供了得天独厚的条件。要宜农则农、宜林则林、宜商则商、宜游则游、宜工则工，实施"一村一特""一村一品"扶持计划，培育生态种养殖、农副产品加工、传统工艺品生产，以及与民族文化相关的乡村旅游等特色优势产业。依托乡村振兴政策支持体系，通过"合作社+农户""企业+合作社+农户"等多种途径，实现特色村寨分散的家户经济与现代农业发展有机结合。要推动市民下乡、能人回乡、企业兴乡，促进城市资金、技术、人才、信息等要素与特色村寨资源有效对接，打造乡村产业振兴新引擎。鼓励民间精英、新乡贤、公益组织等参与村寨建设，引导社会资本与村集体、农民开展股份、租赁、流转等合作经营，兼顾各方利益，保障村民权益。

二是汇聚人才助力特色，推动特色村寨人才振兴。民族地区要把人力资本开发摆在更加突出位置，畅通智力、技术、管理下乡通道，造就更多下得去、留得住、用得上的少数民族特色村寨建设人才。对口联系高校相关专业，着力培养现代农业科技人员、电子商务创业人员、乡村旅游经营管理人员等实用人才，培育一批农业职业经理人、经纪人、乡村工匠、文化能人。建立合理的挂职、兼职和离岗创业制度，鼓励大学生、志愿者到偏远村寨及周边企业开展实习实训、创新创业。通过项目回移、资金回流、技术回乡、信息回馈、智力回哺等方式，引导外出人才返乡参与特色产业发展。以乡情乡愁为纽带，建立有效的激励机制，吸引支持社会各界投身特色村寨建设，使之成为乡村振兴的建设性力量。

三是规划改建彰显特色，推动特色村寨文化振兴。要紧扣城镇空间发展布局，分年度、分县市、分区域制定特色村镇建设规划，依托不同山水田园风光，探索建设生态观光型、采摘体验型、农家特色餐饮型、民俗体验型等少数民族特色村寨。结合已划定扶贫片区的乡村振兴目标，因地制宜规划安排，将脱贫攻坚总体目标与乡村振兴阶段性任务对接，实现脱贫攻坚与乡村振兴协同共进。要挖掘村寨文化内涵，弘扬少数民族优秀传统文化，按照"民族文化有形化"的要求打造文化品牌，发掘与整理民族文化艺术图案和符号，为特色民居改造与建设提供素材。通过加大文化扶贫资金投入，完善文化活动中心、文化广场、民俗馆、博物馆等基础设施，注重树立和突出各民族共享的中华文化符号和中华民族形象，使各民族优秀文化得到传承和发扬。

四是创优环境提升特色，推动特色村寨生态振兴。要正确把握生态环境保护和经济发展的关系，坚持在保护中发展、在发展中保护，探索协同推进少数民族特色村寨生态优先和绿色发展的新路径。以"绿水青山就是金山银山"的理念为指导，通过创建优美的人居环境，努力把生态优势转化为经济、环境、人文优势，把生态资源转化为生态资本、生态生产力；以民居保护与改造为抓手，突出民族建筑风格，建设以特色民居为主调、山水风光为基调、民族风情为底色的少数民族特色村寨；以推进农村人居环境整治为重点，深入开展"厕所革命"，加强污水处理、垃圾储运、清洁能源应用等环保设施建设，全面实行河湖长制，落实县、乡、村三级环保主体责任，严格环境监管执法，构建生态宜居的美丽村寨。

五是强化机制支撑特色，推动特色村寨组织振兴。必须坚持党管农村工作，加强村寨基层党组织建设，落实党政主体责任，建立省市县乡村五级书记共抓乡村振兴的责任制，选派精干力量帮助开展特色村寨建设。加强领导协调，处理好机构的上下级关系，打通各职能部门之间的壁垒，密切民族工作部门与其他部门、村寨社区、社会组织的协作配合，构建政府主导、部门协同、社会参与、上下联动的少数民族特色村寨合作共建机制。要将特色村寨建设与铸牢中华民族共同体意识教育、民族团结进步创建、传统村落保护、特色小镇建设等结合起来，统筹安排、协同推进。出台规范在少数民族聚居区范围内项目规划与实施的指导性文件，引导各部门充分考虑少数民族村寨发展的特殊性，确保建设工作有效开展并取得实效。

附录一　乡村振兴与少数民族特色村寨建设调查问卷

尊敬的朋友：

您好！

为贯彻党的十九大精神，深入实施乡村振兴战略，加强少数民族特色村寨建设，乡村振兴与少数民族特色村寨建设课题组根据研究需要，组织开展此次问卷调查，希望听取您的真实想法、意见和建议，以便为相关政策的制定和改革举措的推出提供参考。

根据国家法律和课题的规定，本次调查以不记名的方式进行，调查的结果仅供研究之用，我们将替您严格保守秘密，您不必顾虑。

衷心感谢您的支持与合作！

2018 年 4 月

填答说明：

1. 请在所选择的选项前面的□里打"√"，或在空白处填上适当的内容。

2. 单选类题目只能选择一个选项，多选类题目选择两个或两个以上的选项。

3. 请您独立填答问卷，无需与他人商量。

调研地点：_____省_____市（县）_____乡（镇）_____村

A. 您的基本情况

A1. 您的性别是：（单选）

□（1）男　　　　　　　□（2）女

A2. 您的年龄是：（单选）

□（1）18—22 岁　　□（2）23—35 岁　　□（3）36—45 岁

□（4）46—60 岁　　□（5）60 岁以上

A3. 您的民族成分是：（单选）

□（1）汉族　　　　　□（2）壮族　　　　　□（3）回族

□（4）满族　　　　　□（5）维吾尔族　　　□（6）苗族

□（7）彝族　　　　　□（8）土家族　　　　□（9）藏族

□（10）蒙古族　　　□（11）侗族　　　　　□（12）其他

A4. 您的学历是：（单选）

□（1）小学及以下　　　　□（2）初中

□（3）高中或中专　　　　□（4）大专及以上

A5. 您的政治面貌是：（单选）

□（1）群众　　　　　　　□（2）共青团员

□（3）中共党员（含预备党员）

□（4）民主党派及无党派人士

A6. 您的职业、身份是：（单选）

□（1）市、县（区）公务员　□（2）乡镇干部

□（3）教师　　　　　　　　□（4）乡镇站所/服务中心职工

□（5）村干部　　　　　　　□（6）农民（种地）

□（7）企业工人（务工）　　□（8）个体工商户

□（9）学生　　　　　　　　□（10）其他

A7. 您全家去年全年的总收入为：（单选）

□（1）5000 元以下　　　　□（2）5001—10000 元

□（3）10001—20000 元　　□（4）20001—30000 元

□（5）30001—50000 元　　□（6）50001—70000 元

□（7）70001—90000 元　　□（8）90001—100000 元

□（9）100000 元以上

A8. 您的家庭人口为 ＿＿＿＿＿ 人；家庭承包地面积约为 ＿＿＿＿＿＿＿ 亩。

B. 特色产业建设

B1. 您认为您所在村寨最适合发展的产业是：（多选）

□（1）传统农牧业　　　　□（2）矿产开发和冶炼

□（3）民族中草药　　　　□（4）民族服饰及手工艺品制作

□（5）生态养殖业　　　　□（6）民族特需品制造

□（7）民族特色餐饮　　　□（8）民族文化旅游

□（9）电商物流业　　　　□（10）其他

B2. 您所在村寨是否有知名产品品牌：（单选）

☐ （1）是　　　　　　　　　　　　☐ （2）否

没有知名品牌的原因是：（多选）

☐ （1）政府支持和宣传推广不够

☐ （2）产量没有达到一定的规模

☐ （3）民族文化习俗差异

☐ （4）缺乏懂产品营销战略方面的人才

☐ （5）产品包装档次不够

☐ （6）同类产品过多

☐ （7）其他

B3. 您所在村寨是否存在土地或农房闲置的现象？（单选）

☐ （1）是　　　　　☐ （2）否

导致这种现象产生的最主要原因是：（单选）

☐ （1）地方政府规划和指导不够

☐ （2）村民外出务工

☐ （3）利用成本较高

☐ （4）家庭特殊困难（如残障户、五保户、极贫户等）

☐ （5）其他

B4. 您对网上在线销售农特产品的流程是否熟悉？（单选）

☐ （1）非常熟悉　　　☐ （2）熟悉　　　☐ （3）一般

☐ （4）不熟悉　　　☐ （5）非常不熟悉

B5. 您认为目前一些少数民族农特产品缺乏质量监管的原因有：
（多选）

☐（1）政府未出台专门的法律规定

☐（2）缺乏检疫检测方面的专业设备和人员

☐（3）农特产品缺乏规模化生产

☐（4）申请检疫检测的门槛较高

☐（5）村民食品安全和产品质量意识不强

☐（6）农特产品缺乏相应质量标准

☐（7）其他

B6. 您认为目前农村专业合作社在带动产业振兴方面还有哪些困难？（多选）

☐（1）政府扶持和引导不够

☐（2）融资渠道较窄

☐（3）缺少专业技术人才

☐（4）内部管理制度落后

☐（5）社会化服务体系不健全

☐（6）缺少与之合作的企业

☐（7）利益联结不紧密

☐（8）缺乏市场营销平台

☐（9）其他

C. 生态宜居建设

C1. 您所在村寨的民居建筑与自然环境是否协调和谐?（单选）

　　□（1）是　　　　　　　　　　□（2）否

您认为不协调不和谐的最主要原因是：（单选）

□（1）政府缺乏科学规划和布局

□（2）相关政策法规不完善

□（3）相关部门监管不力

□（4）村干部宣传教育不够

□（5）村民缺乏整体保护意识

□（6）其他

C2. 请问您所在村寨的垃圾是否经过科学的分类处理?（单选）

　　□（1）是　　　　　　　　　　□（2）否

没有科学分类的原因是：（多选）

□（1）村民环保意识薄弱

□（2）缺少相关设施（如分类垃圾箱、垃圾池等）

□（3）垃圾分类成本高

□（4）缺乏科学普及和指导

□（5）尚未建立责任制

□（6）其他

C3. 您对您所在村寨生态环境情况的满意度是?（单选）

　　□（1）非常满意　　　　□（2）满意　　　□（3）一般

□（4）不满意　　　　　　□（5）非常不满意

C4. 您所在村寨是否建有环保型公共厕所？（单选）

□（1）是　　　　　　　　　　□（2）否

没有建环保型公共厕所的原因是：（多选）

□（1）公共卫生经费投入有限

□（2）粪便处置技术不达标

□（3）缺乏相应建设标准

□（4）对乡村公共卫生重视程度不高

□（5）受长期生活习惯和传统民居格局影响

□（6）其他

C5. 您认为您日常出行是否方便？（单选）

□（1）是　　　　　　　　　　□（2）否

出行不便的主要原因是：（多选）

□（1）路况条件不好

□（2）周边自然条件恶劣

□（3）客运班线未覆盖

□（4）通行能力不足

□（5）缺乏道路养护

□（6）可供选择的出行方式有限

□（7）农村客运运营管理水平不高

□（8）其他

C6. 您认为您所在村寨的特色民居建筑是否存在安全隐患？（单选）

□ （1）是　　　　　　　　□ （2）否

↓

存在安全隐患的原因是：（多选）

□ （1）自然灾害频发

□ （2）年久失修

□ （3）避险措施不到位

□ （4）安全防范意识不高

□ （5）修缮保护资金不足

□ （6）古民居修缮难度大

□ （7）其他

D. 乡风文明建设

D1. 您认为旅游开发是否会造成少数民族文化遗失：（单选）

□ （1）是　　　　　　　　□ （2）否

↓

导致少数民族文化遗失的原因有：（多选）

□ （1）市场化、商业化泛滥

□ （2）保护理念偏差

□ （3）活态化保护不够

□ （4）外来文化冲击很大

□ （5）移植其他文化

□ （6）盲目景区化

□ （7）其他

D2. 您认为政府在村寨民居建筑保护方面应采取哪些措施：（多选）

□（1）完善政策法规　　□（2）提供资金支持

□（3）加强宣传教育　　□（4）加大处罚力度

□（5）产权认定和保护登记　□（6）组建专业修缮队伍

□（7）其他

D3. 您所在村寨的非物质文化遗产保护与传承面临哪些困难：（多选）

□（1）相关法律政策不够完备

□（2）政府资金投入不足

□（3）保护机构不健全

□（4）非遗名录体系不够完善

□（5）传承人数量不足且老龄化程度高

□（6）传承方式急需革新

□（7）非遗项目生产性保护过度

□（8）其他

D4. 您认为您所在村寨公共文化建设的重点是：（多选）

□（1）促进各民族文化交融　□（2）加大文化经费投入

□（3）加强公共文化设施建设

□（4）鼓励民族题材的文艺创作

□（5）挖掘本土的文化人才　□（6）打造民族文化品牌

□（7）加强文化监管，杜绝黄赌毒现象

□（8）提供文化下乡服务　　□（9）其他

D5. 您所在村寨是否存在大操大办、铺张浪费的现象：（单选）

    □（1）是　　　　　　　　　　　　　　□（2）否

> 您认为可以通过哪些方式改变这种风气：（多选）
>
> □（1）修订乡规民约
>
> □（2）正风肃纪，加大整治力度
>
> □（3）村干部、新乡贤发挥模范带头作用
>
> □（4）加强宣传教育，丰富村民精神文化生活
>
> □（5）开展星级文明户、文明家庭等创建活动
>
> □（6）其他

E. 基层治理建设

E1. 您所在村寨乡村公共事务民主协商机制是否健全？（单选）

    □（1）是　　　　　　　　　　　　　　□（2）否

> 您认为不健全的主要原因有：（多选）
>
> □（1）没有协商制度和规范
>
> □（2）乡村干部说了算
>
> □（3）村寨缺乏民主氛围
>
> □（4）村民议事能力不足
>
> □（5）村务监督较弱
>
> □（6）其他＿＿＿＿＿＿＿＿

E2. 您认为族长寨老在村寨管理中的影响力如何?(单选)

☐ (1) 非常有影响力,凡事都听从他们的安排

☐ (2) 有影响力,能够听从他们的安排

☐ (3) 影响力一般,偶尔会听从他们的安排

☐ (4) 影响力不大,几乎不听从他们的安排

☐ (5) 完全没有影响力,根本不听从

E3. 您认为老党员、村官、退休教师等在村寨治理中是否发挥了重要作用?(单选)

☐ (1) 是　　☐ (2) 否

E4. 您所在村寨村民之间矛盾纠纷的化解途径是?(单选)

☐ (1) 乡情感化

☐ (2) 村规民约、教义教规或家法族规约束

☐ (3) 族长寨老出面协调

☐ (4) 乡村干部帮助解决

☐ (5) 依法处理

E5. 您认为平安村寨建设的重点领域有:(多选)

☐ (1) 加大打黑除恶力度

☐ (2) 制止利用宗教干预村寨公共事务的行为

☐ (3) 整治村寨乱建庙宇、滥塑宗教造像等现象

☐ (4) 健全村寨公共安全与应急管理体系,排查安全隐患

☐ (5) 加强网格化管理和现代信息化服务

☐ (6) 其他

E6. 您认为加强村寨德治建设的重点领域有:(多选)

☐ (1) 挖掘少数民族乡村熟人社会蕴含的道德规范

☐ (2) 建立道德激励和约束机制,引导村民自我教育、自我管理、自我服务

□（3）宣传道德楷模以及邻里和睦、干群和谐、民族团结典型

□（4）开展道德模范评选表彰

□（5）发挥乡村党员干部在家风乡风营造中的榜样作用

□（6）其他

F. 民生保障建设

F1. 据您了解，精准脱贫政策在您村是否落实到位？（单选）

□（1）是 　　　　　　　　　　　　　□（2）否

您认为落实不到位的原因是：（多选）

□（1）贫困户识别不精确

□（2）与地方特色产业结合不紧密

□（3）没有考虑到贫困个体的差异

□（4）经费存在截留、挪用现象

□（5）驻村干部帮扶能力不强

□（6）脱贫考核机制不健全

□（7）其他

F2. 您认为目前阻碍返乡人员就业创业的主要因素是？（多选）

□（1）创业者缺乏相关知识与技能

□（2）融资贷款较难

□（3）政府帮助不够

□（4）解决用地问题难度大

□（5）创业团队难以组建

□（6）对相关政策不了解

□（7）税费负担较重

□（8）与当地民族风俗习惯不适应　□（9）其他

F3. 最近一年，您是否参加过现代农业技能培训活动？

□（1）是　　　　　　　　　　　　□（2）否

没有参加培训的主要原因是：（多选）

□（1）不知道有培训　□（2）时间冲突

□（3）交通不方便

□（4）授课内容枯燥，联系实际较少

□（5）语言沟通障碍

□（6）等待上门指导帮扶

□（7）有能力自学，不需要培训

□（8）其他

F4. 目前您认为最需要哪些方面的公共服务？（多选）

□（1）最低生活保障　□（2）医疗服务与保障

□（3）子女教育　　　□（4）养老

□（5）就业和劳务输出信息、技能培训

□（6）社会治安　　　□（7）乡村道路建设

□（8）农田水利设施建设□（9）农业实用技术推广

□（10）农业生产指导　□（11）电力、通讯设施建设

□（12）饮用水设施建设□（13）社会优抚

□（14）农村合作信贷　□（15）农产品供需信息

□（16）文化体育活动　□（17）环境保护

□（18）法律帮助　　　□（19）提高收入

□（20）其他

G. 改进工作的建议

G1. 根据您的感受，如果请您为乡村振兴与少数民族特色村寨建设提两条建议，您认为主要内容是什么？（请将建议写在下面的空格处，可另附页）

再次感谢您的支持与配合！

附录二　少数民族特色村寨保护与发展规划纲要（2011—2015 年）

（2012 年 12 月 5 日经国家民委委务会审议通过并印发）

一、前言

少数民族特色村寨是指少数民族人口相对聚居，且比例较高，生产生活功能较为完备，少数民族文化特征及其聚落特征明显的自然村或行政村。

少数民族特色村寨在产业结构、民居式样、村寨风貌以及风俗习惯等方面都集中体现了少数民族经济社会发展特点和文化特色，集中反映了少数民族聚落在不同时期、不同地域、不同文化类型中形成和演变的历史过程，相对完整地保留了各少数民族的文化基因，凝聚了各少数民族文化的历史结晶，体现了中华文明多样性，是传承民族文化的有效载体，是少数民族和民族地区加快发展的重要资源。

支持少数民族特色村寨保护与发展，是社会主义新农村、新牧区建设的重要组成部分，是民族工作的重要组成部分，也是保护中华文化多样性的重要举措。做好这项工作，对于促进民族地区经济发展，传承和弘扬少数民族传统文化，增强民族自豪感，提高各民族的凝聚力、向心力，巩固和发展平等、团结、互助、和谐的社会主义民族关系具有重要意义。

由于自然、历史等原因，少数民族特色村寨的保护与发展仍面临许多困难和问题，主要表现在：这些村寨多位于边远落后地区，贫困问题突出；受自身条件限制，传统经济转型困难；在工业化、城镇化的背景下，民族文化传承遭受巨大冲击；受多种因素影响，许多传统民居被造价低廉的简易建筑所取代，村寨的民族特色和乡村特色急速消失。因此，做好少数民族特色村寨保护与发展工作，在促进经济发展的同时抢救和保护少数民族传统文化刻不容缓。

2009 年，国家民委与财政部开始实施少数民族特色村寨保护与发展项目，三年来，中央财政投入少数民族发展资金 2.7 亿元，同时吸引多方面资金，在全国 28 个省区市 370 个村寨开展试点，取得明显成效。

根据《中共中央国务院关于深入实施西部大开发战略的若干意见》（中发〔2011〕10 号）、《国务院关于进一步繁荣发展少数民族文化事业的若干意见》（国发〔2009〕29 号）、《村庄和集镇规划建设管理条例》、《少数民族事业"十二五"规划》，编制本规划纲要。

二、指导思想、基本原则、扶持对象和发展目标

（一）指导思想

高举中国特色社会主义伟大旗帜，以邓小平理论、"三个代表"重要思想、科学发展观为指导，牢牢把握各民族共同团结奋斗、共同繁荣发展的民族工作主题，以改善民生为核心，把经济发展、文化传承、生态保护有机结合起来，以特色民居保护和改造为重点，加强基础设施建设，改善人居环境；以特色产业培育为龙头，促进少数民族群众增收，增强自我发展能力；以保护和传承民族文化为主线，加强

村寨公共文化设施建设，彰显群众文化活力；以民族团结进步创建活动为载体，增进各民族交流交往，构建和谐村寨。

（二）基本原则

1. 立足发展、保护利用。少数民族特色村寨既是保护对象更是发展资源，要通过挖掘利用少数民族村寨特有的文化生态资源，促进群众增收，带动少数民族优秀传统文化的保护和传承，做到在发展中保护，在保护中发展，走出一条有特色、可持续的发展路子。

2. 因地制宜、突出特色。把握少数民族特色村寨的发展规律，结合地域特征、民族特点、历史背景和发展水平，研究探索不同建筑类型、不同地域特征少数民族特色村寨保护与发展的不同模式，做到综合考虑、因地制宜、突出特色。

3. 科学规划、统筹兼顾。从自身优势出发，与扶贫开发、生态旅游、文化保护区和新农村、新牧区建设相结合，与当地的各专项规划相衔接，统筹兼顾，做到科学合理、依法办事、量力而行。要发挥好专家在规划制定中的专业作用，建立健全规划项目的专家论证、社会公示以及社会各界意见征集制度。

4. 政府主导、社会参与。把特色村寨保护与发展纳入当地经济社会发展总体规划，充分发挥政府在少数民族特色村寨建设中的主导作用，整合各方资源，同时发挥好市场机制的作用，广泛动员社会力量参与少数民族特色村寨的保护与发展。

5. 村民主体、自力更生。项目坚持以民生为本，使村民直接受益。项目决策、规划、实施、监督等过程都要吸收村民参与，尊重村民意愿。要发扬自力更生的精神，充分调动和发挥村民的积极性、主动性和创造性，提高村民的文化自觉性和自我发展能力。

（三）重点扶持对象

重点扶持少数民族人口比例不低于 30%、总户数不低于 50 户、特色民居不低于50%的村寨。重点扶持村寨同时须具有较浓郁的民族风情和较高的文化保护价值，具有较好的区位条件和一定的工作基础，地方政府和村民的积极性较高。

（四）保护与发展目标

"十二五"期间，在全国重点保护和改造1000个少数民族特色村寨。发展目标为：

——人居环境明显改善。试点村寨的水、电、路、通讯等基础设施基本完善，其中村内道路实现硬化、饮用水安全率达到100%、广播电视入户率达90%以上、特色民居占80%以上，环境综合治理机制基本建立。

——群众收入大幅提高。基本形成"一村一品"的特色产业，且对收入的贡献率不低于60%；村民人均收入稳步增长，年收入超过所在县平均水平，生活水平不断提高，民生状况进一步改善，自我发展能力进一步增强。

——村寨风貌、特色民居得到合理保护。建筑典型特征得到彰显，传统建筑技艺得到传承和发展。

——民族文化得到有效保护。民族文化有效传承，动静结合的民族文化保护模式基本形成，民族文化保护的体制机制基本建立。公共文体设施完好率达到100%，经常开展民族文化活动。

——村寨基本公共服务体系进一步完善。适龄儿童入学率达到95%以上，60%以上的劳动力享受到相应适用技能培训服务，社会保障实现全覆盖，有条件的村寨建有标准卫生室。

——民族关系更加和谐。农村基层组织的战斗堡垒作用进一步发挥，农村民主管理规范有序。经常开展民族团结进步创建活动，以民族团结进步示范创建为载体的活动形式不断深入，各民族相处更加和睦。

三、主要任务

（一）改善村寨生产生活条件

加强基础设施建设。提高村寨道路建设质量，重点抓好村寨与干线道路的公路连接和连户路的硬化。加强村寨饮水安全工程建设，全面推进集中式供水。结合新一轮农网改造工程，切实保障村寨生产生活用电。推进广播电视村村通等惠民工程，提高电话普及率、广播电视和宽带网络覆盖率。结合发展规划，统筹改善生产生活条件和旅游配套设施。

开展人居环境整治。按照大力推进生态文明建设的要求，着力做好农业清洁生产，积极引导发展循环农业，推广沼气、作物秸秆等生物质能和风能、太阳能等清洁能源，以清洁能源利用带动改圈、改厨、改厕；积极开展村寨环境卫生综合整治，加快改善农村人居环境。开展村寨污水、垃圾集中处理。建立健全村寨设施管护、环境保洁、村庄绿化和村容美化等方面的管理制度。

（二）大力发展特色产业

经济发展是各项事业发展的基础，加快少数民族特色村寨经济发展，培育"一村一品"的特色产业，增加群众收入，是实现少数民族特色村寨可持续发展的重要保障。

大力发展民族特色旅游业。充分发挥村寨自然风光优美、人文景观独特的优势，把经济发展与特色民居保护、民族文化传承、生态环境保护有机结合起来，培育壮大特色村寨乡村旅游。加强旅游设施建设，完善旅游服务功能，提升旅游接待能力。引导村民重点发展"农家乐""牧家乐""渔家乐""水上乐"，培育和开发少数民族特色餐饮。深入挖掘民族村寨文化，将民族文化元素有机地融入到民族村寨旅游产品开发的各个环节中。举办少数民族节日庆典、祭祀活动，集中展示村寨文化，丰富游览内容。加大对特色村寨的包装、推介、宣传力度，发挥少数民族特色旅游在推动民族乡村发展中的引领作用，培育一批特色村寨旅游示范点，形成特色村寨旅游品牌，提升特色村寨影响力。

改造提高传统优势产业。充分依托当地土地、草原、林地等优势资源，利用现代技术提升传统种养业，鼓励村民优化种养结构，发展特色种植、养殖，提高经济效益。保护少数民族特色村寨的特有品种资源，大力发展绿色无污染的原产地"名、优、特"农牧产品，大力发展特色农副产品、畜产品深加工，扩大生产规模，促进产业化。保护具有民族特色的传统生产技艺，充分挖掘少数民族生产生活习俗等特色资源，扶持和发展家户小作坊，积极生产具有民族特色、地域特色的传统手工艺品、食品、旅游纪念品。

（三）重点推进民居保护与建设

建筑是文化的结晶。少数民族村寨的特色民居形式多样、风格各异，集中反映了一个民族的生存状态、审美情趣和文化特色。保护好特色民居，是保护民族文化的重要措施。

特色民居的保护与发展，根据不同类型，采取保护、改建等不同方式，保护传统的营造法式和建造技艺，保持民族村寨的建筑风格以及与自然相协调的乡村风貌。

对具有历史文化价值的古建筑，可借鉴文物保护的方法，有选择地采取修缮加固、消除火灾隐患等措施加以保护。对这类民居，在维修、保护时要尽可能地保持其历史面貌。

在重点旅游景区，对那些没有民族特色的建筑，可采取"穿衣戴帽"等方式进行改造，使之与周围环境相协调。

在实施农村危旧房改造、移民搬迁、村屯合并等项目时，通过专业人员设计图纸，引导群众建设一些具有民族特色的新民居。新民居的外观通过运用一些民族建筑元素保持传统特色，但内部空间格局和设施应适应现代生活，主体结构也可使用现代建筑材料。新民居设计建设时要综合利用各种适宜技术，满足节能保温、抗震安居、节约土地、经济美观、舒适环保等要求。

（四）加强民族文化保护与传承

民族的本质特点是文化，保护民族特色村寨的乡土文化，就是保护民族文化的活水之源。

继续实施广播电视村村通、文化信息资源共享、农村电影放映、农家书屋等文化惠民工程，完善特色村寨的公共文化设施，重点加强集中体现民族特色、地方特色的标志性公共建筑，如寨门、戏台、鼓楼、风雨桥、凉亭、民俗馆、文化广场、文化长廊等的建设，为各族群众提供充足的公共文化活动空间。

着力加强对民族文化的抢救与保护。积极做好本地区民间文化遗产的普查、搜集、整理、出版和研究，并归类建档、妥善保存。重点抓好民族文化的静态保护、活态传承。通过文化室静态展示传统生产工具、生活用具、民族服饰、乐器、手工艺品，保存民族记忆。鼓励、引导村民将民族语言、歌舞、生产技术和工艺、节日庆典、婚丧习俗融入日常生活，活态展示民风、民俗，传承民族记忆。

加强民族文化的传承与发展。要重视发现、培养乡土文化能人、民族民间文化传承人特别是国家级和省级非物质文化遗产代表性传承人；鼓励民族文化进校园、进课堂；鼓励少数民族文化工作者和社会各界人士参与村寨文化建设和群众文化活动。积极推动民族文化产品开发，通过市场推动文化传承。发挥传统乡规民约在传承民族文化中的作用，提高村民的文化保护自觉性。

积极搭建群众性文化活动平台，鼓励村民开展对歌、跳民族舞蹈、举办节日庆典活动等文化活动，丰富群众业余文化生活，增强乡村民族旅游的文化特色和吸引力；支持群众创办具有当地特色的文化团体、表演队伍，精心培育根植群众、服务群众的民族文化活动载体和文化样式。

（五）深入开展民族团结进步创建活动

开展民族团结进步创建活动，构建和谐的民族关系，是推动少数民族特色村寨可持续发展的重要举措。

深入开展民族团结宣传教育，切实打牢民族团结进步创建的思想基础和群众基础。充分利用少数民族传统节日开展创建活动，采取文艺演出、体育竞技等多种形式，促进各民族交流、理解和团结。把民族团结的内容纳入村规民约、文明家庭和文明村民评选标准，增强各族群众珍惜和维护民族团结的自觉性。

深入开展民族政策、民族知识和民族法律法规的宣传教育，强化各族群众的法制意识、公民意识，依法维护其合法权益，及时妥善处理影响民族团结的矛盾纠纷，形成各族群众团结友爱、互帮互助的良好氛围。组织动员各族群众投身创建活动，争创民族团结进步模范村和模范个人，把民族团结进步创建活动引向深入。

四、组织实施和保障措施

（一）加强领导。建立健全推进少数民族特色村寨保护与发展工作的领导体制，坚持和完善省负总责、地市协调、县抓落实、乡镇具体实施的工作机制。充分调动各级、各部门的积极性，整合各方面资源，形成党委政府统一领导、有关部门各司其职、各方面通力协作的规划组织实施工作格局。民族工作部门要承担起具体工作的责任，切实做好统筹、协调和推进工作。

（二）加大宣传。加强少数民族特色村寨保护与发展目的、意义和政策措施的宣传，发动群众力量，调动村民保护与传承民族文化的自觉性和参与项目的主动性、积极性。通过多种渠道和形式，加大少数民族特色村寨保护与发展工作进展及建设成效的宣传力度，扩大社会知晓面，形成特色品牌。

（三）精心组织。少数民族特色村寨保护与发展工作涉及面广、任务重，民族工作部门要发挥好牵头作用，组织好项目申报，加强对村寨建设的规划设计、项目施工的具体指导；要突出特色，严格按照有关程序和要求实施项目，保证建设质量和进度，力争出精品、出形象、出效益。落实责任，建立健全"一村一档"制度，做好特色村寨项目的检查验收工作。

（四）多元投入。中央财政专项扶贫资金中安排少数民族特色村寨保护与发展资金，并根据需要逐步加大投入力度，主要用于项目村的特色产业发展、生产生活条件改善、农民生产性技术培训等。各级地方政府安排的资金项目要向少数民族特色村寨保护与发展倾斜。鼓励、引导、争取企事业单位、社会团体及个人援助投向少数民族特色村寨建设；鼓励和支持大专院校、科研单位参与少数民族特色村寨保护与发展的研究和建设；鼓励和支持各类市场主体参加少数民族特色村寨基础设施建设、特色产业发展、旅游开发。

（五）监督检查。加强对规划纲要执行情况的监测评估和督促检查，建立定期报送工作进展情况制度，建立少数民族特色村寨保护与发展项目信息系统。各地要加强规划实施情况的跟踪、评估，及时研究、反馈规划执行中的新情况和新问题，加强项目资金监督。建立和完善规划实施的激励机制，制定《少数民族特色村寨保护与发展项目检查验收办法》。国家民委与财政部将不定期地对各地少数民族特色村寨保护与发展情况进行督促检查，并通报有关情况。

参 考 文 献

一、中文文献

［1］《马克思恩格斯全集》第 25 卷，人民出版社 1974 年版。

［2］《马克思恩格斯选集》第 1、4 卷，人民出版社 2012 年版。

［3］《马克思恩格斯文集》第 1 卷，人民出版社 2009 年版。

［4］《邓小平文选》第三卷，人民出版社 1993 年版。

［5］习近平：《决胜全面建成小康社会　夺取新时代中国特色社会主义伟大胜利——在中国共产党第十九次全国代表大会上的报告》，人民出版社 2017 年版。

［6］王沪宁：《当代中国村落家族文化——对中国社会现代化的一项探索》，上海人民出版社 1991 年版。

［7］《中共中央国务院关于实施乡村振兴战略的意见》，人民出版社 2018 年版。

［8］费孝通：《乡土中国》，北京大学出版社 2012 年版。

［9］张康之：《为了人的共生共在》，人民出版社 2016 年版。

［10］王浦劬、臧雷振：《治理理论与实践：经典议题研究新解》，中央编译出版社 2017 年版。

［11］俞可平：《治理与善治》，社会科学文献出版社 2000 年版。

［12］孙柏瑛：《当代地方治理——面向 21 世纪的挑战》，中国人民大学出版社 2004 年版。

［13］项继权：《中国农村社区建设研究》，经济科学出版社 2016 年版。

［14］周平：《民族政治学》，高等教育出版社 2007 年版。

［15］张慰慈：《政治学大纲（外二种）》，安徽师范大学出版社 2017 年版。

［16］李忠斌等：《少数民族特色村寨建设的理论与实践》，湖北科学技术出版社 2016 年版。

［17］胡守钧：《社会共生论》，复旦大学出版社 2006 年版。

［18］于建嵘：《岳村政治：转型期中国乡村政治结构的变迁》，商务印书馆 2001 年版。

［19］李思强：《共生构建说（论纲）》，中国社会科学出版社 2004 年版。

［20］罗明军：《云南特有七个人口较少民族扶贫绩效调查研究》，中国社会科学出版社 2015 年版。

［21］苏祖勤：《民族地区乡镇服务型政府建设研究》，人民出版社 2014 年版。

［22］方堃：《当代中国新型农村公共服务体系研究——基于"服务三角"模型的分析框架》，中国社会科学出版社 2010 年版。

［23］肖远平、柴立等：《中国少数民族非物质文化遗产发展报告（2016）》，社会科学文献出版社 2016 年版。

［24］胡彬彬、李向军等：《中国传统村落保护调查报告（2017）》，社会科学文献出版社 2017 年版。

［25］王茂美：《村落·国家：少数民族政治认同研究——以云

南为例》，中国社会科学出版社 2015 年版。

　　［26］王丽华：《少数民族乡村政治体系的变迁与发展——以云南沧源佤族乡村为例》，人民出版社 2012 年版。

　　［27］刘鸿渊、陈怡男：《新农村建设中农民主体作用研究——以西南少数民族地区为例》，中国社会科学出版社 2016 年版。

　　［28］宋洪远、赵海等：《中国新型农业经营主体发展研究》，中国金融出版社 2015 年版。

　　［29］林庆、李旭：《城市化背景下少数民族乡村文化的保护——以云南为例》，云南人民出版社 2015 年版。

　　［30］王冬：《族群、社群与乡村聚落营造——以云南少数民族村落为例》，中国建筑工业出版社 2013 年版。

　　［31］何立荣、覃晚萍：《西部民族地区农村法治与和谐社会的构建：以法人类学为视角》，中国法制出版社 2015 年版。

　　［32］周挺：《乡村治理与农村基层党组织建设》，知识产权出版社 2013 年版。

　　［33］杨嵘均：《乡村治理结构调适与转型》，南京师范大学出版社 2014 年版。

　　［34］姚上海：《民族地区农民工返乡创业行为理论及实证研究》，世界图书出版公司 2013 年版。

　　［35］李玫：《民族地区女性农民工返乡创业问题研究》，中国社会科学出版社 2014 年版。

　　［36］樊英、李明贤：《职业农民培育问题研究》，中国农业出版社 2016 年版。

　　［37］［美］理查德·C. 博克斯：《公民治理——引领 21 世纪的美国社区》，孙柏瑛等译，中国人民大学出版社 2013 年版。

　　［38］［美］罗伯特·阿格拉诺夫、迈克尔·麦圭尔：《协作性公

共管理：地方政府新战略》，李玲玲、鄞益奋译，北京大学出版社 2007 年版。

［39］［美］尤金·巴达赫：《跨部门合作——管理"巧匠"的 理论与实践》，周志忍、张弦译，北京大学出版社 2011 年版。

［40］［美］乔治·弗雷德里克森：《公共行政的精神》，张成福 等译，中国人民大学出版社 2003 年版。

［41］［法］莱昂·狄骥：《公法的变迁：法律与国家》，郑戈、 冷静译，辽海出版社 1999 年版。

［42］［美］弗莱蒙特·E. 卡斯特、詹姆斯·E. 罗森茨韦克： 《组织与管理：系统方法与权变方法》，傅严、李柱流译，中国社会 科学出版社 2000 年版。

［43］［美］菲利普·库珀：《合同制治理——公共管理者面临的 挑战与机遇》，竺乾威、卢毅等译，复旦大学出版社 2007 年版。

［44］［德］斐迪南·滕尼斯：《共同体与社会：纯粹社会学的基 本概念》，林荣远译，北京大学出版社 2010 年版。

［45］徐勇：《"行政下乡"：动员、任务与命令——现代国家向 乡土社会渗透的行政机制》，《华中师范大学学报》（人文社会科学 版）2007 年第 5 期。

［46］徐勇：《县政、乡派、村治：乡村治理的结构性转换》， 《江苏社会科学》2002 年第 2 期。

［47］贺雪峰：《乡村治理研究的三大主题》，《社会科学战线》 2005 年第 1 期。

［48］邓大才：《走向善治之路：自治、法治与德治的选择与组 合——以乡村治理体系为研究对象》，《社会科学研究》2018 年第 4 期。

［49］党国英：《我国乡村治理改革回顾与展望》，《社会科学战

线》2008 年第 12 期。

［50］樊雅强、陈洪生：《社会主义新农村建设中的乡村治理理论与实践》，《江西社会科学》2007 年第 3 期。

［51］黄宗智：《集权的简约治理——中国以准官员和纠纷解决为主的半正式基层行政》，《开放时代》2008 年第 2 期。

［52］吴理财：《农民公共文化生活的式微与重建》，《中国乡村发现》2006 年第 1 期。

［53］韩小凤：《从一元到多元：建国以来我国村级治理模式的变迁研究》，《中国行政管理》2014 年第 3 期。

［54］于建嵘：《农村治理的问题与对策》，《中国政法大学学报》2008 年第 4 期。

［55］蔡文成：《基层党组织与乡村治理现代化：基于乡村振兴战略的分析》，《理论与改革》2018 年第 3 期。

［56］郑文换：《民族村寨的衰落：组织排斥、经济边缘化与文化断裂》，《广西民族研究》2016 年第 1 期。

［57］彭晓烈、高鑫：《乡村振兴视角下少数民族特色村寨建筑文化的传承与创新》，《中南民族大学学报》（人文社会科学版）2018 年第 3 期。

［58］康永征、薛珂凝：《从乡村振兴战略看农村现代化与新型城镇化的关系》，《山东农业大学学报》（社会科学版）2018 年第 1 期。

［59］刘涛、王震：《中国乡村治理中"国家—社会"的研究路径——新时期国家介入乡村治理的必要性分析》，《中国农村观察》2007 年第 5 期。

［60］董磊明、郭俊霞：《乡土社会中的面子观与乡村治理》，《中国社会科学》2017 年第 8 期。

［61］王俊程、胡红霞：《中国乡村治理的理论阐释与现实建构》，《重庆社会科学》2018 年第 6 期。

［62］李祖佩：《乡村治理领域中的"内卷化"问题省思》，《中国农村观察》2017 年第 6 期。

［63］周庆智：《官民共治：关于乡村治理秩序的一个概括》，《甘肃社会科学》2018 年第 2 期。

［64］刘合光：《乡村振兴战略的关键点、发展路径与风险规避》，《新疆师范大学学报》（哲学社会科学版）2018 年第 3 期。

［65］文丰安：《新时代乡村振兴战略推进之理性审视》，《重庆社会科学》2018 年第 4 期。

［66］王建民：《民族地区的乡村振兴》，《社会发展研究》2018 年第 1 期。

［67］谭英、胡玉鑫：《"家文化"建设与乡村振兴实践探索》，《西北农林科技大学学报》（社会科学版）2018 年第 4 期。

［68］刘锐：《乡村振兴战略框架下的宅基地制度改革》，《理论与改革》2018 年第 3 期。

［69］王洪生：《乡村振兴战略下家庭农场云融资模式与运作机制》，《河南师范大学学报》（哲学社会科学版）2018 年第 4 期。

［70］段超：《保护和发展少数民族特色村寨的思考》，《中南民族大学学报》（人文社会科学版）2011 年第 5 期。

［71］王岚：《四川少数民族特色村寨保护与发展现状及对策分析》，《贵州民族研究》2013 年第 6 期。

［72］董迎轩、周真刚：《黔东南少数民族村规民约对其传统建筑的保护》，《贵州社会科学》2013 年第 3 期。

［73］彭飞：《以彭家寨吊脚楼建筑群谈鄂西土家族传统民居的价值与保护》，《小城镇建设》2011 年第 2 期。

［74］曹大明、黄柏权等：《宜昌车溪少数民族特色村寨的"特色"建构及其社会变迁研究》，《黑龙江民族丛刊》2011年第4期。

［75］刘志宏、李钟国：《城镇化进程中少数民族特色村寨保护与规划建设研究——以广西少数民族村寨为例》，《广西社会科学》2015年第9期。

［76］赵静、周健：《建设广西民族特色村寨的思考》，《桂海论丛》2013年第5期。

［77］李军、王换茹等：《关联、成因与转向：对特色村寨精准扶贫的再思考》，《铜仁学院学报》2018年第2期。

［78］袁彪：《基于精准扶贫视角下的乡村振兴发展路径探索》，《农业经济》2018年第7期。

［79］张晓山：《实施乡村振兴战略的几个抓手》，《人民论坛》2017年第33期。

［80］陈云霞：《民族地区生态保护立法的理念与路径选择》，《西南民族大学学报》（人文社科版）2018年第1期。

［81］姜德波、彭程：《城市化进程中的乡村衰落现象：成因及治理——"乡村振兴战略"实施视角的分析》，《南京审计大学学报》2018年第1期。

［82］李忠斌、郑甘甜：《论少数民族特色村寨建设中的文化保护与发展》，《广西社会科学》2014年第11期。

［83］张怀英：《农村创业助推乡村振兴的模式选择及其实现机制》，《吉首大学学报》（社会科学版）2018年第3期。

［84］牛永辉：《乡村振兴视阈下农民工返乡创业的动因、困境及对策研究》，《内蒙古农业大学学报》（社会科学版）2018年第1期。

［85］袁云：《新生代农民工返乡创业的新特点及金融支持研

究》,《理论与现代化》2014 年第 6 期。

[86] 杨帆、徐伍达:《乡村振兴背景下少数民族地区贫困治理的新思路》,《山西农业大学学报》(社会科学版) 2018 年第 7 期。

[87] 姜晓萍、吴菁:《国内外基本公共服务均等化研究综述》,《上海行政学院学报》2012 年第 5 期。

[88] 张立荣、李军超等:《基于收入差别的农村公共服务需求偏好与满意度研究》,《中国行政管理》2011 年第 10 期。

[89] 耿健、张兵等:《村镇公共服务设施的"协同配置"———探索规划方法的改进》,《城市规划学刊》2013 年第 4 期。

[90] 陈聚芳、颜泽钰等:《以基本公共服务均等化助力乡村经济振兴》,《经济论坛》2018 年第 7 期。

[91] 李玲、陈秀羚:《产业链视域下福建省农业绿色化转型的路径》,《福建农林大学学报》(哲学社会科学版) 2018 年第 1 期。

[92] 马骈:《关于民族旅游可持续发展的思考》,《中南民族大学学报》(人文社会科学版) 2017 年第 6 期。

[93] 周燕:《少数民族地区乡村振兴路径思考》,《玉溪师范学院学报》2018 年第 5 期。

[94] 曾福生、蔡保忠:《以产业兴旺促进湖南乡村振兴战略的实现》,《农业现代化研究》2018 年第 2 期。

[95] 萧子扬、黄超:《新乡贤:后乡土中国农村脱贫与乡村振兴的社会知觉表征》,《农业经济》2018 年第 1 期。

[96] 张晓萍、李鑫:《基于文化空间理论的非物质文化遗产保护与旅游化生存实践》,《学术探索》2016 年第 6 期。

[97] 徐俊六:《文化空间视阈下宗祠的美学意蕴》,《新疆社会科学》2018 年第 2 期。

[98] 黄柏权、崔芝璇:《土家年的文化空间建构及其变迁研

究》,《三峡论坛》(三峡文学理论版) 2018 年第 1 期。

[99] 李靖文:《弘扬优秀民族文化 唱响长阳文化声音》,《民族大家庭》 2018 年第 3 期。

[100] 刘卫红、夏燕:《高校与地方政府非物质文化遗产保护良性互动模式的建构》,《民族艺术研究》 2012 年第 3 期。

[101] 李益长、黄晚等:《海西发展背景下闽东畲族村寨文化的开发与建构》,《温州大学学报》(社会科学版) 2017 年第 4 期。

[102] 黄永林:《"文化生态"视野下的非物质文化遗产保护》,《文化遗产》 2013 年第 5 期。

[103] 田敏、侯小琴:《"条"与"块"的分割与整合——从"号子之争"看非物质文化遗产的保护》,《中南民族大学学报》(人文社会科学版) 2009 年第 4 期。

[104] 王博、朱玉春:《论农民角色分化与乡村振兴战略有效实施——基于政策实施对象、过程和效果考评视角》,《现代经济探讨》 2018 年第 5 期。

[105] 杨璐璐:《乡村振兴视野的新型职业农民培育:浙省个案》,《改革》 2018 年第 2 期。

[106] 黄快生、马跃如:《国外人力资本理论研究新动向对新生代农民工人力资本投资和积累的借鉴》,《湖南社会科学》 2014 年第 2 期。

[107] 刘彦随:《中国新时代城乡融合与乡村振兴》,《地理学报》 2018 年第 4 期。

[108] 韩增林、李彬等:《中国城乡基本公共服务均等化及其空间格局分析》,《地理研究》 2015 年第 11 期。

[109] 范昕墨:《乡村振兴战略背景下的农村基础设施建设——基于公共经济学的视角》,《改革与战略》 2018 年第 9 期。

［110］李杰、苏丹丹等:《少数民族特色村寨建设过程评价指标体系研究》,《广西民族研究》2016 年第 5 期。

［111］韦悦爽:《英国乡村环境保护政策及其对中国的启示》,《小城镇建设》2018 年第 1 期。

［112］韩晶磊:《道家生态哲学智慧与现代生态文明的契合》,《求索》2013 年第 12 期。

［113］于立:《英国乡村发展政策的演变及启示》,《中国乡村发现》2016 年第 6 期。

［114］陈章全、吴勇等:《德国精准农业做法及启示——以百年农场 Gut Derenburg 为例》,《中国农业资源与区划》2017 年第 5 期。

［115］于江:《乡村振兴的德国经验》, 《群众》2017 年第 24 期。

［116］陈旭堂、彭兵:《乡村命运寄于社区内外——美国乡村变迁的启示》,《浙江学刊》2016 年第 3 期。

［117］曾宪平、谭敏丽:《家庭、宗族与乡里制度:中国传统社会的乡村治理》,《重庆交通大学学报》（社会科学版）2010 年第 2 期。

［118］何磊:《韩国乡村转型发展的背景、路径及其经验》,《农业经济》2014 年第 12 期。

［119］李有学:《制度化吸纳与一体化治理:传统社会的乡村治理》,《江汉论坛》2014 年第 6 期。

［120］贺金瑞:《中国少数民族传统基层社会自治体系及其现代治理启示》,《中央民族大学学报》（哲学社会科学版）2016 年第 5 期。

［121］魏三珊:《乡村振兴背景下农村治理困境与转型》,《人民论坛》2018 年第 1 期。

［122］霍军亮、吴春梅：《乡村振兴战略背景下农村基层党组织建设的困境与出路》，《华中农业大学学报》（社会科学版）2018 年第 3 期。

［123］陈婉馨、苏全有：《建立健全新乡贤参与乡村治理机制——以新乡先进群体为例》，《学习论坛》2018 年第 2 期。

［124］和思鹏、卢丽娟：《乡贤会嵌入民族地区乡村治理的内在价值及路径选择——以印江自治县"村两委+乡贤会"为例》，《贵州民族研究》2018 年第 4 期。

［125］张敏、王思明：《美国乡村历史建筑的保护及启示》，《中国农史》2014 年第 4 期。

［126］熊文斌、熊舟：《美国乡村治理中农业互助组织的启示——以宜昌新农村建设的实践为例》，《三峡大学学报》（人文社会科学版）2011 年第 2 期。

［127］邵银：《民族地区法治文化建设：困境、成因及对策》，《云南民族大学学报》（哲学社会科学版）2016 年第 3 期。

［128］徐虹、王彩彩：《乡村振兴战略下对精准扶贫的再思考》，《农村经济》2018 年第 3 期。

［129］李紫娟：《农村基层互动治理的现实困境及其实现路径》，《甘肃社会科学》2018 年第 1 期。

［130］张军：《乡村价值定位与乡村振兴》，《中国农村经济》2018 年第 1 期。

［131］马彦涛、赵聪聪：《大数据时代乡村治理的转型及创新路径探析》，《党政论坛》2018 年第 5 期。

［132］吴重庆、陈奕山：《新时代乡村振兴战略下的农民合作路径探索》，《山东社会科学》2018 年第 5 期。

［133］曾芸：《新科技视角下的非物质文化遗产保护与利用研

究》，《福建论坛》（人文社会科学版）2018 年第 6 期。

　　［134］刘婷：《传统仪式、文化象征与经济发展——基于云南起飞村彝族阿细人的调查》，《北方民族大学学报》（哲学社会科学版）2018 年第 1 期。

　　［135］孔祥智、穆娜娜：《实现小农户与现代农业发展的有机衔接》，《农村经济》2018 年第 2 期。

　　［136］刘栋子：《乡村振兴战略的全域旅游：一个分析框架》，《改革》2017 年第 12 期。

　　［137］孙立田：《工业化进程中的英国乡村改造》，《光明日报》2018 年 2 月 12 日。

　　［138］邢来顺：《德国乡村重振运动的历史考察》，《光明日报》2018 年 2 月 12 日。

　　［139］金瑛：《韩国如何推动乡村建设》，《学习时报》2008 年 9 月 1 日。

　　［140］孙万心：《推进恩施州少数民族特色村寨建设取得新进展》，《中国民族报》2018 年 1 月 5 日。

二、外文文献

　　［1］R. Edward Freeman, *Strategic Management：A Stakeholder Approach*, Cambridge University Press, 1984, p. 46.

　　［2］Oliver E. Williamson, "Strategy Research：Governance and Competence Perspectives", in *Strategic Management Journal*, 1999, (12).

　　［3］Kirk Emerson, Tina Nabatchi, Stephen Balogh, "An Integrative Framework for Collaborative Governance", in *Journal of Public Administra-*

tion Research and Theory，2012，（1）．

［4］ Patrick Dunleavy，Helen Margetts，Simon Bastow&Jane Tinkler，"New Public Management Is Dead-Long Live Digital-Era Governance"，in *Journal of Public Administration Research and Theory*，2006，（3）．

［5］Perri 6，Diana Leat，Kimberly Seltzer&Gerry Stoker，*Towards Holistic Governance：The New Reform Agenda*，New York：Palgrave，2002，p. 36.

后　记

　　本书围绕党的十九大提出实施乡村振兴战略的要求，在推进乡村治理体系和治理能力现代化背景下，从理论与实践出发，突破传统民族村治研究的逻辑，将人与自然和谐统一的"共生观"，城乡统筹与协调发展的"共建观"，政府、市场和社会合作治理的"共治观"，发展成果惠及全体人民的"共享观"，全面小康一个民族都不能少的"共荣观"等新理念新观点，嵌入少数民族特色村寨建设的各领域各环节，提出新时代少数民族特色村寨建设的重点、难点及路径选择，为民族地区乡村振兴提供理论与实践支撑。

　　为使研究结论和提出的对策建议建立在真实可信的数据资料基础之上，乡村振兴与少数民族特色村寨建设课题组以湖北省10个特色村寨作为开展问卷调查研究的重点区域，同时赴我国东部、中部、西部及东北地区13个国家民委命名的"中国少数民族特色村寨"开展实地考察。调研期间，我们承蒙当地党委、政府及相关职能部门领导和工作人员的支持与配合，收集了大量有价值的资料，特此鸣谢！我指导的硕士生杨欣、吴旦魁、金铭、明珠、李帆，以及本科生丁燕、左容、张灵聪、谢冬凌、张玺、何勤、程思甜、马琪、王子寒、白礼磊、吴昊然、罗诗婷、秦于颖、钱虹宪、赵燏莹等参与了课题调研和本书部分内容初稿的撰写，在这里也对他们的辛勤工作表示感谢。

借此新书出版之际，我要感谢华中师范大学张立荣教授、项继权教授和武汉大学丁煌教授多年来对我的教诲和培养。感谢特色村寨研究领域的知名专家、中南民族大学李忠斌教授在百忙之中为本书作序。本书的出版得到了国家民委重点学科"行政管理"专业建设项目、中南民族大学科研团队建设项目"民族地区公共政策与社会保障"的资助。感谢公共管理学院党委书记陈昌华同志、副书记李金同志、院长吴开松教授，湖北民族地区经济社会发展研究中心主任苏祖勤教授、民族地区人地关系研究中心主任刘成武教授、政治学与行政学系主任唐志君教授，以及彭庆军教授、叶慧教授对本书的出版给予的大力支持。

课题研究近一年多来，我经常奔波各地调研，几乎每个周末都不在家。父母家人默默付出，不求索取，为我筑就了温馨幸福的港湾。值此书稿付梓之时，我怀着感恩的心，向他们道一声："谢谢！"

本书在写作的过程中参阅和借鉴了一些学者的研究成果，在此，我对所有被参考与引用文献资料的作者致以诚挚的谢意。囿于本人的视野与水平，书中难免存在不足之处，恳请读者批评指正。

方 堃

2021 年 6 月于南湖之滨